可持续的养老保险水平

全球化、城市化、老龄化的视角

封 进◎著

中信出版集团 · CHINACITICPRESS · 北京

图书在版编目（CIP）数据

可持续的养老保险水平：全球化、城市化、老龄化的视角 / 封进著 . -- 北京：中信出版社，2016.10
ISBN 978-7-5086-6530-6

I. ① 可… II. ① 封… III. ①养老保险制度 – 研究 – 中国 IV. ① F842.67

中国版本图书馆 CIP 数据核字（2016）第 177721 号

可持续的养老保险水平：全球化、城市化、老龄化的视角

著　　者：封　进
策划推广：中信出版社（China CITIC Press）
出版发行：中信出版集团股份有限公司
（北京市朝阳区惠新东街甲 4 号富盛大厦 2 座　邮编　100029）
（CITIC Publishing Group）
承 印 者：中国电影出版社印刷厂

开　　本：787mm × 1092mm　1/16　　印　　张：16.25　　字　　数：210 千字
版　　次：2016 年 10 月第 1 版　　印　　次：2016 年 10 月第 1 次印刷
广告经营许可证：京朝工商广字第 8087 号
书　　号：ISBN 978–7–5086–6530–6
定　　价：48.00 元

目　录

CONTENTS

序 ………………………………………………………… Ⅶ

导　言 ………………………………………………………… 1

第一章　养老保险收支水平的国际比较和理论依据 ………… 13

第一节　我国全覆盖的养老保险体系 ………………………… 16

第二节　我国各项养老保险制度的缴费水平和待遇水平 ………… 19

第三节　基本养老保险收支水平的国际比较 ………………… 25

第四节　决定养老保险水平的传统理论 ……………………… 33

第五节　小结 ……………………………………………… 41

第二章　经济全球化与养老保险支出水平 ………………… 43

第一节　理论假说与各国实践 ……………………………… 46

第二节　我国省际社会保险和养老保险水平的差异 ………… 50

第三节　实证模型 …………………………………………… 55

第四节　结果及分析 ………………………………………… 57

第五节　结论与政策含义 …………………………………… 65

第三章　企业社会保险缴费对工资的影响 ………………… 69

第一节　理论框架 …………………………………………… 73

第二节　社会保险对工资影响的估计方法 ………………… 77

第三节　社会保险参与：对微观个体的考察 ………………… 80

第四节　估计结果 …… 84
第五节　结论与政策含义 …… 88
附　录　社会保险水平的内生性问题 …… 90
第四章　缴费水平与企业对社会保险的参与激励 …… 93
第一节　城镇职工社会保险制度及地区间差异 …… 97
第二节　研究假说和方法 …… 100
第三节　制造业企业社会保险的参保状况 …… 104
第四节　实证结果 …… 107
第五节　缴费率变化的政策效果 …… 114
第六节　结论与政策含义 …… 116
附　录　企业地点选择 …… 117
第五章　缴费水平与农村转移劳动力参与意愿 …… 121
第一节　个体参与养老保险的决策模型 …… 124
第二节　农村转移劳动力参与意愿的实证检验 …… 128
第三节　关于公平性的进一步讨论 …… 137
第四节　小结与政策建议 …… 139
第六章　农村转移劳动力供给弹性及对社保缴费的含义 …… 141
第一节　相关文献 …… 144
第二节　理论与计量模型 …… 146
第三节　数据及描述性分析 …… 149
第四节　计量结果与讨论 …… 152
第五节　外来劳动力社会保险缴费对工资的影响 …… 160
第六节　结论与政策含义 …… 161
第七章　养老金财富对居民家庭储蓄率的影响 …… 163
第一节　相关文献 …… 167
第二节　养老保险制度改革的主要内容及养老金财富的变化 …… 170
第三节　理论及实证模型 …… 173

第四节 实证检验 …… 176
第五节 敏感性检验 …… 187
第六节 结论和讨论 …… 189
附录 1 未来收入和养老金财富的估算 …… 190
附录 2 改革对个人养老金财富的影响 …… 192
第八章 人口老龄化趋势下降低缴费率对养老基金平衡的影响 …… 197
第一节 现有文献对中国养老保险改革的建议及基金平衡估计 …… 199
第二节 基于城市化进程的城乡人口年龄结构 …… 202
第三节 基本养老保险赡养系数模拟 …… 205
第四节 降低缴费率对基金平衡的影响 …… 206
第五节 养老保险基金缺口的含义 …… 209
第六节 盘点弥补养老金缺口的资金来源 …… 211
第七节 结论 …… 213
第九章 新型农村养老保险制度的财政支持能力 …… 215
第一节 制度安排及相关研究评述 …… 217
第二节 城市化进程中农村人口年龄结构的动态演变 …… 224
第三节 中央财政支持能力测算及模拟 …… 226
第四节 地方财政支持能力模拟：以三地区县级财政为例 …… 232
第五节 结论与政策建议 …… 234
附 录 人口模拟方法 …… 236
参考文献 …… 238
致 谢 …… 249

序

2016年是我们团队的一个丰收年。上半年，我们一起合作出版了《养老保险经济学：解读中国面临的挑战》，封进不仅是该书的主要作者之一，而且在整本书的总体构思和布局方面做出了重要贡献。紧接着，封进独著的《可持续的养老保险水平：全球化、城市化、老龄化的视角》一书又由中信出版社出版了。如果说前面一本书是以宏观经济学的动态模型为基础对全球养老保险体系的运行机制及其影响进行深入、系统和全面的分析，并且解读当前中国养老保险体系运行所面临的种种挑战，那么，封进的这本著作便是在宏观和微观双重层面解剖中国养老保险运行的具体问题，具有更强的针对性和可操作性。

在这本著作中，封进试图分析和回答的问题主要有：（1）中国在融入全球经济步伐不断加快、本国老龄化程度不断加深、城市化进程不断加速的背景下，养老保险体系运行的总体状态如何？与世界各国相比，到底处于何种水平？（2）经济全球化对中国养老保险体系运行产生了什么样的效应？（3）企业的社会保险缴费机制和缴费水平如何影响企业员工的工资水平？尤其是对农村转移劳动力的工资水平的影响如何？（4）在信息非对称、不同劳动群体对未来养老保险体系转型没有明确预期的背景下，现有的养老缴费率安排会否影响企业和农民工对养老保险的参与激励？（5）降低养老金财富会否影响我国家庭储蓄的意愿？（6）降低缴费率对我国养老金的总体水平的平衡是有利还是不利？（7）体现中国经济二元现象最为明显的城乡养老保险待遇的差异如何缩小？农村居民养老水平是否有提高的可能性？等等。问题的提出体现了作者多年在这个领域的深入思考和研究的水平，问题的解答更具有挑战性。

本书的一个重要特点是：对这些问题讨论没有停留在理论思考的层面，也没有停留在主观的政策设计层面，而是利用其可能获得的数据对每一个具体问题进行实证研究。这些数据有些来自“中国家庭收入调查（CHIP）”和“规模以上工业企业调查数据”，有些来自各类研究团队（包括她自己带领的团队）实地调查获得的数据。这些数据的收集，与她对这些问题的长期跟踪研究是同步进行的。因此，本书每一章对上述问题的解答都建立在翔实数据和实证研究的基础上。这样的研究，基础扎实，结论较为可信，其对中国养老保险体系的建设性意见具有实践意义。能为这样一部功力深厚的著作作序是我的荣幸，赞美之言也是自然而发。我相信，读者自己从这本著作中获得的知识将远远超过我的这些评判。

袁志刚

2016 年 7 月 2 日

导　言

在人口老龄化的背景下，养老保险体系成为社会改革中最受重视的领域，正如美联储前主席本·伯南克所断言，“在未来几十年中，人口老龄化对经济和社会产生的广泛影响将超过其他任何因素的影响”，这其中最直接的影响是对一国养老保险和医疗保险基金的可持续性的挑战。为保持基金平衡，通常短期内可能产生效果的选项包括提高缴费率、降低养老金待遇、延迟退休年龄、增加政府赤字等。但这几个方面的措施都会影响一部分群体的利益，例如，提高缴费率会增加企业和职工的负担，降低养老金待遇直接影响到退休人员的收入，延迟退休年龄实际上是降低了养老保险的回报，而增加政府赤字影响的是后代人的福利。不难理解，养老保险改革在各国遭到普遍的阻碍。另外还有一些长期的影响因素，包括提高生育率、吸引年轻移民以及提高劳动生产率，但这些影响如何能够真正实现，还依赖于其他多种条件和政策，因而存在很大不确定性。

从各国实践看，一些发达国家，如德国、法国和美国等，都采取了延迟退休年龄的政策；另一些国家，如意大利和瑞典，改革养老金待遇确定方式，采取名义账户制改革；一些发展中国家，如智利、乌兹别克斯坦等，选择采取了较为激进的市场化改革。而更多的国家虽然早已认识到养老金改革的紧迫性，但改革举步维艰。

中国养老保险制度处于不断改革中，已形成了城镇职工基本养老保险制度、城乡居民养老保险制度和机关事业单位养老保险制度并存的体系，各项养老保险已经覆盖了8亿多人，正逐步实现全覆盖的目标。其中，城镇职工基本养老保险制度是成立最早、基金规模最大的项目，也是我国养老保险制度的主体部分，应该激励劳动年龄人口加入该制度。然而，城镇职工养老保险制度在2013年当年收支已经呈现赤字，该制度存在的问题也越来越突出，主要有以下三个方面：一是人口老龄化背景下，未来的养老基金平衡面临压力；二是城镇职工养老保险制度覆盖面窄，制度的吸引力不足，尤其是随着城市化进程的不断推进，需要将养老保险覆盖到农村转移劳动力（又称农民工）；三是在全球化时代，劳动力成本成为中国国际竞争力的重要来源，需要处理养老保险水平和劳动力成本之间的矛盾。未来改革措施的设计需要考虑到我国特有的背景，具体而言有以下几点：

第一，我国老龄化进程较之其他发达国家更为迅速，而且发生在经济发展水平较低的阶段。有统计指出，中国65岁以上人口占比从2000年的7%增加到14%，只需要26年，而法国这一比例增长同样幅度用了115年，瑞典用了85年，美国用了69年。图1的跨国比较表明，中国2015年的65岁以上人口占比高于相同人均GDP时的平均水平（在图1中趋势线的上方），尤其与人均GDP水平相近的发展中国家相比，如南非、巴西和马来西亚，老龄化程度显著高于这些国家。图2比较的是2030年各国65岁以上人口占比，可以看到，中国远离趋势值更为显著，说明老龄化进程比图中的大多数国家更为迅速，2030年时中国65岁以上人口占比几乎与爱尔兰、澳大利亚及美国相近。

由此可见，一方面，我国为应对人口老龄化所积累的储备基金会受到经济发展程度的制约；另一方面，我国可以用于应对老龄化的准备时间却不多，甚至十分紧迫。与其他国家相比，面临的挑战更为严峻。尤其不能忽视的是，养老保险改革更需要符合大多数人的意愿，使得改革具备顺利推进的逻辑起点。

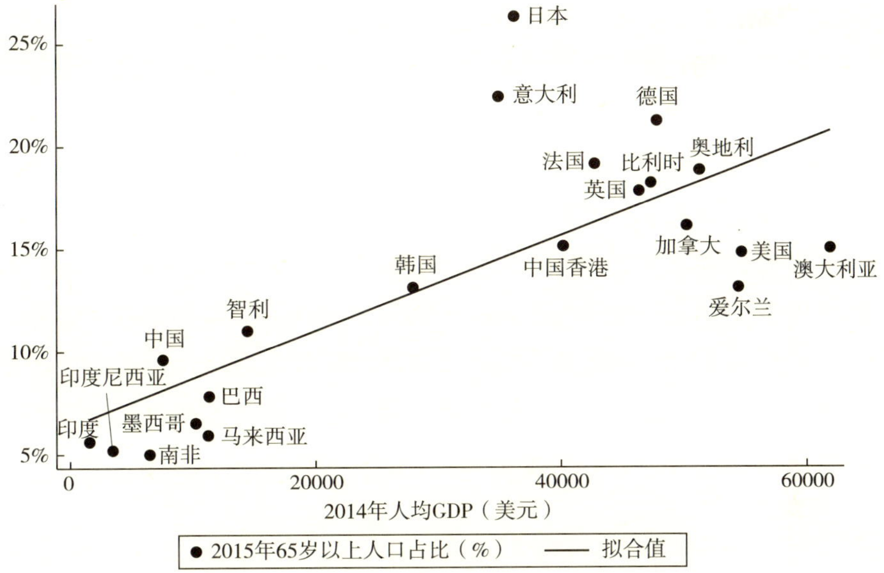

图 1　2015 年人口老龄化程度跨国比较

资料来源：人口数据来源于联合国人口司，World Urbanization Prospects：The 2014 Revision；人均 GDP 数据来源于世界银行，World Development Indicators，2015 年

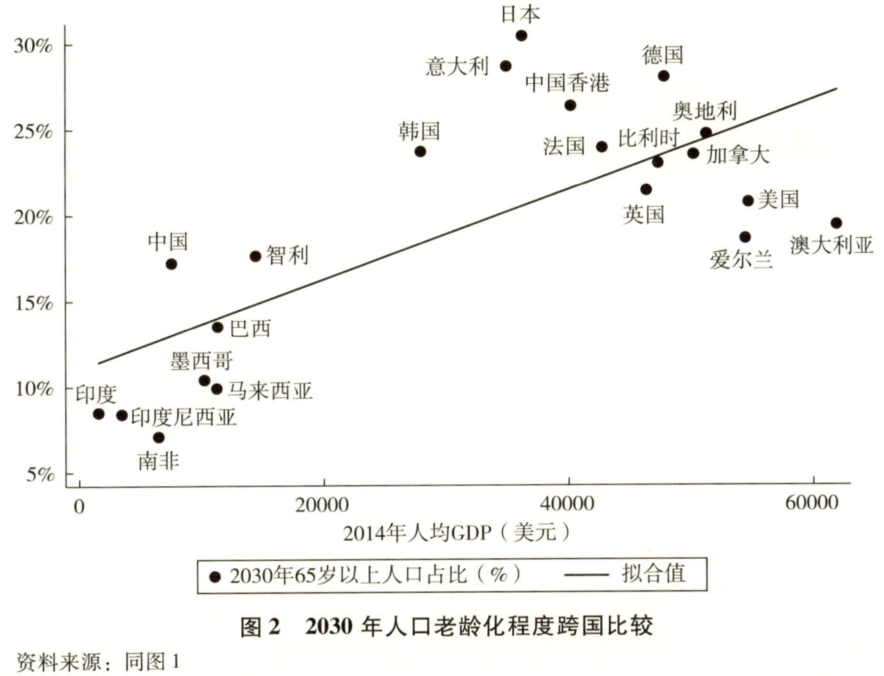

图 2　2030 年人口老龄化程度跨国比较

资料来源：同图 1

第二，在经济全球化的背景下，我国应对人口老龄化还有赖于中国经济竞争力的提高。伴随着人口老龄化的另一特征是我国经济日益全球化。以出口占 GDP 比重度量，全国平均水平由 1978 年的 4.59% 增长到 2006 年 35.65%，尤其在 2000 年加入 WTO（世界贸易组织）后，出口增长十分迅速（图 3）。虽然近两年这一比重有所下降，但出口仍然是我国经济增长的重要来源，尤其在东部沿海地区。值得注意的是，中国出口产品的附加值却较低，加工贸易占据我国出口相当大的比例，我国出口产品主要集中在制造业，劳动力成本依然是我国国际竞争力的重要来源。尽管提升出口产品在国际价值链上的地位是我国的战略目标，但相当长时间内仍然需要通过控制劳动力成本来提升竞争力。

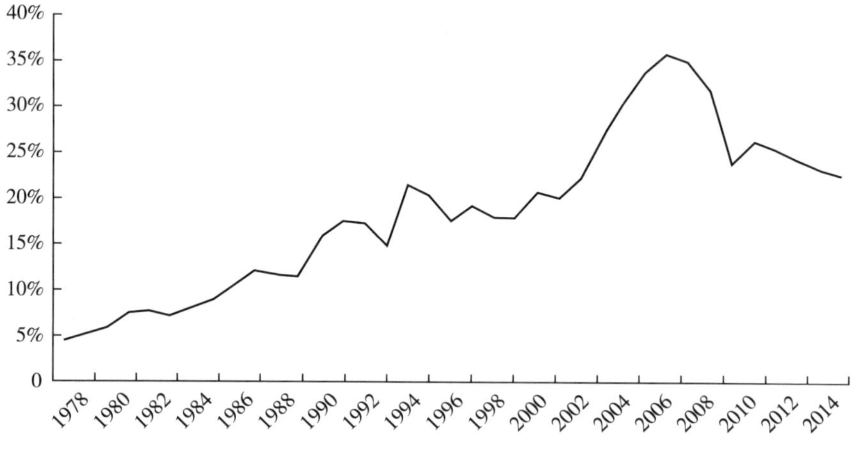

图 3　1978—2014 年我国出口占 GDP 比重

资料来源：世界银行，World Development Indicators，2015 年

发展中国家已经越来越深刻地认识到社会政策改革应能够对经济发展起到促进作用，我国的养老保险改革也需要顺应经济全球化的要求。我国当前各项社会保险雇主缴费水平已经高达 34%，其中养老保险缴费率为 25%，而高收入的 OECD（经济合作与发展组织）国家社保缴费率平均为 29%，养老保险缴费率为 20%。因而，在我国养老保险改革中，需要权衡老年保障程度和经济增长之间可能存在的矛盾。

第三，我国人口城市化水平较低，未来城镇职工养老保险制度需要覆盖更多的劳动力人口。中国的城市化水平低于工业化水平和经济发展水平，从其他国家的经验看，城市化水平随着人均 GDP 的增加而提高，通常当一国人均 GDP 超过 7000 美元时，其城市化率会超过 60%，而我国 2014 年人均 GDP 就已经超过 7000 美元，但以城镇常住人口占比度量的城市化率也只有 55%。中国的城市人口占比低于人均 GDP 水平相近的南非、马来西亚、巴西等国，也低于以人均 GDP 预测的城市化水平的趋势值（图 4）。值得注意的是，用居住在城市的人口占比度量的城市化率高估了我国城市化相对于发达国家的水平。事实上，城市常住人口中包含了大量生活在城市，却无城市户籍的农村转移劳动力，他们的当前和未来消费模式与城市人口有很大不同。而发达国家的情况则相反，很多人即使不居住在城市，其从事的职业也与居住在城市的人相差不大，在公共品供给和社会保障方面的城乡差异也较小。

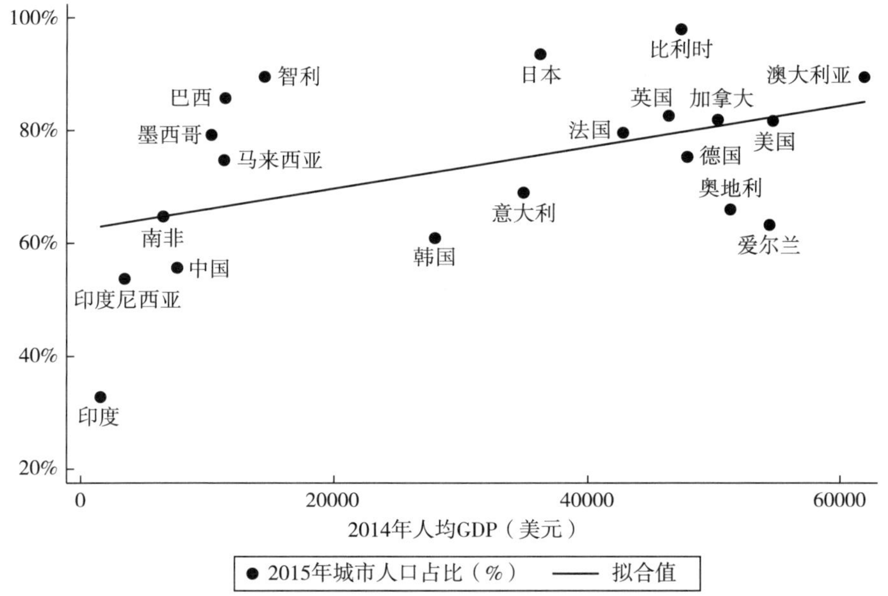

图 4　2015 年人口城市化水平的跨国比较

资料来源：同图 1

较低的城市化水平带来的影响之一是城镇职工社会保险覆盖面较低，职工养老保险仅覆盖了60%的城镇就业人口，超过2.5亿的农村转移劳动力中大约只有15%被这一体系覆盖。我国特有的城乡人口结构，为在人口老龄化背景下改善养老保险基金平衡提供了机遇。通过扩大覆盖面，可能在未来相当长时间内增加基金收入，为改善基金平衡提供更多的时间。同时，也对我国养老保险制度改革提出不可忽视的要求，即改革要考虑到转移劳动力的特征及其需求，这部分劳动力收入水平较低、流动性较强、年龄较为年轻，因而过高的养老保险缴费可能并不符合其意愿。

上述我国特有的背景给养老保险制度改革带来的诸方面问题之间实际上有着内在的联系，其中的核心环节即是确定适宜的养老保险水平。通常，为应对人口老龄化，有必要提高缴费水平，而在我国特定的背景下，降低养老保险缴费水平是更合适的政策选择。养老保险制度的可持续运行依赖于制度本身的吸引力，提高企业和个人的参与激励。就政策选择而言，保持一个广覆盖、低水平的社会养老保险制度是必要的。本书将围绕这一核心问题，从不同的方面论证我国降低缴费水平的必要性和可行性，将主要结论建立在坚实的理论和实证研究之上，关注养老保险制度与各经济行为主体之间的联系，为政策分析提供微观基础，主要回答以下九个问题：

1. 参照各国实践和经济理论，我国当前养老保险处于怎样的水平？首先采用不同指标比较我国和其他国家的养老保险筹资水平和待遇水平的差异，包括养老保险缴费水平、待遇水平、覆盖面、退休年龄、养老保险支出占GDP比重等。而后从理论上回答一国合适的养老保险水平取决于哪些因素，以及如何解释各国养老保险水平的差异。生命周期理论、再分配理论和效率理论为确定最优养老保险水平提供了规范分析的框架。而政治经济学理论则从实证的角度解释不同个体对养老保险的偏好，进而解释一国养老保险水平的决定因素。特别指出的是，尽管社会保障水平需要随着经济发展和人口老龄化加深而逐步提高，但中国作为一个同时处于经济起飞和快速老龄化阶段的国家，保持经济增长、提高劳动生产率是应对老龄化的根本出路。

2. 经济全球化是否影响了我国养老保险的支出水平？全球化对社会保险

水平存在两种相反方向的影响，即效率假说和补偿假说。为了促进出口，吸引资本，政府倾向于一个较低水平的社会福利政策，从而维持较低的劳动力成本。这一效应被称为效率假说，主要在发展中国家得到验证。经济越开放，劳动力市场波动越大，劳动力面临的不确定性增加，对社会保障的需求增加，政府在社会福利方面的支出有可能随着全球化程度提高而增加，这一效应被称为补偿假说，在高收入国家补偿假说的效应超过效率假说。通过考察我国省际社会保险水平和养老保险水平的差异，可以从全球化的视角对这一差异的形成进行解释。比较发现，全球化程度越深（进出口/GDP，FDI/GDP）的地区，越倾向于较低的社会保障收入和支出水平（社会保险收入/GDP，社会保险支出/GDP），尤其是养老保险收入和支出水平与全球化程度有着紧密的联系。而且这一影响和某一地区的人力资本水平有关，在人力资本水平较低时，随着贸易水平的提高，社会保险水平和养老保险水平下降，这时效率假说占主导；当人力资本水平较高时，贸易水平的提高反而会增加社会保险和养老保险规模，此时，补偿假说会得到证实。东部地区由于外贸规模较大，其养老保险水平在其他条件相同情况下会比中西部地区低50%。但在人力资本水平较高的东部地区，贸易对养老保险水平会有正向影响。

3. 企业的社会保险缴费是否影响了员工工资？养老保险等社会保险缴费由企业和员工共同缴纳，企业缴费表面看似一项员工福利，但有可能企业会将缴费以降低工资的形式转嫁给员工。著名经济学家弗里德曼曾经说过，“没有所谓的企业缴费，实际上都是员工自己缴费”，这是基于劳动力供给通常缺乏弹性这一事实而做出的断言。如果雇主缴费主要是由员工承担，则员工福利并没有想象的那么多。如果企业转嫁缴费的能力较弱，那么社会保险就会导致劳动力成本上升，企业或者逃避缴费，或者减少对劳动力的需求，也不利于提高劳动者的福利。若对于不同收入的员工，企业转嫁缴费的能力不一样，由此会影响社会保险的收入再分配作用。采用个体跟踪样本，用两种指标度量人力资本，一是受教育程度，二是职业特征，是否属于技术类工作。主要发现是，总体上看，社会保险缴费对于员工工资影响不显著，但对于受教育程度较低的非技术类工人，企业会将其缴费的10%—50%转嫁到工资中。

这项对于“缴费实际由谁承担的问题”的研究的政策含义在于，将社会保险定位于一个较低的水平是我国有必要考虑的改革方向，尤其是缴费率最高的养老保险。

4. 现有的政策缴费率是否影响了企业对社会保险的参与激励？企业是否有激励参与社会保险是基于成本—收益的分析。就成本而言，社会保险增加了劳动力成本，对于劳动密集型企业，以及依靠低成本劳动力获得竞争力的企业而言影响更大。在政府监管乏力的环境中，企业可以对不同技能的员工采取差别对待。低技能劳动力供给充裕，为削减成本，企业没有激励为低技能员工提供社会保险。这一安排与员工的选择在很多时候是一致的，由于他们收入较低、流动性较强，自身也不愿意参加社会保险，因而企业可以采用不将他们登记为正式职工的方式逃避缴费。但为了吸引和留住高技能劳动力，企业通常要为他们提供社会保险，而且，企业希望以此激励员工提高劳动生产率。值得注意的是，上述各因素的影响均依赖于政策规定的缴费率水平，在缴费率较低时，参加社保的成本较低，而收益相对较高。随着缴费率的提高，参与社保的成本超过收益的可能性将随之增加，导致企业对社保政策的遵守程度随之下降。因此，以社保缴费收入最大化为目标，政策缴费率存在一个最适水平，随着政策缴费率提高，实际缴费率会出现先上涨后下降的趋势。降低缴费率将提高企业对社保政策的遵守程度。我国政策缴费率在地区间存在差异，我们比较高、中、低三种缴费率地区的企业行为，并进行政策模拟，研究结果显示，降低缴费率将使得企业的参保程度上升，适当降低政策缴费率，可以使得实际缴费率提高，参保程度上升增加的社保缴费收入将抵消缴费率下降减少的社保缴费收入。缴费率下降对私营企业实际缴费率提高的影响更为显著。从现行缴费率水平看，更应该降低的是养老保险缴费，一是因为我国的养老保险缴费率比大多数国家都要高，是影响参与意愿的主要因素，二是养老保险缴费率较高的一个重要原因是用于弥补转型成本，从未来看，需要有其他来源的财政投入分担转型成本。

5. 现有的缴费率是否影响了农村转移劳动力的参与激励？从公平性角度看，农村转移劳动力应纳入城镇养老保险制度，但这只是表面的公平。让农村转移劳动力加入现有的制度是否一定是改善其福利之举则有待进一步研究。异质性个体对养老保险的需求是不一样的，个人会基于其一生的收入决定各个时期的消费和储蓄，当存在流动性约束时，个人的储蓄意愿会比较低，这时如果社会保险费率较高，则与个人福利最大化的结果不一致。通过实地调查考察农村转移劳动力对不同水平的养老保险的需求，调查数据表明，由于农村转移劳动力人力资本较低，按照城镇劳动力的缴费水平参加养老保险不是他们多数人的最优选择。从社会福利最大化角度出发，需要从他们自身需求的角度考虑一个合适的较低水平的养老保险保障。

6. 为什么说社保缴费实际上会降低农村转移劳动力的工资？这与劳动力市场中劳动力的供给弹性有关，供给弹性越小，则企业越有能力将缴费转嫁给员工。作为一项基础性研究，通过考察劳动力供给弹性，进一步分析参加养老保险和其他社会保险对于转移劳动力工资和就业的影响。农村劳动力在决策打工多长时间时，存在两种效应，收入效应和替代效应。替代效应体现为，在一定时期内，工资越高，其在外打工时间越长；收入效应体现为，工资越高，一定时期内积累的收入越多，越倾向于缩短在外打工时间，更早回到农村。因而，工资对外出打工时间的影响取决于这两种效应的净效果。研究表明，外出劳动力的外出时间缺乏弹性，对这部分劳动力而言，社会保险缴费中很大一部分实际上来源于他们自己的工资。此时，缴费率的多少对其福利的影响是必须考虑的问题，过高的缴费率制约了当前的消费。

7. 降低养老金财富会影响我国家庭储蓄率吗？与降低缴费相对应的是降低养老金待遇，而降低待遇的形式可能有多种，比如降低养老金替代率、延长退休年龄、改变养老金增长规则等。由此，养老金财富下降可能会对个体和家庭的储蓄行为产生影响。按照生命周期理论，人们的储蓄动机之一是养老，养老金是退休后生活来源的一部分，当养老金财富变化时，会对人们的储蓄行为产生影响，从而影响到社会的总储蓄率。但实证上，家庭储蓄率受到诸多其他因素的影响，如储蓄动机的多样性、是否面临流动性约束、对养老金制度的信任等，养老金财富变化对储蓄的影响并不确定。利用我国城镇职工基本养老保险制度在 1995—1997 年间经历的一次重大改革作为政策实验，估计养老金变化对家庭储蓄的影响。结果表明，在中国养老金财富对于家庭储蓄存在显著的替代效应，这一效应在 -0.10— -0.16，具体大小根据所采用的参数不同而有变化。中国的家庭储蓄率对养老金待遇变化的反应相对发达国家而言较小，因而养老保险改革对于宏观经济的影响并不大。

8. 降低缴费率对养老基金平衡有怎样的影响？降低缴费率面临的巨大挑战是如何能够保持养老基金收支平衡。对此有以下几方面的应对措施：第一，在城市化进程中，逐步扩大养老保险覆盖面，可在很长时期内改善基金平衡。第二，降低缴费率后，参与激励提高，由此会增加企业和员工的缴费。当前企业普遍存在逃费现象，降低当前政策规定的基准缴费率，可增加企业的参与激励，可能增加基金收入。第三，降低待遇水平，与较低水平的缴费相对应，比如逐步延长退休年龄。为此，考虑到人口年龄结构的变动和降低缴费率等不同参数的方案组合，对养老保险未来几十年的收支平衡进行模拟。首先，模拟城市化进程，并将基本养老保险扩面考虑在内，得到今后参保人口的年龄结构和体系的赡养系数，为基金平衡模拟提供合理的基础数据。其次，设计不同方案，对基金平衡的模拟重点考察缴费率下降的影响。模拟和计算结果表明，降低城镇职工基本养老保险的缴费率具有可行性，在覆盖面扩大、征缴率提高和退休年龄延长的长期背景下，将个人和企业缴费率合计降低 8 个百分点不会增加当前的财政负担，养老基金在未来 50 年内总体上可以保持平衡。

9. 农村养老保险待遇水平是否可能提高？我国城乡居民养老保险的待遇水平与城镇职工养老保险的待遇水平相差巨大，全国平均看只能替代平均收入的 20% 左右，这其中有其合理性，源于该制度缴费水平低，且有较大力度的政府补贴。但另一方面，农业作为弱质产业、农民作为低收入群体，通过提供社会保障等方式给予农民补贴是世界通行的规则。因而，我们探讨提高农村养老保险待遇水平的可能性。基于农村人口的动态变化，考察了人口老龄化、城市化和收入增长对新农保政策财政负担的综合影响和提高保障程度的可能性。结果表明，按现行补贴规则，即使在较为保守的假设下，新农保补贴占中央财政比重在最高的年份也只有 2.27%。人口老龄化对财政负担的影响将被城市化和财政收入增长所冲销，中央财政的负担率呈现“倒U”形或逐年降低的趋势。将养老待遇提高到30%的替代率具有较强的可行性。

国内外已有大量关于中国养老保险制度改革的著作，与现有著作相比，本书主要有以下三方面贡献：第一，关注个体行为和公共政策之间的互动是经济学和其他学科对养老保险制度研究的一个重要差异，本书从微观个体和企业的视角考察养老保险缴费水平和待遇水平对个体工资、参与激励、家庭储蓄的影响。第二，从内容上看，现有对中国养老保险制度的研究比较多的是人口老龄化下制度的可持续性、公平性、公共财政安排等，而本书引入了全球化竞争下企业提供社会保险的行为、不同个体参与养老保险的激励等视角，拓展了现有对中国养老保险制度的研究内容。第三，在研究方法上，采用经典的理论和模型，将其运用于中国现实和中国数据，数据来源可靠，样本量比较大，分析过程有据可依，结果可以与对其他国家的研究结论相比较。

第一章

养老保险收支水平的国际比较和理论依据

Public Pension Scheme

公共养老保险制度有两个基本目的：一是防止老年贫困，养老保险制度提供可以保障基本生活的养老金；二是发挥再分配功能，养老保险可在不同收入、不同寿命的人群中进行再分配（Barr，2011）。公共养老保险制度实行强制性参与，是对寿命风险、收入风险的一种保险。参保人在工作时缴费，达到退休年龄后可以领取养老待遇。缴费水平和待遇水平的确定是公共养老金制度的核心内容。从宏观角度看，养老保险水平可以用一国养老保险支出或收入占 GDP 的比重度量；从微观角度看，养老保险水平体现在缴费率水平和待遇水平上。养老保险水平受到诸多因素影响，合适的水平需要综合考虑个人收入水平、社会的人口老龄化程度、社会的收入差距以及个人偏好等因素。随着人口老龄化程度日益加深，养老保险制度处于不断改革之中，改革会带来不可回避的转型成本，转型成本成为影响缴费和养老基金平衡的另一个重要因素。

20 世纪 80 年代中期以来，我国养老保险体系经过 30 多年的改革和发展，形成了城镇职工基本养老保险制度、城乡居民养老保险制度和机关事业单位养老保险制度并存的体系，各项养老保险已经覆盖了 8 亿多人，正逐步实现全覆盖的目标。从发展历史、缴费水平、待遇水平、基金规模和未来改革方向看，城镇职工基本养老保险是其中最为核心的项目。2015 年 1 月国务院改革机关事业单位养老保险制度，将其与职工基本养老保险制度统一，多年来关于养老金“双轨制”的争论有了突破性进展。① 城乡居民养老保险是以政府补贴为主带有较多福利色彩的项目，在我国现有的养老保险体系格局下，应该鼓励更多的人参加社会保险型项目，多缴才能多得，以维持体系的可持

① 国发〔2015〕2 号《国务院关于机关事业单位工作人员养老保险制度改革的决定》。

续性。本章对我国养老保险水平分析的重点在城镇职工基本养老保险制度上。1997 年后这一制度采用现收现付和个人账户相结合的模式，参保人数和基金收支规模不断扩大，但同时其缴费率水平较高，养老待遇增长缓慢，其缴费水平和待遇水平的合理性引起诸多关注。

本章首先介绍我国当前实施的各项养老保险制度，再从养老保险缴费水平、待遇水平、覆盖面、养老保险支出占 GDP 比重等几个方面讨论当前各项养老保险制度的筹资水平和待遇，并与相关国家进行比较。而后再讨论确定养老保险待遇水平的几种经典理论，以及跨国研究的结果。在小结部分，对我国基本养老保险收支水平的合理性做出简要评价。

第一节　我国全覆盖的养老保险体系

中国的养老保险制度建设经历了四个阶段。② 第一阶段是 1950 年到 20 世纪 80 年代初，形成和实施了以国有和集体所有制单位为基础的劳动保险制度。③ 1951 年 2 月中华人民共和国颁布了第一个社会保险方面的管理规定，即《劳动保险条例》，涵盖养老、医疗、工伤、生育等四项保险，主要覆盖国有企业和部分集体所有制企业职工。在养老保险方面，由国家规定基本统一的养老保险待遇，由企业负责养老保险的发放，企业的盈亏则由国家负责。

第二阶段为 20 世纪 80 年代中期到 90 年代中期，这一阶段是企业职工养老保险社会化的过程。随着经济体制改革和国有企业改革，原有以企业为单位的社会保险制度导致不同所有制企业养老负担不均，阻碍了公平竞争和劳

② 关于中国养老保险制度的历史演变，参见袁志刚、葛劲峰、封进，《养老保险经济学》，2005。

③ 1951 年，当时的政务院公布了《中华人民共和国劳动保险条例》，在全国范围内凡有职工百人以上的国营、公私合营、私营和合作社营的企业中实行。1956 年前后，国家对个体手工业和私营工商业的社会主义改造基本完成后，在全部国营企业中实行了《劳动保险条例》；一些规模较大、经济条件较好的集体所有制企业也都实行或参照实行该条例。1952 年，国际劳工组织（ILO）通过了《社会保障制度最低标准公约》，这是一个非约束性的国际公约，标志着社会保障制度已成为全球化的事业，尤其是众多发展中国家在此阶段开始建立自己的社会保障体系。

动力流动，社会保险基金开始实施社会化管理，从以企业为统筹单位走向社会统筹，并不断扩大统筹范围。

第三阶段为20世纪90年代中期到2000年代后期，这一阶段主要是对城镇职工基本养老保险的制度框架进行重构，建立了统账结合的养老保险制度，以应对人口老龄化对基金平衡的压力和减轻财政负担。1997年国务院建立了企业职工统一的养老保险制度，走向现收现付制和个人账户相结合的部分基金制。2005年进一步完善了企业职工基本养老保险制度。同时扩大养老保险的覆盖面，将非国有企业纳入养老保险体系，覆盖城镇除机关事业单位之外的职工。④ 城镇养老保险参保职工占城镇就业人员的比重从2000年的45%增长到2010年的56%。

第四阶段是2009年以来，建立了居民养老保险，加大财政补贴。为填补广大农村居民在养老保险方面的空白，2009年推出新型农村社会养老保险制度，以覆盖16周岁以上农村居民。⑤ 2011年推出城镇居民社会养老保险制度，覆盖城镇不符合职工基本养老保险参保条件的城镇非从业居民。⑥ 2014年2月，国务院常务会议决定合并新型农村社会养老保险和城镇居民社会养老保险，建立全国统一的城乡居民基本养老保险制度。

新中国成立以来，我国形成了多种类型养老保险并存的格局，即城镇企业职工基本养老保险（简称：基本养老保险）、机关事业单位养老保险、城乡居民养老保险（包括城镇居民养老保险和新型农村养老保险，简称“城居保”和“新农保”）等三大类。到2012年末，基本养老保险覆盖了3.04亿人，其中参保职工2.3亿人，退休人员0.74亿人。城乡居民养老保险覆盖了4.84亿人，其中60岁以下的参保人数为3.5亿人。还有大约1000万人参加机关事业单位养老保险。至此，共有约8亿人被某一种养老保险制度所覆盖，去除少年儿童、在校学生等之外，应该纳入范围的大概是10亿人左右，参保率已经达到80%左右。⑦ 上述各类养老

④ 国发〔1997〕26号，《国务院关于建立统一的企业职工基本养老保险制度的决定》。

⑤ 国发〔2009〕32号，《国务院关于开展新型农村社会养老保险试点的指导意见》。

⑥ 国发〔2011〕18号，《国务院关于开展城镇居民社会养老保险试点的指导意见》。

⑦ 参见胡晓义在“2013中国老龄事业发展高层论坛”上的发言。

基金收入占 GDP 比重约为 3.5%。表 1.1 列出了各类养老保险的基本内容。

表 1.1　各类养老保险制度的基本内容

项目	企业职工基本养老保险		机关事业单位养老保险	城乡居民养老保险	
建立时间	1951 年；现行制度安排：1997 年和 2005 年		1951 年；现行制度安排：1978 年，2015 年与企业职工基本养老保险并轨	城镇居民社会养老保险，2011 年	新型农村社会养老保险，2009 年
参保人	各类城镇就业人员		机关事业单位人员（2015 年之前进入工作岗位）	16 岁以上城镇非从业居民	16 岁以上农村居民
缴费水平	统筹账户：工资总额的 20% 左右（依各城市情况而定）；由雇主缴纳	个人账户：缴费工资的 8%，有上限与下限，在当地平均工资的 60%—300% 之间；由职工缴纳	无须缴费	个人缴费，缴费档次可选择；有政府补贴；全部进入个人账户	同左，但缴费档次设定不同
待遇水平	基础养老金：至少缴满 15 年，工作 35 年的基础养老金替代率为 35%	对于工资为平均水平，工作 35 年的雇员，替代率为 59.2%，其中 35% 来自基础养老金，24.2% 来自个人账户养老金	平均替代率为个人退休前工资的 70%—90%	基础养老金 + 个人账户养老金	基础养老金 + 个人账户养老金
是否强制	强制		强制	自愿	自愿

资料来源：作者根据国务院的相关文件整理

第二节 我国各项养老保险制度的缴费水平和待遇水平

一、基本养老保险制度

职工基本养老保险制度实行统账结合的模式，第一支柱是强制性的待遇确定型养老保险，按现收现付方式运行。按照2005年的改革方案，由企业雇主按工资总额的20%为参保者缴费，但各地区有所差异，如上海为22%，珠三角一些城市为11%等。[⑧] 缴费满15年以上的参保者有资格获得统筹账户的养老金，缴费越长，养老金替代率越高，例如工作35年退休，则养老金替代率为35%。第二支柱为个人账户，由个人按缴费工资的8%缴费，退休后可获得个人账户养老金，个人账户养老金为个人账户全部储存额除以计发系数（如60岁退休，除数为139）。[⑨] 以职工缴费年限35年退休且工资为社会平均工资为例，按2005年的改革方案，基本养老金的目标替代率为59.2%，其中基础养老金替代率调整为35%，个人账户养老金替代率调整为24.2%。[⑩]

上述替代率为退休第一年养老金对社会平均工资的替代率，退休之后养老金的增长并没有明确的实施规则，原则上根据工资增长率和通货膨胀率调整，近十多年来，养老金实际年增长率约为工资增长率的40%—60%（OECD，2008）。企业职工月均养老金与当年城镇职工平均工资的比率（实际平均替代率）近年来持续下降，从2003年的54.7%降为2011年的43.3%，总体上看，养老金的增长速度低于社会平均工资的增长速度。

---

⑧ 人力资源和社会保障部制定的缴费率是一个指导意见，地方政府负责养老保险费的征收，在缴费率和征管力度上具有灵活性。养老保险统筹单位可以是县、市或省，已经有越来越多的省实现省级统筹。

⑨ 国发〔2005〕38号，《国务院关于完善企业职工基本养老保险制度的决定》。

⑩ 按1997年的改革方案，基本养老金的目标替代率是58.5%，其中20%为基础养老金，38.5%为个人账户养老金。2005年的改革使得平均替代率有所提高。需要指出的是，此处的替代率为退休第一年养老金占当年社会平均工资的比重。

基本养老保险是成立最早、基金规模最大的项目。基本养老保险覆盖面经历了一个快速扩大到逐步放缓的过程。图 1.1 显示参保职工的数量自 1998 年以来保持了稳定的增长，尽管如此，基本养老保险覆盖面还只有城镇就业人数的 60% 左右。

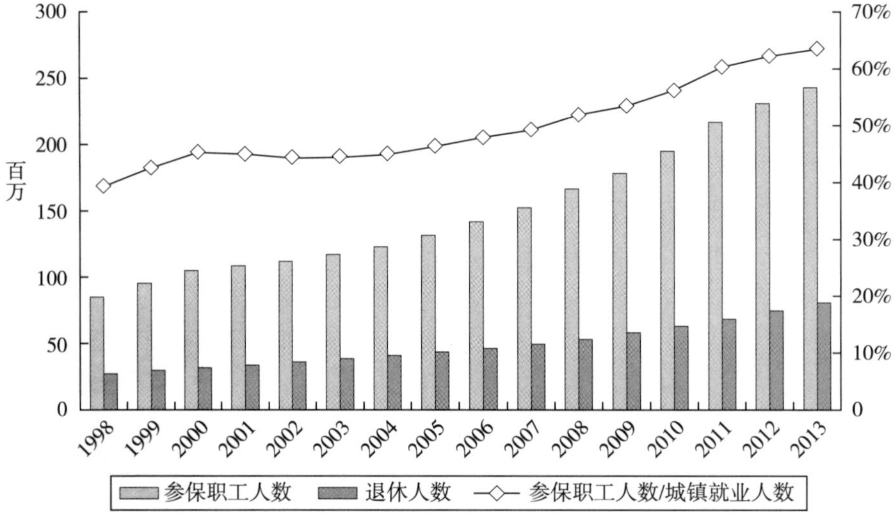

图 1.1 城镇基本养老保险的参保职工和退休人数变化

资料来源：根据《中国统计年鉴》数据整理

参保率在不同所有制企业间有明显差异。[11] 国有企业中基本养老保险的参保率明显高于其他企业，2005 年就已经超过 85%，但同期私营企业参保率只有约 30%，自我雇佣群体的参保率只有不到 15%，其他所有制企业的参保率在 50% 左右（Herd，et al.，2010）。不过，近年来基本养老保险企业参保人员中来自其他各种所有制类型企业和港澳台及外资企业的参保人数增长迅速，而城镇其他企业和国有企业参保人数增长缓慢，从而导致企业参保状况发生了结构性变化。2011 年其他各种所有制类型企业的参保人数为 8406.41 万，比 2010 年上涨了 19.65%，占企业总参保人数的 41.17%，比 2010 年提高了

⑪ 参保率为某一所有制类型企业员工中参加基本养老保险的比例。下文引用的 Herd，et al.（2010）数据来源于 2005 年 1% 人口抽样调查数据。

3. 25 个百分点；国有企业参保人数占企业总参保人数的 38. 95%，其他各种所有制类型企业占 10. 12%（郑秉文，2012）。

基本养老保险基金规模逐步增长，1990 年基金收入占 GDP 比重只有 1. 2%，到 2013 年这一比重已经增加到 3. 4%（图 1. 2）。2013 年基本养老保险基金收入为 2. 5 万亿元，养老保险基金支出 2 万亿元。长期以来基金收入一直大于基金支出，2013 年底历年结存额累计为 3 万亿元。这一方面得益于覆盖面的不断扩大，参保职工人数的增长超过退休人数的增长；另一方面基金收入中包含了财政补贴，财政对养老基金的补贴 1990 年约为 60 亿元，2012 年为 2270 亿元，十几年间增加了 30 多倍。若剔除财政补贴，2013 年当年收支已经呈现赤字，约 55 亿元（郑秉文，2013）。

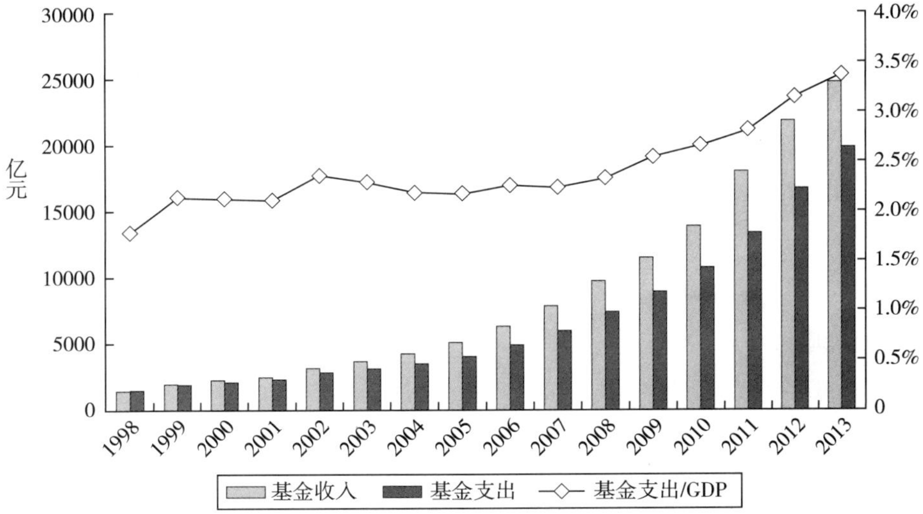

图 1. 2　城镇基本养老保险基金收入和支出

资料来源：根据《中国统计年鉴》数据整理

二、机关事业单位养老保险制度

机关事业单位养老保险制度中，参保人无须缴纳养老保险费，在达到退休年龄后，退休金通常为其退休前工资的 70%—90%。平均养老金是企业的 1. 45—1. 83 倍，养老金对工资的替代率是企业的 1. 5 倍左右。从 20 世纪 90 年代中期城镇基本养老金改革以来，二者差距就已形成。近十年来，企业、机关、事业单位养老金替代率总体上均呈下降趋势，相对机关和事业单位，企业养老金替代率虽然下降幅度略小，但各年的替代率均低于机关和事业单位（图 1.3）。2008 年机关和事业单位的替代率平均为 65%—67%，而企业为 47%。

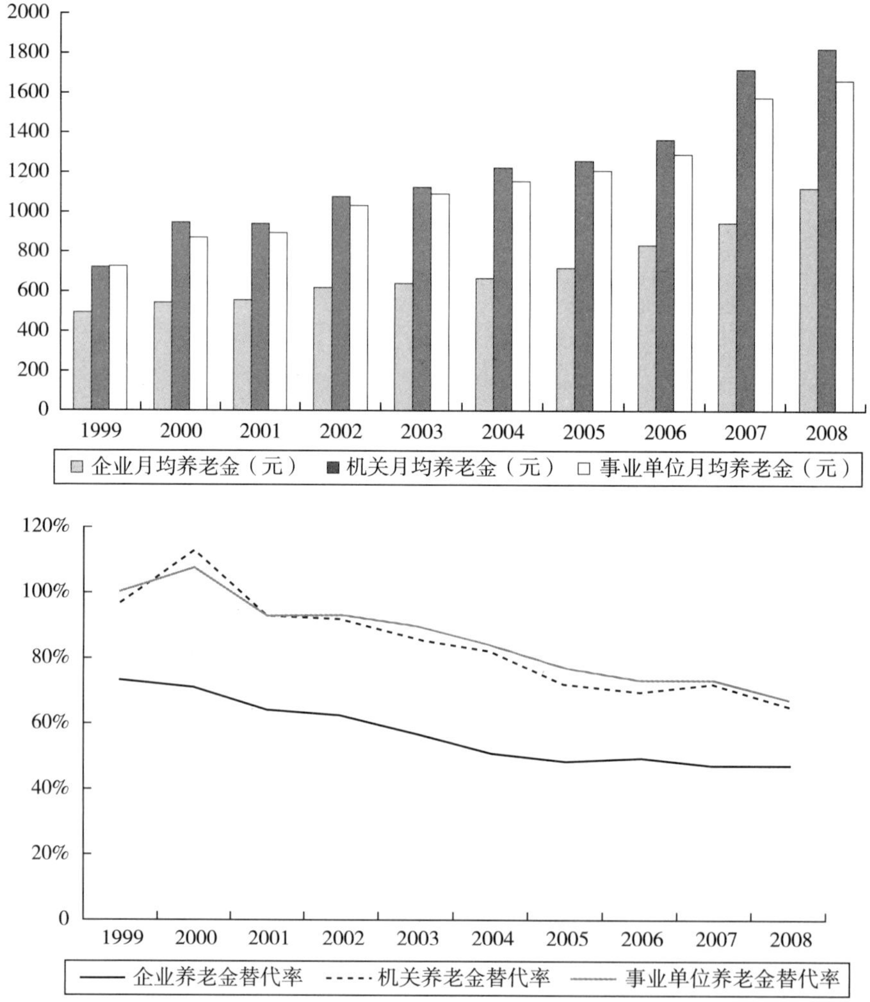

图 1.3 机关事业单位和企业的养老金比较

注：替代率 = 退休人员月养老金/职工月平均工资。2008 年之后统计年鉴未公布区分企业、机关和事业单位的工资数据。

资料来源：《中国人力资源和社会保障统计年鉴》（2009），《中国统计年鉴》（2000—2009）

机关事业单位养老金之所以较高，从技术上看有两方面的原因：一是机关事业单位养老金替代率比企业职工约多出20个百分点，二是机关事业单位人员的养老金有两部分，即退休金（按职务工资和级别工资的80%—90%）和生活补贴（与职务、职级挂钩）。另外，机关事业单位养老金比企业具有更大的不确定性，待遇计发机制不够明确。

这一差异的公平性和合理性遭到诸多质疑。首先，一部分年龄较大的人所处的就业单位是计划经济下的结果，按过去的政策，同等情况的人退休后的待遇事业单位和企业单位几乎相同，现在却出现因退休时的单位性质不同，退休金相差很多，则对他们而言显然不合理。其次，对于养老金改革之后进入劳动力市场的人而言，其选择也受到限制，机关事业单位的就业存在诸多障碍，劳动力市场存在不公平，如果机关事业单位的养老金又高于企业，则更加不公平。⑫

2008年，国务院选择广东、山西、浙江、上海、重庆等五省市进行事业单位职工养老保险改革，具有经营性质的事业单位，将参照企业职工改革养老保险。然而，改革一直停滞不前。⑬ 2010年颁布的《中华人民共和国社会保险法》也有规定：职工应当参加基本养老保险，公务员和参照公务员法管理的工作人员养老保险的办法由国务院规定。决策层多次表示要积极推动解决养老金“双轨制”问题，再次明确了制度的最终统一是改革大方向。⑭

2015年，国务院决定改革机关事业单位养老保险制度，与企业养老保险制度实行统一的制度安排，即社会统筹与个人账户相结合的基本养老保险制度。

---

⑫ 有些国家公务员养老金也比其他部门高，例如英国、德国、法国、加拿大等，其中差距最大的是加拿大、英国和德国：加拿大公务员养老金替代率为90%，其他行业为56%；英国分别为67%和37%；德国分别为75%和46%；大多数OECD国家相差5—15个百分点。公务员养老金比较高是为了形成制度设计上的“金手铐”，即激励公职人员勤奋清廉地工作，以换取较为丰厚的养老金。

⑬ 国发〔2008〕10号，《国务院关于印发事业单位工作人员养老保险制度改革试点方案的通知》，该文件于2014年10月1日作废。

⑭ 人社部发言人在2012年3月透露，2008年、2009年和2010年全国公务员总数分别为660万、679万和689万人。而据《中国统计年鉴》，这三年公共管理和社会组织的城镇单位就业人数分别为1335万、1394万和1429万人。

三、城乡居民养老保险制度

2009年实施的新型农村养老保险为自愿型制度，参加新农保的农村居民应当按规定缴纳养老保险费。参保人自主选择档次缴费，多缴多得。建立个人账户，个人缴费及集体和政府对缴费的补贴，全部记入个人账户。养老待遇分为基础养老保险金和个人账户养老保险金两部分，支付终身。政府对符合领取条件的参保人全额支付新农保基础养老金。其中中央财政对中西部地区按中央确定的基础养老金标准给予全额补助，对东部地区给予50%的补助。地方政府应当对参保人缴费给予补贴。个人账户养老金的月计发标准为个人账户全部储存额除以139（与现行城镇职工基本养老保险个人账户养老金计发系数相同）。

表1.2 城乡居民养老保险的具体安排

	新型农村养老保险	城镇居民养老保险
缴费	每年100元、200元、300元、400元、500元5个档次，地方可以根据实际情况增设缴费档次	每年100元、200元、300元、400元、500元、600元、700元、800元、900元、1000元10个档次
其中：补贴标准	补贴标准不低于每人每年30元，由地方政府补贴	同新农保
待遇	基础养老金+个人账户养老金	同新农保
其中：补贴标准	年满60周岁可享受基础养老金，标准为每人每月55元；地方政府可以根据实际情况提高基础养老金标准	同新农保

资料来源：作者整理

新农保的基础养老金待遇标准与地区经济发展水平相关，存在较大的地区差异，例如，2014年上海城乡居民养老保险的待遇水平是每人每月540元，而2012年对陕西、河南、江苏三省6个县调查得到的新农保养老金待遇平均值为每人每月78.64元，西部地区只有55元。从全国平均看，新农保养老金对农民人均纯收入的替代率约为15%—30%。[15]

2011年实施的城镇居民养老保险与新型农村养老保险类似，但缴费档次较多，政府补贴标准和待遇领取条件及标准与新农保类似。根据人社部数据，2013年全国城乡居民养老保险基金收入2052亿元，基金支出1348亿元，年末基金累计结存3006亿元。[16]

第三节　基本养老保险收支水平的国际比较

基本养老保险属于社会保险项目，即基金支出主要来源于参保人的缴费，不同于以政府补贴为主带有较多福利色彩的城乡居民养老保险。从我国养老保险体系的可持续发展角度，应该鼓励更多的人参加社会保险型项目，多缴才能多得，以维持体系的可持续性。此处重点比较基本养老保险的收支水平。

一、缴费率

各国公共养老金项目的资金来源通常有四种：个人缴费、雇主缴费、投资收益和财政补贴，其中个人缴费和雇主缴费是最主要的来源，缴费率为个人工资的一定比例，缴费工资一般都有封顶线。缴费率最高的为中亚国家，全部社保项目的缴费率平均为34%，其中养老保险缴费率为25%。高收入的OECD国家社保缴费率平均为29%，养老保险缴费率为20%。缴费率最低的地区为拉美国家、亚洲和非洲等国，社保缴费率和养老保险缴费率分别为17%和12%（Pallares-Miralles，2011）。作为比较，表1.3列出了一些国家的缴费率。

---

⑮　关于新农保养老待遇的增长，参见本书第七章。

⑯　人力资源和社会保障部，《2013年全国社会保险情况》。

从缴费率水平看，我国基本养老保险的缴费率无疑属于最高的国家之列。按照国务院文件提出的指导缴费率水平，养老、医疗、失业、工伤和生育五项社会保险的缴费率总和为41%，其中雇主缴费率为30%，雇员缴费率为11%。养老保险缴费率合计28%，其中雇主为20%，雇员为8%。雇主缴费率在地区间存在差异，但大多数地区按此执行。养老保险缴费水平比高收入的OECD国家，如英国、法国、瑞典等要高出至少5—10个百分点，比人口老龄化程度严重的日本、德国也高出10个百分点左右。我国养老保险缴费率如此之高，难免令人费解，人口老龄化程度加深这样的理由也不成立，这其中最重要的原因是改革造成的转型成本。[17]

基本养老保险自20世纪90年代初开始进行社会统筹，并于1997年建立社会统筹与个人账户相结合的统账结合模式。改革后，老人（1997年之前退休）的养老待遇仍然按改革前的替代率计算，中人（1997年之后退休，1997年之前参加工作）的养老待遇有过渡期方案，也比改革后的替代率要高，而且中人过去没有建立个人账户，他们的个人账户要有新的资金补充。老人和中人较高的养老金待遇社会化后形成了转型成本，这种转型成本由谁承担，是棘手的问题。我国的做法是，有一部分来自财政补贴，但很大一部分来自工作的人的缴费。他们既要为自己的个人账户缴费，又要承担退休人员的养老金，形成较高的缴费率。即使如此高的缴费率也不够用，很多省份个人账户的资金也被用于支付当期老人的养老金，形成个人账户空账。

有一种观点认为，缴费率只是一个方面，还需要看到缴费工资，而我国的缴费工资较低，并未反映出全部工资收入，因而缴费水平并不能算高。这里有几个问题：第一，若让个人确定自己的养老储蓄，他会根据持久性收入，一些奖金福利之类的收入不具稳定性，不会影响其储蓄决策。养老保险的政策缴费率不应违背大多数个体的意愿，稳定的收入才是合理的缴费基数。

第二，个人社保缴费基数还受到社会平均工资的制约，在60%—300%之间，工资收入高于当地上年度职工平均工资300%的，以当地上年度职工平均

---

⑰ 关于改革带来的转型成本问题，参见本书第八章。

工资的300%为缴费基数；工资收入低于当地上年度职工平均工资60%的，以当地上年度职工平均工资的60%为缴费基数；工资收入为上年度职工平均工资60%—300%的，按实申报。缴费基数以社会平均工资为标准，并受到社会平均工资的限制，社会平均工资既影响缴费水平也影响待遇水平，在这种情况下，没有依据认为缴费工资较低。

第三，在缴费率较高时，企业和个人都有激励规避缴费，改变工资结构，增加奖金在总薪酬中的比重，从而降低缴费工资。从这个角度上看，只能说缴费工资之所以低，正是缴费率过高的结果。⑱ 有些地方政府将缴费工资从社会平均工资的60%降到40%，例如浙江和北京对于低工资群体都采用过社会平均工资40%的缴费基数。最低缴费工资在地区间、在不同职业人群间都有所差异，例如浙江省就曾实现过差别性缴费工资政策，对于低收入者、农村转移劳动力，采用低缴费低待遇的政策。⑲

表1.3　各国养老保险雇主和雇员缴费率比较　　单位：%

国家	雇主缴费率	雇员缴费率	合计
加拿大	5.0	5.0	9.9
法国	6.8	9.9	16.7
德国	10.0	10.0	19.9
瑞典	7.0	11.9	18.9
英国	11.0	12.8	23.8
美国	6.2	6.2	12.4
日本	7.7	7.7	15.4
韩国	4.5	4.5	9.0
匈牙利	1.5	24.0	25.5
捷克	6.5	21.5	28.0
智利	–	18.8	18.8
巴西	7.7	20.0	27.7
中国	20.0	8.0	28.0

资料来源：世界银行 HDNSP Pensions Database

⑱ 关于企业对养老保险的参与激励，参见本书第四章。

⑲ 浙江省文件，2006年。

二、替代率

比较养老待遇的差异通常用替代率表示。替代率计算首先是要确定退休第一年的待遇水平，它由一些参数决定，如工资水平、缴费年限、退休年龄，以及退休当年的养老金计算公式。退休之后的养老金则由养老金增长规则决定。比如，2005 年改革后，我国基本养老保险新人（指2005 年后加入）的目标替代率为 59.2%，其背后的假设是，个人每年的工资水平均为社会平均工资，缴费 35 年，60 岁退休，个人账户收益率与工资增长率相等。在比较各国替代率时，通常比较的是退休第一年养老金替代率。替代率所替代的工资可以是个人退休前工资，或者是当年的社会平均工资。个人退休前工资又可以分为总所得（含税）和净所得（税后），相应的，替代率对个人工资的替代分为总替代率和净替代率。

各国替代率的比较也有一些假设，表 1.4 是假设不同收入的人，从进入劳动力市场开始一直缴费到正常退休年龄（以各国进入劳动力市场的平均年龄和规定的退休年龄为依据），计算得到的退休第一年养老金替代率。可以看到，在一些国家，无论总替代率还是净替代率，工资较低的参保人，如加拿大、英国、美国、日本、韩国等，替代率较高，体现出养老保险具有一定程度的代内收入再分配功能。在另一些国家，不同收入的参保人养老金替代率相差并不大，如德国、瑞典、智利等，养老保险主要是代际转移，没有代内收入再分配的功能。

中国的替代率相比之下显得很高，比 2005 年改革后公布的目标替代率高出很多。这其中的原因是表 1.4 计算的是 2010 年之前退休的参保人的待遇水平，这部分人为中人，其待遇水平会高于改革后新人的待遇水平。仅从退休第一年替代率看，我国基本养老保险的待遇水平并不低。

表 1.4　替代率比较

	总替代率 个人工资/社会平均工资			净替代率 个人工资/社会平均工资		
	50%	100%	150%	50%	100%	150%
加拿大	74.9	43.3	28.9	87.7	56.6	39.0
法国	58.2	50.5	45.8	72.1	62.4	57.4
德国	43.0	43.0	43.0	59.1	61.3	60.9
瑞典	78.3	66.0	79.1	80.7	68.5	83.9
英国	52.0	31.0	21.8	64.8	41.3	29.7
美国	55.2	41.2	35.5	63.4	47.6	32.2
日本	47.2	34.1	29.7	51.6	38.9	34.2
韩国	66.6	44.6	36.0	71.4	49.4	41.4
匈牙利	76.9	76.9	76.9	93.9	104.4	99.2
捷克	76.3	47.8	35.0	91.8	61.7	47.4
智利	44.9	43.8	48.6	53.3	53.3	54.5
中国	87.6	67.6	61.0	95.2	73.5	68.6

注：表格第一行中的“50%、100%、150%”表示工资是社会平均工资的50%、100%、150%。

资料来源：Monserrat Pallares-Miralles，Carolina Romero and Edward Whitehouse，2012，“International Patterns of Pension Provision：A Worldwide Overview of Facts and Figures”，World Bank，Social Protection & Labor discussion paper，No. 1211

三、养老金增长规则

养老金增长规则（又称养老金指数化）是决定养老金水平的另一个因素，即退休后养老金如何增长，各国差异较大（表 1.5）。在 OECD 国家这一规则比较明确，通常与工资增长率挂钩，而很多发展中国家比较含糊。越来越多的国家采用与通货膨胀率挂钩，或采用混合指数，即将工资增长率、通货膨胀率和预期寿命延长等综合起来考虑。我国的基本养老保险制度中的基础养老金部分原则上按照工资增长率和通货膨胀率增长，但实际上具有很大的随意性。2006 年之前涨得很少，自 2006 年后，每年大约上涨 10%。用每年人均养老待遇比上当年社会平均工资，2010 年我国基本养老金的替代率只有大约 47%，远低于目标替代率和表 1.4 中计算出来的替代率。

表 1.5　选择不同养老金的指数化方式的国家数

地区	有数据的国家数	物价	工资	混合	随意
东亚和太平洋地区	6	2	2	–	2
东欧和中欧	28	10	5	8	5
拉丁美洲和加勒比海	24	6	2	1	15
高收入的 OECD 国家	19	11	2	4	7

资料来源：世界银行 HDNSP Pension Database

四、法定退休年龄

法定退休年龄影响到参保人一生所能领取的养老金总额和所缴纳的养老保险费总额，显然，法定退休年龄越早，养老金总额越高，养老保险费总额越少，对参保人越有利。但退休年龄越早，对一国养老基金平衡越不利。需要指出的是，法定退休年龄通常指领取全额养老金的年龄，提前退休年龄是指有领取养老金资格的最小年龄。表 1.6 显示 OECD 国家的退休年龄大多在 65 岁以上，除少数国家外，男女退休年龄一样。地区间的比较显示，退休年龄比较早的地区是东亚地区除日本以外的国家，平均要比 OECD 国家低 7—8 岁，在这些国家女性的退休年龄也早于男性。东欧和中亚国家女性的退休年龄也普遍小于男性 3—5 岁（图 1.4）。

我国基本养老保险制度的退休年龄，女性为 50—55 岁，男性为 60 岁，最少缴费年限为 15 年，与很多国家相比是比较早的。从退休年龄看，我国参保人一生领取养老金的时间比较长。延长退休年龄在我国遭到很大的阻力，与我国经济转型和收入分配不平等状况有密切的关系。很大一部分低工资、低职位的职工承受了国企改革、养老金改革的成本，延迟退休意味着他们的退休金要下降，迫使他们承担更多的成本。此外，由于垄断和权力形成的高收入阶层倾向于延迟退休，在这种情况下，延迟退休政策会加剧收入分配不公的状况。

但长远看，延迟退休年龄有其必然性。在人口老龄化的背景下，各国都在延迟退休年龄。美国退休年龄从 62 岁提高到了 67 岁。在欧洲国家，将领取养老金的年龄延迟到 67 岁已经是普遍做法。退休年龄对劳动力市场及个人和家庭安排的冲击并不会太大，首先，延迟退休年龄是一个缓慢的过程，例如美国退休年龄从 65 岁延迟到 67 岁，是按 2 个月的速度逐步进行的，从 1937 年出生的人开始，到 1960 年出生的人完成，1960 年及之后出生的人才按照 67 岁的年龄领取养老金。其次，延迟退休年龄的同时应适当提高养老待遇。再次，很多国家考将领取养老金的年龄和退休年龄这两个概念区分开，规定一个最低的领取养老金年龄，称为提前退休年龄表（表 1.6）。并不要求人们必须退出劳动力市场，退休年龄是用人单位和劳动者之间的双向选择，实际退休年龄因人而异，体现的是劳动力市场上的供求关系。

表 1.6　部分 OECD 国家的退休年龄

国家	法定退休年龄	提前退休年龄	最少缴费年限
加拿大	65	60	*
法国	65	–	40
德国	67	63	15
瑞典	65	61	*
英国	68	–	39/44
美国	67	62	10
瑞士	64/65	62/63	43/44
日本	65	60	25
意大利	60/65	60	**

注：两个数字分别代表女性和男性，为“女性/男性”。* 有居住时间长度限制；** 不同职业有不同规定。

资料来源：世界银行 HDNSP Pensions Database

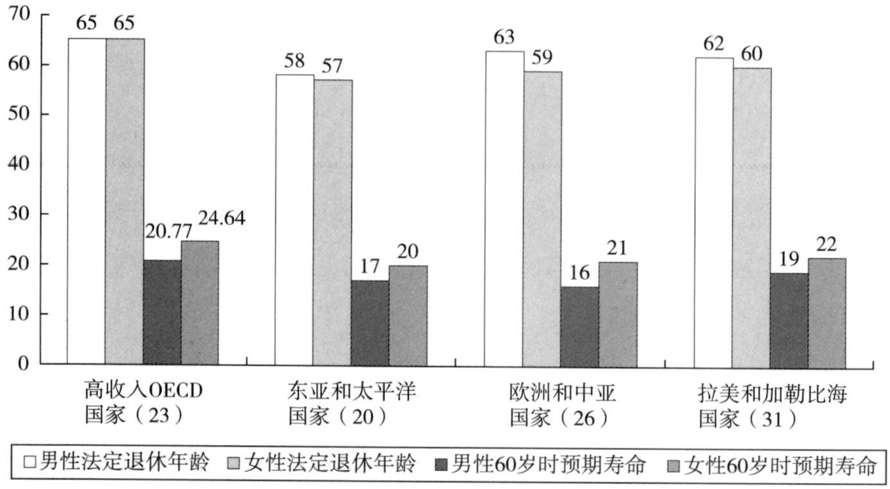

图 1.4　不同地区退休年龄比较

资料来源：Monserrat Pallares-Miralles、Carolina Romero and Edward Whitehouse，2012

五、养老保险支出占 GDP 的比重

在跨国养老保险规模比较时，养老保险基金收入或支出占 GDP 的比重是常用的指标。与前面几个指标不同，这是宏观层面的指标，用于综合考察一国养老保险的规模。各国在养老保险支出占 GDP 比重上的差异源于各国在老年赡养率、养老金待遇和养老金覆盖面以及参与率等方面的差异。发达国家和新兴市场国家平均看差异并不大，公共养老金占 GDP 的比重在 8.5%—9%，但各国差异巨大（IMF，2011）。2010 年，澳大利亚、加拿大等约为 GDP 的 5%，养老金替代率较高并且老龄化程度也较高的欧洲国家，如法国、意大利、希腊和葡萄牙等为 GDP 的 12% 以上（表 1.7）。

从微观制度设计看，我国基本养老保险缴费水平比较高，退休年龄比较早，养老金替代率也并不低，但从宏观的养老金支出看，2010 年中国的公共养老金支出只占 GDP 的 3.4%，处于较低的水平。主要原因在于中国城镇基本养老保险覆盖率低，只覆盖了城镇就业人口的 60% 不到，只有不到 15% 的农村转移劳动力被覆盖。所以，提高我国养老保险支出水平关键在于扩大覆盖面，而不是提高基本养老保险制度的养老金水平。

表 1.7　1960—2010 年公共养老金支出占 GDP 的比重　　单位：%

国家	1960	1970	1980	1990	2000	2010
加拿大	2.1	2.4	3.4	4.7	4.7	4.9
法国	4.7	6.7	9.0	11.1	12.3	13.3
德国	8.2	8.8	10.2	9.5	11.1	10.6
意大利	4.5	6.7	9.8	10.9	14.0	14.7
希腊	–	5.4	5.9	10.5	11.0	12.1
葡萄牙	–	1.4	5.0	6.5	9.5	12.7
瑞典	3.5	4.9	8.8	9.6	9.1	9.6
英国	4.0	4.9	6.3	5.9	6.3	6.3
美国	3.9	4.9	6.5	6.3	6.3	6.8
日本	1.2	1.1	4.2	5.2	7.7	10.0
澳大利亚	2.9	2.6	4.3	4.1	4.6	4.7
智利	–	2.7	3.4	8.5	8.1	7.2
中国	–	–	–	1.0	2.3	3.4

资料来源：IMF（2011）

第四节　决定养老保险水平的传统理论

上述对各国实践的比较表明，养老保险水平有着明显的国别差异性，下面分别从规范分析和实证分析的角度阐述两个问题：一是如何判定一国的养老保险水平是否合适？二是如何解释各国养老保险水平差异产生的原因？生命周期理论、再分配理论和效率理论为确定最优养老保险水平提供了规范分析的框架。而政治经济学理论则从实证的角度解释不同个体对养老保险的偏好，进而解释一国养老保险水平的决定因素。

一、生命周期理论

由莫迪格利亚尼（Franco Modigliani）和安多（Albert Ando）在 1957 年提

出的生命周期理论是分析为何需要政府参与养老保险的基础。根据生命周期理论，人们根据自己一生的收入决定一生的消费，储蓄的主要目的是积累资产，用于退休之后的消费。假设人们存活若干期，没有不确定性，通过最大化一生的期望效用，决定各个时期的消费水平，从而可得到各时期的储蓄水平。生命周期效用函数为式1.1，其中 t 为所在的时期，从0到最大存活时期 d；c 为各期的消费；ρ 为时间贴现率。

$$\begin{aligned} V_t &= u(c_t) + \left(\frac{1}{1+\rho}\right)u(c_{t+1}) + \cdots + \left(\frac{1}{1+\rho}\right)^{d-t}u(c_{t+d}) \\ &= \sum_{s=t}^{d}\left(\frac{1}{1+\rho}\right)^{s-t}u(c_s) \end{aligned} \tag{1.1}$$

个体面临的跨期预算约束为式1.2。其中，r 为市场利率或贴现率；w 为工作时期的工资；R 为最长工作时间；A_t 为初始财富。

$$\sum_{s=t}^{d} c_s\left(\frac{1}{1+r}\right)^{s-t} = A_t + \sum_{s=t}^{R} w_s\left(\frac{1}{1+r}\right)^{s-t} \tag{1.2}$$

若将上述模型简化为两个时期，即工作时期 t 和退休时期 $t+1$，再假设一个对数效用函数 $u = \ln c$，假设没有初始财富，则可以解到两期的消费和储蓄分别为式1.3—1.5。

$$c_t^* = \left(\frac{1+\rho}{2+\rho}\right)w_t \tag{1.3}$$

$$c_{t+1}^* = \left(\frac{1+r}{2+\rho}\right)w_t \tag{1.4}$$

$$s_t^* = \left(\frac{1}{2+\rho}\right)w_t \tag{1.5}$$

个体的养老储蓄水平取决于收入水平和时间偏好。由式1.5可以看到，在其他情况相同时，收入水平越高的个体，养老储蓄水平越高，但储蓄率（s/w）并不随收入变化。时间贴现率 ρ 越大，储蓄水平越低。生命周期理论的含义是，即使没有养老保险制度，通常个人也会为未来的养老储蓄，但对于短视的人而言，其时间贴现率较大，因而工作时期储蓄较少，很可能会陷入老年贫困。需要政府实施强制性养老保险的一个重要理由就是克服个人可能出现的短视行为，体现政府的父爱主义。若为纠正个人短视行为而提供养老保险，则只要社会中有人是短视的，哪怕只是占比很少的人，都需要强制性的养老储蓄，缴费率的多少取决于社会中居民的短视程度，以及政府给定的社会福利函数。

费尔德斯坦（Feldstein，1985）设定了一个等于工作人口和退休人口效用之和，并按人数作为权重的社会福利函数，证明了在所有居民都完全短视（即工作时不为退休做任何储蓄）、人口增长率为0的情况下，最优缴费率为50%，这也是现收现付制缴费率的上限。[20] 但一个社会中不可能所有人都完全短视，一种情况是社会中的人有一定程度的短视；另一种情况是，社会中一部分人按照生命周期理论预计的那样理性地储蓄，另一部分人则完全短视。在第一种情况下，人们越不短视，所要求的最优缴费率就越低，当人们理性达到一定程度时，最优缴费率为0，而且数值模拟表明，最优缴费率为0时人们的短视程度其实还比较高。在第二种情况下，社会中有四分之一的人完全短视时，最优缴费率为11%；社会中有一半人完全短视时，最优缴费率为25%。

二、收入分配理论

由于老年时期劳动收入减少，老年贫困发生率较之其他群体更大。养老保险是消除老年贫困的最有效的制度。相比其他再分配制度，如所得税、最低生活保障制度等，养老保险制度提供的再分配力度更大，这是由于养老保险缴费和待遇通常要持续几十年，可以在很长的时间内持续进行再分配。对养老保险制度再分配功能的评价也需要采用终身收入作为收入的度量。

大多数国家在推出养老金制度时，都采用了现收现付制，即采用年轻一代的缴费支付当前退休一代的养老金，缴费率和养老金替代率与个人收入的关系则各有不同的规则。一方面，现收现付制的养老保险制度可以在代际实现再分配，以当期工作一代所缴纳的养老保险费支付当期退休一代的养老金，

---

[20] Feldstein（1985）求解了三种情况下的最优缴费率和替代率：一是所有人都完全短视；二是所有人都有一定程度的短视；三是一部分人完全理性，另一部分人完全短视。

即从年轻一代向老年一代转移。例如，不同时代出生的人面临的风险不同，某一代人可能遭遇巨大的冲击（如经济萧条、金融危机），造成失业或工资下降，收入遭受巨大损失。养老保险使得某一代人的养老金和下一代人的收入相关，从而将不可预计的经济风险与后代人分担。

另一方面，现收现付制还能够在代内不同的收入阶层之间实现再分配，即高收入的人对低收入的人的转移。现收现付制代内再分配功能的实现取决于制度设计，如果养老保险费和养老金均为个人收入的一定比例，那么这一制度（称为“俾斯麦制”）并不具有代内再分配的功能；如果养老保险费与收入相联系，而养老金水平却比较平均，养老金对工资的替代率将随着收入的增加而下降，那么这一制度（称为“贝弗里奇制”）就有了代内的再分配功能。[21] 两种设计的差异可以反映在现收现付制下养老待遇的公式中，用式1.6表述，假设个体在 t 期工作并缴养老保险费，在 $t+1$ 期退休并领取养老金，其中 b_{t+1} 为养老金，w 为个人工资，$\bar{w}$ 为社会平均工资，n 为人口在这两个时期间的增长率，τ_{t+1} 为缴费率。其中，α 反映养老保险制度代内收入再分配的程度，$0 \leqslant \alpha \leqslant 1$，若 $\alpha = 1$，则完全不具有代内再分配；若 $\alpha = 0$，则不管退休前收入如何，退休后大家的养老金完全一样，具有很强的收入再分配功能。

$$b_{t+1}(w) = (1 + n_{t+1})\tau_{t+1}[\alpha w + (1-\alpha)\bar{w}] \tag{1.6}$$

基于再分配功能，养老保险缴费水平或待遇水平的确定有两种模型，一是社会福利函数，建立一个综合所有社会成员效用的社会福利函数，社会成员在收入水平和年龄两个维度上存在差异，加入养老保险的缴费和待遇的参数，通过最大化这个社会福利函数，可以得到最优的养老保险水平（Casamatta、Cremer and Pestieau，2000）。理论上存在一个临界工资 $\tilde{w}$，工资高于这一临界水平的人

---

[21] 1942年英国牛津大学教授、经济学家贝弗里奇发表《社会保障和相关服务》（《贝弗里奇报告》），他认为社会政策应以消灭贫困、疾病、无知、肮脏、懒惰五大祸害为目标，主张通过建立一个全社会性的国民保险制度，对每一个公民提供以下七项社会保障：儿童补助、养老保险、残疾津贴、失业救济、丧葬补助、灾难补助、妇女福利。并贯彻以下原则：1. 用统一的标准发放救济或补助；2. 参加社会保险者统一缴纳保险费用；3. 统一社会福利的行政管理；4. 发放的救济和津贴应以维持正常生活为准；5. 保险的范围应包括所有公民以及他们生活的必需方面。

希望缴费率为0，工资低于这个临界水平的人希望缴费率为正，因此若采用以个人福利简单加总的社会福利函数，则当收入差距越大时，社会最优的缴费率水平越高。在收入分配状况一定时，代内再分配功能越强，即 α 越大，这个临界工资的水平越高。另一模型是政治经济学的分析框架，根据多数通过原则，确定社会合意的养老保险水平（参见本节第四部分）。

三、效率理论

从养老保险制度对经济效率影响的角度讨论养老保险的缴费或待遇水平，是经济学关注的视角。新古典经济学强调现收现付制引致的储蓄率下降和对劳动力供给可能带来的不利影响而产生的福利损失（Feldstein & Liberman，2000）。现收现付制的养老保险会减少个人储蓄，从而降低整个社会的储蓄水平。若考虑养老保险会导致总投资的下降，那么就需要从动态的角度考察养老保险缴费水平对产出的影响，权衡养老保险制度的效率和公平。养老保险制度对效率的影响可用下述分析解释。㉒

假设社会中代表性个体一生有两个时期，年轻时工作，年老时退休。他的效用函数为式1.7，其中第一项为工作时期的效用，第二项为退休时期的效用，分别为消费的函数。

$$V^Y = u(C^Y) + (\frac{1}{1+\rho})u(C^O) \tag{1.7}$$

t 时期社会中所有个体面临的消费约束为式1.8，其中 Y_t 为当前的社会总产出，K_t 为当前资本存量，δ 为折旧率，$K_{t+1} - (1-\delta)K_t$ 为当期的投资水平，L_t 为人口数量。式1.8的含义为当前产出用于当期投资和当期所有年轻人和老年人的消费。

$$Y_t + (1-\delta)K_t - K_{t+1} = L_{t-1}C_t^O + L_tC_t^Y \tag{1.8}$$

在人均产出和人均资本的表达形式下，在稳态中，约束条件可以表述为

㉒ 本节的分析参考“Pension Economics”。

式 1.9，$f(k)$ 为人均产出，n 为人口增长率，其他字母的含义同上。其含义为，社会中的人均消费等于人均产出减去维持人均资本存量所需的折旧和投资。

$$f(k) - (n + \delta)k = C^Y + \frac{C^O}{1 + n} \tag{1.9}$$

在式 1.9 的约束条件下，最大化效用函数 1.7，得到式 1.10 的条件，这是某一时期消费在代际分配需满足的条件。在给定产出和时间偏好下，人口增长率越高，则老年人的消费越高，这是因为人口增长率较高时，老年赡养率较低。

$$(1 + \rho)\frac{u'(C^Y)}{u'(C^O)} = 1 + n \tag{1.10}$$

$$f'(k) = n + \delta \tag{1.11}$$

式 1.11 是最大化个人消费的目标下，人均资本存量需要满足的条件。如果式 1.11 的左边大于右边，则说明人均资本存量偏低，需要增加投资，反之则需减少投资。在现收现付制的养老保险制度下，若一个社会的资本回报率较高，高于人口增长率和折旧率之和，即式 1.11 左边大于右边，此时需要减少养老保险水平，即减少代际转移规模，以提高储蓄率，从而增加投资；反之，应该提高养老保险水平，减少储蓄率，让更多的产出用于当前消费。

四、政治经济学理论

政治经济学分析框架将养老保险制度视为一种再分配政策，不同利益群体对养老保险水平具有不同偏好，最终养老保险水平的决定是通过某种政治决策过程，不同群体各自发挥作用的结果（Mulligan & Sala-i-Martin，1999）。有两类模型可用来解释养老保险水平的决定：多数投票规则模型和利益集团模型，其中多数投票规则是文献中更为常用的模型。

不同的利益群体可以按照年龄分为三类人，即年轻人、中年人和老年人。对于老年人而言，因为他们已经不需要缴费，所以选择较高的养老保险水平对自己最有利。但对于年轻人而言，他们要综合考虑缴费和待遇，以及未来消费在当前的权重，在动态有效的经济中，现收现付制的收益小于储蓄利率，他们会选择较低的养老保险水平。[23] 而中年人的选择则介于他们二者之间。三代人同时存在的迭代模型可以解释为什么现实中养老保险水平日益扩大（Browning，1975）。考虑社会中有老、中、青三代人，每代的人数相等。每代人活三期，即经过青、中、老三个阶段。三个人群将投票决定是否引入养老保险体系。实际上中年人成为中间投票人，他的选择会决定社会养老保险的水平。在养老保险刚刚引入时候的老年人和中年人收益很高，中年人关注当期和下期的情况，而不再关心过去的情况，过去的缴费被视作沉没成本。到下一期，上一期的年轻人变成中年人，他们作为中间投票人会使得养老保险费率高于上一期。而且中间投票人的年龄越大，越倾向于较高的养老保险水平。

也有模型考虑到利他因素，老年人不仅考虑自身的收益，还会考虑到自己下一代的负担，在这种情况下，他所选择的缴费率较之无利他主义时要低。同样，年轻人不仅考虑自己的收益，也会考虑自己父辈的需求，此时他也会赞同一个较高的缴费率。利他的程度改变多数投票规则下的养老保险均衡水平。

除了年龄方面的差异外，工资水平不同的人也会有不同的选择。工资越低的人，越希望有较高的养老保险规模，同时这种制度应该存在富人到穷人的再分配，因而，在穷人占比较大的国家，更可能存在一个具有代内再分配功能的养老保险制度。如果养老保险体系存在收入从富人到穷人的再分配功能，理论上存在一个临界工资，工资高于这一临界水平的人希望缴费率为0，工资低于这一临界水平的人希望缴费率为正。当一个社会穷人占比越高时，由多数投票规则得到的养老保险缴费或待遇水平就会越高。理论上可以得到，在多数投票规则下，养老保险体系的规模会随着老年人占比和收入差距的增加而扩大（Tabellini，2000）。

---

[23] 现收现付制的收益率为人口增长率与工资增长率之和，在经济为动态有效时，投资收益率大于现收现付制的收益率。

基于政治经济学分析框架的实证研究通常采用跨国数据的比较，试图验证影响各国养老保险差异的原因是否符合投票模型所得到的政治均衡。在养老保险规模的度量上，跨国比较一般采用宏观指标，即养老保险收入和支出占 GDP 的比重，将各国在缴费率或替代率等方面的差异综合用宏观指标反映。

塔贝里尼（Tabellini，2000）采用包括发达国家和不发达国家在内的 40 个国家在 1978—1982 年和 1988—1992 年的数据检验了政治均衡的结果。采用一国养老保险支出占 GNP 比重、养老保险支出占财政支出比重、养老保险收入占 GNP 比重和养老保险收入占财政收入比重等四个指标反映一国养老保险规模，用 65 岁以上人口比例反映老年人口占比，用最高的 5% 收入人群的收入占比反映收入差距。他的回归结果发现，老年人口占比、收入差距、人均收入和工业化程度这四个变量的差异可以解释各国养老保险规模差异的 59%—74%，而且，老年人口占比提高对养老保险规模有显著的正向影响，一国的收入差距越大，养老保险规模越大。

使用更长时期的跨国数据做研究也有类似的发现。布雷耶和克雷格（Breyer & Craig，1997）用 20 个 OECD 国家 1960 年、1970 年、1980 年、1990 年四个年份的数据做研究，这些国家在民主程序和工业化程度方面类似，而养老保险规模的调整可能是一个缓慢的过程，从较长时期的数据可以看到这一调整所接近的理想水平。他们的结果验证了布朗宁（Browning，1975）的投票模型结论，发现一国中位数（中间投票人）年龄越大，其养老保险支出占 GNP 的比例越高。人均养老保险金也会随着中间投票人的年龄增加而增加，不过这个关系的显著性不够强，这与穆利甘和萨拉 - 伊 - 马丁（Mulligan & Sala-i-Martin，1999）的结论相似，说明养老金支出的增加更多是由老年人口占比增加导致。同时布雷耶和克雷格（1997）发现了很强的时间趋势，即随着时间的推移，养老保险规模趋于扩大。

不过，有研究指出，人口老龄化对社会保障规模的影响并不是单调的，一国会自我约束其社会保障的规模。根据 OECD 国家 1960—1981 年的情况，林德特（Lindert，1996）发现，人口老龄化与一国社会保障占 GDP 水平之间存在显著的正相关关系，但人口老龄化这个变量的二次项和 GDP 之间的关系却是负的，说明各国的社会保障水平并不会随着人口老龄化一直上涨，实证发现，社会保障规模的上涨受到制约。林德特用65岁以上人口占20—64岁人口比重度量人口老龄化，随着人口老龄化程度加深，社会保障支出占GDP比重开始下降，这一拐点在22.4%，有12个国家在1976年之前就已经达到这一拐点。林德特的研究结果表明，政府在社会保障方面的支出有上限，随着成本的增加，社会保障规模不会再增加。

此外，研究也发现其他一些与理论相符的结果，一国经济发展水平越高或一国的经济增长率越高，养老保险规模越大（Lindert，1996；Breyer & Craig，1997；Mulligan & Sala-i-Martin，1999）；一国实际利率水平越高，养老保险规模越小（Breyer & Craig，1997）。另外，选民的投票率也是影响各国社会保障占GDP水平差异的主要原因之一（Lindert，1996）。

第五节　小结

从2011年到2015年，我国60岁以上老年人由1.78亿增加到2.21亿，平均每年增加老年人860万，到2030年全国老年人口规模将会翻一番。在城市化和工业化进程中，家庭规模逐渐缩小，需要较为完善的社会保障制度。中国的老龄化发生在经济发展水平相对较低的阶段，经济增长在很大程度上仍然依赖于较低的劳动力成本，在全球化时代，需要权衡社会保障水平和国际竞争力之间的矛盾。希腊等欧洲国家的债务危机暴露出高福利导致的国家财政的脆弱性，法国、英国等国频发社会骚乱，其背后的推手之一也是经济衰退和老龄化趋势下沉重的养老金负担。尽管社会保障水平需要随着经济发展和人口老龄化加深而逐步提高，但作为一个同时处于经济起飞和快速老龄化阶段的国家，保持经济增长、提高劳动生产率是应对老龄化的根本出路。

我国养老保险水平表现为制度缴费水平很高，但养老基金收支水平却较低，反映出较低的城镇养老保险制度覆盖率。养老保险制度能否提高参与人的福利还有赖于制度的具体设计，其中之一是缴费率不能过高，养老保险很大程度上是个人收入在时间上的重新配置，如果缴费率较高，则将影响到当前迫切需要的一些基本开支，反而降低了他们的福利，尤其是对于工资收入较低的人而言，我国城镇职工养老保险过高的缴费率已经让低收入群体望而却步。未来看，养老保险制度的改革方向应是低水平、广覆盖。

第二章

经济全球化与养老保险支出水平

Public Pension Scheme

在经济全球化的背景下，各国面临的竞争加剧，开始重新审视社会保障规模。较高的社会保障水平将加重企业税赋，提高劳动力成本，企业有降低社会保险税费的要求。尤其对于经济不发达国家而言，其国际竞争力主要源于成本优势，较高的社会保障水平将影响到其国际竞争力。此外，全球化带来更高的风险，企业和员工更需要通过保险机制应对失业和老年风险，要求政府能够提供更多的社会保障。因此，经济全球化对社会保障水平的影响有两种假说（Garrett，2001），一种是补偿假说（compensation hypothesis），即全球化将导致社会保障水平上升；一种是效率假说（efficiency hypothesis），即全球化将导致社会保障水平下降。社会保险是社会保障体系中参与人数最多、基金规模最大的项目，而社会保险中养老保险的收入和支出水平最高。本章采用全球化对社会保障水平影响的分析框架，分析我国地区间社会保险和养老保险水平的差异。

我国经济全球化程度日益加深，利用外资规模和进出口规模增长迅速，2007 年利用外资额达到 1100 亿美元，吸引的 FDI（外国直接投资）数量居世界前三位。进出口占 GDP 比重从 1978 年的 9.85% 上升到 2007 年的 59.38%、2010 年的 51%，各地区的经济增长不同程度地依赖外资和出口。[①] 这一背景是否会影响到我国社会保险的缴费和支出水平，这一问题尚未得到充分重视。地方的社会保险政策或多或少会考虑到对资本流动和出口的影响，企业和地方政府可能通过缴费率、覆盖面和待遇的调整等措施决定地方的社会保险水平。在社会保险项目中养老保险的缴费负担最重，各地区经济全球化程度和

① 根据《中国统计年鉴》数据计算。

养老保险水平之间的关系值得特别关注。从政策意义上看，需要审视当前的养老保险水平是否受到全球化的影响，以及怎样的影响。在全球化程度日益加深的背景下，未来养老保险制度改革需要顺应全球化的趋势，保持一定的灵活性，更好地发挥这一制度的作用，维护这一制度的顺利运行。

与现有文献相比，本章的内容有三方面贡献：第一，从经济全球化的角度探讨社会保险水平的差异，全球化对社会福利水平的影响是一个世界性话题，很多文献考察了发达国家和不发达国家二者之间的经验证据（Rodrik，1998；Garrett，2001；Rudra，2002；Rickard，2006 等），但并没有明确的结论。中国作为新兴发展中国家，来自中国的经验证据可以为认识这一问题提供更全面的视角。第二，考察不同人力资本下全球化的影响，即随着人力资本水平提升，补偿假说的作用是否会有所加强。第三，这一研究的政策含义在于，中国的社会保险制度仍处于不断探索和改革中，其水平的确定需要权衡保障功能和对竞争力的影响。

本章首先介绍相关的理论和研究及其对世界其他国家的主要发现；第二部分分析我国地区间社会保险水平的差异及地区政策差异；第三部分是实证模型、估计方法以及数据；第四部分针对回归结果，分析了经济全球化对我国养老保险和社会保险水平的影响，以及人力资本的作用；最后是小结和政策含义。

第一节　理论假说与各国实践

一国社会保障水平是如何决定的？对此可以从多个角度解释，根据第一章中的理论，收入水平提高、收入差距扩大和人口老龄化是最常见的解释。[②] 塔贝里尼（Tabellini，2000）用政治经济学的分析框架得到养老保险水平和收入差距以及人口老龄化程度正相关，并用 1978—1982 年和 1988—1992 年 27 个发达国家和发展中国家的数据验证了理论结果，即 65 岁以上人口占比越

② 还有的文献从民主化程度、宗教、种族的差异等角度解释，可以参见 Culter & Johnson（2004）。

大，或收入最高的5%人群所占收入份额越高时，养老保险收入和支出占GDP比重越高。卡尔特和约翰逊（Culter & Johnson，2004）考察了20个OECD国家1960—1998年社会保险中养老保险和医疗保险支出占GDP的比重，同样发现65岁以上人口比重的增加显著促进了社会保险水平的增长。林德特（Lindert，2004）用OECD国家、东亚发展中国家和东欧转型国家1880—1995年的历史数据研究发现，社会保障支出占GDP的比重与人均GDP、65岁以上人口占比之间存在十分显著的正相关关系。值得注意的是，近期的文献越来越多地考虑到全球化的影响。

一、效率假说与补偿假说

在经济全球化背景下，各国的劳工福利受到日益加剧的国际竞争的挑战，尤其对发展中国家而言，其国际竞争力主要来源于较低的劳动力成本优势，经济全球化更加可能抑制劳工福利水平（Garrett，2001；Garrett & Mitchell，2001）。在全球化下，资本这一生产要素具有很强的流动性，较高的福利水平意味着税赋和劳动力成本的上升，资本将流向经营成本较低的地区。因此，如果某一国家或地区的经济增长对外国资本和外向型经济有较强的依赖性，那么政府为了留住外资，扩大出口，倾向于一个较低水平的社会福利政策。这一结论类似于传统的税收竞争模型得到的结果（Wildasin，1989；Devereux，et al.，2002）。[③] 全球化对福利水平产生影响的这一效应被称为效率假说。大量研究认为，全球化下的竞争导致了福利国家的削弱，即“趋于向下的竞争”（Race to Bottom）（Mishra，1999；Huber，2001）。

另一方面，因为劳动力是不可或缺的生产要素，所以来自劳动者方面的需求也会对政策产生压力。经济越开放，劳动力市场波动越大，劳动力面临的不确定性增加，对社会保障的需求增加，因此，政府在社会福利方面的支

③ Wildasin的模型得到的结论是，在资本完全流动时，地方政府有激励降低资本税，进而降低对地方公共品的支出。

出有可能随着全球化程度提高而增加，这一效应被称为补偿假说（Rodrik，1997；Garret & Mitchell，2001）。

上述两个假说并不是相互排斥，而是同时存在，但其带来的效应相反，一个政府所决定的社会福利支出水平，实际上是权衡这两方面影响的结果（Dreher，2008）。因而，理论上对于全球化对一国社会保障或社会福利水平的影响并没有清晰的答案，其影响取决于两个效应的相对大小，需要从实证上考察这两个效应在不同国家的表现。

二、对各国的经验研究

鲁德拉（Rudra，2002）分析了53个不发达国家的数据，发现在贸易和资本流动一直增加的同时，政府福利支出占GDP比重这一指标自20世纪70年代以来走势平缓且趋于下降。罗德里克（Rodrik，1998）用全世界包括发展中国家在内的100多个国家的数据，用贸易条件风险和出口商品集中度指数直接度量了全球化和外部风险，且将社会保障支出从政府支出中分离出来，发现风险越高，政府社会保障支出越高，同时他的研究结果显示，这一效应在OECD国家和高收入国家更大。盖瑞特（Garrett，1998）以14个OECD国家为研究对象，发现全球化并没有削弱这些国家的福利水平，从而验证了补偿假说。德雷尔（Dreher，2008）考察了OECD国家全球化与工薪税和资本税的关系，发现全球化并未导致税率下降。在以发达国家为主的研究中大多得到以补偿假说为主的结论。

近期采用更多国家的数据进一步验证了全球化并不会损害福利国家政策（Meinhard & Potrafke，2012），该研究采用1970—2004年间186个国家的数据考察全球化与政府福利支出之间的关系，从全球范围看，全球化实际上增加了政府福利支出，而且这一效应在OECD国家表现得更为显著。以欧盟国家为对象的研究，包括西欧国家、中欧和东欧国家，采用贸易、FDI以及综合的全球化指数作为全球化程度的度量，发现对于奉行保守主义的国家，全球化的效应是补偿假说占主导，并向社会民主党主导的国家靠拢；在东欧国家，效率假说占主导；而在奉行自由主义的国家，全球化对政府福利支出并没有影响（Leibrecht，et al.，2011）。

就发展中国家看，劳动力对竞争力的影响并不仅仅在成本方面，还体现在劳动者的劳动生产率上，当高技能的劳动者占比较大时，福利政策更有可能有利于劳动者一方，从而福利水平也会较高。鲁德拉（2002）研究了53个发展中国家1972—1995年间的数据发现，高技能劳动力占比越小，全球化带来的资本流动性或贸易水平越高，政府福利支出则会越小。里卡德（Rickard，2006）依据31个发展中国家1975—1994年间的数据也得到同样的结论，专门技能工人的调整成本高，对风险更为敏感，有更强烈的意愿争取社会保障，因此当专门技能的工人占比较高时，全球化会带来较高的社会福利。因此，综合效率假说和补偿假说，理论上看，全球化对发展中国家社会保障或福利水平的影响并不清楚。尹（Yoon，2009）用73个发展中国家1976—1997年的数据，考察了全球化对社会保障和社会福利支出占GDP比重的影响，发现两种假说都存在，并从政治学的角度加以解释。里卡德（2012）对44个发展中国家的研究则发现，全球化的确会导致发展中国家的福利支出下降，但同时会导致各种补贴额的上涨，由此认为发展中国家实际上有能力抵御全球化带来的成本，只是通过特定的补贴，而不是通过提高普遍的社会福利。

在上述分析框架下，尚未有对我国全球化与社会保障水平之间关系的相关研究。本章中，我们选择社会保险（包括养老保险）为研究对象而非财政社会保障支出，就全球化对劳动力成本和劳动者福利的影响而言，二者是一致的。首先，从缴费来说，不论是从财政社会保障，还是从社会保险基金，其来源都是企业和职工的税费，前者来源为税收，后者来源为缴费。二者都直接影响到企业的用工成本和工资水平。其次，从支出来说，二者的主体一个是财政，一个是社会保险基金，在一定时期内都要求保持收支平衡。④

④ 社会保险和财政社会保障在筹资方式、使用中的预算方式、监管模式等方面均有不同，但这些不同与我们所要研究的问题无关。我们要看社会保险水平在多大程度上受到全球化的影响，这个影响产生的机制是，社会保险一方面会影响到用工成本，另一方面又会影响到劳动生产率。影响产生的机制并非财政社会保障支出或社会保险基金的其他运行机制。

我国地方政府长期以来将经济增长视为首要目标，低劳动力成本也是出口产品国际竞争优势的主要来源，在全球化程度较高的地区，从效率的角度可能会有降低社会保险水平的倾向。此外，人力资本带来的劳动生产率提高也可以带来竞争优势，有研究发现人力资本的提高有助于提高中国出口商品的复杂度（Wang & Wei，2008），这时就可能出现补偿效应。为此，本章采用省级层面数据检验这两个效应的相对大小。

第二节　我国省际社会保险和养老保险水平的差异

社会保险基金收入为五项保险基金收入的加总，包括雇主和雇员的缴费、财政补贴收入、利息收入和其他收入，以缴费为主。社会保险基金支出是指按照国家政策规定的开支范围和标准支付的养老金、医疗保险待遇、失业保险金、工伤和生育保险待遇等各项社会保险基金支出总和。⑤ 当前社会保险基金在大多数省份实现了市级统筹，并逐步向省级统筹过渡。较之省际差异，同一省份内各城市的社保政策差异较小。⑥

在统一的政策框架下，各地区社会保险水平差异主要源于地方政策的不同。

一是缴费率的差异。国务院对基本养老保险、基本医疗保险和失业保险的缴费水平做了原则规定：基本养老保险，用人单位缴费一般不超过工资总额的20%，职工个人缴费逐步提高到8%；基本医疗保险，用人单位一般为6%左右，职工个人为2%；失业保险，用人单位为2%，职工个人按1%缴

⑤ 二元经济下，农村社会保险水平可能会影响农村劳动力转移及其保留工资，但现有的实证研究发现农村社会保险尚处于初级阶段，保障程度低，并未对劳动力转移决策产生影响。因此，本文社会保险指五项强制性社会保险，不含农村养老保险和医疗保险等自愿参加的制度。

⑥ 劳动和社会保障部在1999年颁布《关于建立基本养老保险省级统筹制度有关问题的通知》，加快建立省级统筹制度。2005年国务院38号文件进一步强调要尽快提高统筹层次，实现省级统筹。目前除直辖市外有10多个省实现省级统筹，其余地区还停留在市、县统筹（《21世纪经济报道》2009年3月28日）。

纳；工伤和生育保险费率两项合计企业负担水平一般不超过2%，职工个人不缴费。但同时说明具体比例由省、自治区、直辖市人民政府确定。养老保险是社会保险中缴费率最高的项目，地区有所差异，例如上海养老保险缴费率企业和个人合计为30%，广州为11%，东莞为16%，深圳、珠海、惠州等为18%，福建为26%，全国多数地区为28%。

二是覆盖面的差异。上述国务院的诸项文件和1999年《社会保险征缴暂行条例》均规定国有企业、城镇集体企业、外商投资企业、城镇私营企业和其他城镇企业及其职工必须参加社会保险。然而各地对于非国有企业及其职工，特别是非正规就业人员，参加社会保险则有较多灵活性。在政府监管力度不足时，有些企业为降低成本，选择少报职工或不参加社会保险，逃避社会保险缴费。

三是缴费基数的差异。社会保险缴费基数以当地职工上一年度的平均月工资计算，平均工资较高的地区，社会保险基金收入就会比较高，但其占GDP的比重还取决于工资份额占GDP的比重，因而社会保险水平和人均GDP水平有关。

四是养老金调整机制的差异。《国务院关于完善企业职工基本养老保险制度的决定》（国发〔2005〕38号）规定，根据职工工资和物价变动等情况，国务院适时调整企业退休人员基本养老金水平，调整幅度为省、自治区、直辖市当地企业在岗职工平均工资年增长率的一定比例，各地根据本地实际情况提出具体调整方案。实践中各地区依据地方财政能力和其他考虑不定期增长，增长幅度在地区间也有较大差异。⑦

从运行结果看（表2.1），各省市社会保险水平存在明显差异。2005—2007三年平均的社会保险水平较高的为上海、北京、天津、辽宁、吉林、黑龙江、新疆、青海和宁夏，社会保险支出占GDP比重接近或超过4.5%；规模较小的为江苏、浙江、福建、安徽、山东、河南、江西、广东和广西，社

---

⑦ 例如2008年国务院确定的企业退休人员基本养老金标准上调幅度为当地2007年月人均养老金10%左右，2008年至2010年将继续上调三年。各地经济发展水平有差异，工资增长、物价增幅有所不同，基本养老保险基金支撑能力和财政支持力度也各不相同，因此各地养老金调整水平有所差别。

会保险支出占 GDP 比重在 2.8% 以下。社会保险收入与支出高度相关，即支出水平高的地区，收入水平也高。社会保险中基金规模最大的项目为养老保险，2007 年底社会保险基金收入和支出分别达到 10812 亿元和 7888 亿元，其中养老保险基金收入和支出分别达到 7834 亿元和 5965 亿元，占 76% 和 66%。本章附表报告了之后年份的数据，各地区间的相对差异基本稳定。附表还报告了养老保险基金收入占职工工资的比例和养老保险基金支出占职工工资的比例，从不同的角度考察省际差异。

表 2.1　中国社会保险水平的地区差异（2005—2007 年均值）　单位:%

地区	社会保险基金支出/GDP	社会保险基金收入/GDP	养老保险基金支出/GDP	养老保险基金收入/GDP	医疗保险基金收入/GDP	失业保险基金收入/GDP
全国	3.77	3.08	2.85	2.47	0.83	0.18
北京	5.68	4.32	3.37	3.05	1.59	0.29
天津	5.02	3.91	3.44	3.03	0.97	0.25
河北	2.58	2.13	2.09	1.80	0.52	0.12
山西	3.98	2.93	3.33	2.60	0.69	0.15
内蒙古	3.20	2.72	2.64	2.32	0.57	0.10
辽宁	5.26	4.47	4.25	3.68	0.96	0.26
吉林	4.38	3.54	3.75	3.14	0.55	0.17
黑龙江	4.71	3.86	3.88	3.33	0.89	0.18
上海	6.24	6.03	4.16	4.26	1.65	0.41
江苏	2.81	2.29	1.99	1.74	0.72	0.17
浙江	2.78	1.92	2.04	1.48	0.65	0.15
安徽	2.76	2.33	2.12	1.87	0.64	0.17
福建	2.09	1.66	1.40	1.22	0.63	0.12
江西	2.50	2.13	2.08	1.86	0.40	0.10
山东	2.52	2.07	1.98	1.70	0.49	0.14

续表

地区	社会保险基金支出/GDP	社会保险基金收入/GDP	养老保险基金支出/GDP	养老保险基金收入/GDP	医疗保险基金收入/GDP	失业保险基金收入/GDP
河南	2.32	1.91	1.82	1.59	0.40	0.11
湖北	3.18	2.77	2.50	2.35	0.67	0.14
湖南	3.31	2.77	2.53	2.21	0.70	0.11
广东	2.68	1.66	1.87	1.20	0.69	0.15
广西	2.47	1.95	1.76	1.53	0.64	0.16
海南	4.41	3.88	3.33	3.00	0.71	0.23
重庆	3.35	2.87	2.63	2.40	0.80	0.14
四川	3.82	3.04	2.89	2.41	0.87	0.16
贵州	3.61	2.77	2.83	2.33	0.69	0.22
云南	3.73	3.13	2.58	2.32	1.17	0.19
陕西	3.57	3.07	2.89	2.63	0.65	0.21
甘肃	4.14	3.54	3.38	3.02	0.75	0.18
青海	6.07	5.15	4.55	4.14	1.65	0.24
宁夏	4.61	3.38	3.65	2.79	1.07	0.18
新疆	5.40	4.07	3.73	3.03	1.45	0.31

注：本表统计的是除西藏以外的30个省市自治区。

资料来源：各项社会保险基金收入和支出数据来源于《中国劳动统计年鉴》（2006—2008），GDP数据来源于《中国统计年鉴》（2006—2008）

通常人口老龄化程度越高的地区，其养老保险和医疗保险的需求越高，要求较高的缴费率，因而社会保险水平较高。典型地区为上海，上海65岁以上人口约占15—64岁人口的20%，居全国之首，其养老保险水平也是全国最高。国有企业传统上有比较完善的福利待遇，国有企业比重较高的地区，享受退休待遇的人员较多，而且待遇较高，典型的地区为东北三省和西部省份。此外，城市化率越高的地区，社会保险覆盖面也越大。

全球化对各地社会保险水平差异的影响有待进一步考察，简单的比较发现，外向型经济较发达的广东、浙江、山东、江苏等省的社会保险水平处于相对较低的位置。[⑧] 图 2.1 以省级数据为观察点，展示省份间“养老保险缴费/职工平均工资”和“对外贸易额/GDP”两个指标具有显著的负相关关系，初步表明全球化会导致养老保险水平下降。然而，另一方面，当劳动力素质开始成为企业竞争力来源时，来自劳动者的需求就会发挥影响力，例如在长三角地区，技术进步和产业结构升级较快，为了吸引和留住高素质的劳动力，政府和企业通过完善社会保障制度、增加工资等方式提高员工福利（张涛、张若雪，2009）。显然，考察全球化的影响还需要控制其他因素，采用较为严格的方法。

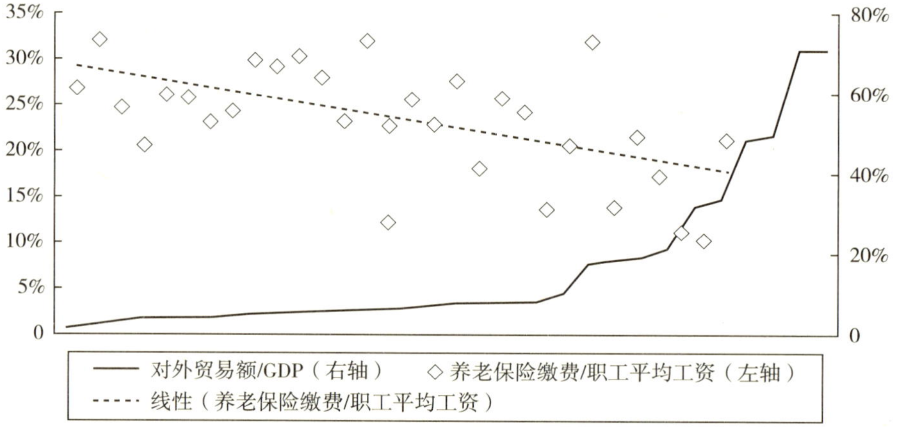

图 2.1　各省份实际养老保险缴费率与全球化程度之间的关系（2008—2010 年三年均值）

注：图中横轴为省份，按照“对外贸易/GDP”这一指标从小到大排序。左纵轴为各省份“养老保险缴费/职工历年平均工资”，右纵轴为各省份“对外贸易额/GDP”。

资料来源：根据历年统计年鉴数据整理

⑧　在金融危机背景下，人力资源和社会保障部提出，城镇职工基本医疗保险、工伤保险基金结余规模较大的统筹地区，可采取一次性措施适当降低一定时期的缴费率。各地政府积极响应，例如广东省劳动保障厅通知，在 2009 年 1—12 月间医疗保险缴费率降低 5%—10%，工伤保险缴费率降低不超过 30%。表明社会保险很大程度上影响到企业的用工成本。

第三节　实证模型

一、模型设定

我们采用动态模型，考虑了内生被解释变量滞后项对本期的影响，反映社会保险水平在时间上的延续，这也是近期研究政府支出和税收规模的文献的常用方法（如 Rudra，2002；Dreher，2008）。模型的具体设定如式 2.1 所示：

$$y_{it} = \alpha_0 + \alpha' y_{it-1} + \alpha_1 openness_{it-1} + \sum \gamma_j X_{jit-1} + \eta_i + \mu_t + \varepsilon_{it} \qquad (2.1)$$

$$\begin{aligned} y_{it} = \beta_0 + \beta' y_{it-1} + \beta_2 openness_{t-1} + \beta_2 openness_{t-1} \times hcap_{t-1} \\ + \sum \gamma_j' X_{jit-1} + \eta_i' + \mu_t' + \varepsilon_{it}' \end{aligned} \qquad (2.2)$$

其中，y_{it} 表示 i 省份 t 时期的社会保险水平，*openness* 为经济对外开放水平，本研究中体现为 FDI 和进出口贸易，X_j 为其他影响因素，η_i 为省份固定效应，μ_t 为年份固定效应。为考察劳动力素质对全球化效应的影响，我们加入对外开放水平和人力资本变量（*hcap*）的交互项，如式 2.2 所示。

二、估计方法

动态模型估计中，由于加入被解释变量的滞后项，不可避免地出现自相关和内生性问题。同时，解释变量中所关注的表征对外开放的变量如 FDI、对外贸易等与被解释变量可能存在联立性问题，FDI 和出口的变化影响到社会保险水平，但社会保险水平也会影响到 FDI 和出口水平。因此，为了处理变量之间的诸多内生性问题，本研究采取动态面板 GMM 估计的方法，并加入其他外生工具变量。阿雷拉诺和邦德（Arellano & Bond，1991）提出的差分 GMM 方法可解决这一问题，用内生变量至少滞后 2 期的滞后项做差分项的工具变量，但存在严重的弱工具变量问题。因此，本研究采用布伦德尔和邦德（Blundell & Bond，1998）提出的系统 GMM 方法（SYS-GMM），同时使用变量水平变化和差分变化的信息，提高了估计效率［详细解释参见 Roodman（2006）］。由于样本量较小，我们采用了系统 GMM 方法针对小样本数据纠偏的处理。系统 GMM 估计可分为一步估计和两步估计，当面板数据存在自相关和异方差时，两步估计更加稳健，但会低估标准差，影响估计效率。因此，同时汇报一步估计和两步估计的结果。

三、变量与数据来源

被解释变量分别用社会保险支出占 GDP 比重和社会保险收入占 GDP 比重度量。由于养老保险是社会保险中规模及影响最大的项目，单独考察养老保险支出和收入占 GDP 比重。鉴于医疗、失业、工伤和生育保险的数据 2003 年之后才较为齐全，对于社会保险的回归采用 2003—2007 年数据，对于养老保险的回归采用 2000—2007 年的数据。各省份社会保险数据来自 2000—2008 年《中国劳动统计年鉴》。

主要解释变量包括表示全球化的变量，文献中通常用对外贸易或 FDI 度量。我们采用进出口占 GDP 比重和 FDI 占 GDP 比重分别度量对外开放程度。各省份进出口额数据为按货源地统计，来源于 2000—2008 年《中国统计年鉴》。FDI 为各省实际利用外国直接投资规模，本研究采取 2000—2008 年《中国统计年鉴》各省市实际利用外资规模数据。⑨

如前所述，解释变量还应包括：老年抚养比，采用非农人口中 65 岁以上人口除以 15—64 岁劳动人口计算而得，该数据取自 2000—2008 年《中国人口统计年鉴》；国有经济比重，该数据取自 2000—2008 年《中国劳动统计年鉴》；人力资本水平，用各地区就业人口中大专以上学历所占比重度量，该数据取自 2000—2008 年《中国劳动统计年鉴》；人均 GDP，该数据来源于 2000—2008 年

⑨ 2005 年之后《中国统计年鉴》没有公布这一指标，数据来源于 CEIC 数据库。

《中国统计年鉴》；城市化率，用各省市城镇人口占总人口比重度量，该数据来自2000—2008年《中国人口统计年鉴》。按照文献中的通常做法，对所有变量取对数。

外生工具变量包括表示东部地区的哑变量、各省市国家级开发区数量、单位面积公路里程数和单位面积铁路里程数。分别表示地理位置、外向型企业的经营环境和基础设施对吸引FDI及进出口规模的影响，这些因素对FDI有直接的影响（Cheng & Kwan，2000），但不会直接影响到一个地区的社会保险规模。其中国家级开发区数量来源于国家发展和改革委员会、国土资源部和建设部联合出版的中国开发区审核公告目录，单位面积公路里程数和铁路里程数来源于《中国统计年鉴》。

第四节　结果及分析

一、全球化与社会保险水平

首先考察全球化对社会保险水平的影响。为检验稳健性，表2.2同时汇报了系统GMM一步估计和两步估计的结果，可以看到两步估计的结果一定程度上降低了显著性，但差异并不大。所有估计都通过二阶序列相关检验和汉森（Hansen）过度识别检验。用社会保险支出和收入度量的估计结果之间有所差异，但每个变量的影响方向仍然是一致的。当年社会保险支出除了源于当年收入外，还可能动用结余或留存结余，更多反映了社会保险提供的福利水平。贸易的效应在所有回归中均为负，表明全球化的效率假说占主导，即对外贸易的增加要求降低社会保险水平，这一效应在对社会保险支出/GDP的影响上的显著性较高，说明在效率假说占主导时，全球化有压低福利水平的倾向，以期能减轻在社会保险方面的税负。

而FDI的效应在大多数结果中都不显著。需要指出的是，外资企业出口在总出口中的比重到2007年已经接近60%，由于同时控制了贸易和FDI，因而FDI中贸易因素的影响已经得到控制，FDI这一变量的效果反映的是除贸易以外的影响。FDI的进入除了看重当地的劳动力成本外，还关注技术基础和劳动生产率（徐康宁、陈健，2008；张军，2008），因此对社会保险两方面的效应会相互抵消，导致结果不显著。可见，全球化对社会保险水平的影响主要是对外贸易的影响，在对外贸易程度不断加深时，企业提高国际竞争力和提高劳动生产率的要求，会影响地方政府在社会保险方面的政策和管理，从而对社会保险水平产生影响。

加入贸易和FDI分别与人力资本的交互项后，可以看到贸易对社会保险支出水平影响的负向效应会随着人力资本增加而减弱，其含义是随着人力资本的提升，补偿假说的影响随之增加，抵消甚至会超过效率假说的影响（图2.2）。计算得出两种效应相互抵消的临界点为大专以上劳动力占比为11%（$e^{0.159/0.067}$），即当人力资本超过这一比例，补偿假说的影响会占主导。如同前文所述原因，在控制了对外贸易的影响后，人力资本对FDI的效应的影响并不显著。

其他因素的影响中，国有经济比重、老龄化程度和人均GDP的影响符合通常的预期。需要指出的是人力资本这一变量的符号为负，尽管多数情况并不显著，这表明人力资本本身对社会保险水平并没有显著影响，但在全球化程度加深的过程中，人力资本可能改变全球化对社会保险水平的影响。城市化率对社会保险水平的影响不显著，一个重要的原因是，用城镇人口占总人口比重度量城市化并没有完全反映农村劳动力在非农部门工作的比重，他们中有些人也拥有社会保险。⑩

另外，为了对照，表2.2同时汇报了采用固定效应工具变量两阶段最小二乘法（2SLS）的估计结果，一般来说固定效应模型会低估滞后项系数。因为此处第一阶段统计结果表明工具变量为弱工具变量，所以得到的结果会有偏误。因此，用GMM估计，在加入外生工具变量的同时，还采用内生变量的滞后项作为工具变量。

---

⑩ 本文对于城市化率的度量采用了文献一般的做法。尽管这一指标不能反映劳动力流动对城市化水平的影响，但也缺乏更好的指标替代，而且在后文中比较城市化率对社会保险和养老保险水平的不同影响，这一指标还是有意义的。

表 2.2　全球化对社会保险水平的影响

被解释变量	社会保险支出/GDP					社会保险收入/GDP				
	系统 GMM		系统 GMM		工具变量 + 固定效应	系统 GMM		系统 GMM		工具变量 + 固定效应
解释变量	**SYS1**	**SYS2**	**SYS1**	**SYS2**		**SYS1**	**SYS2**	**SYS1**	**SYS2**	
被解释变量的滞后一期	1.021 *** (0.068)	1.020 *** (0.087)	1.025 *** (0.112)	1.016 *** (0.133)	0.499 *** (0.122)	1.082 *** (0.061)	1.100 *** (0.057)	1.094 *** (0.066)	1.097 *** (0.082)	0.498 *** (0.162)
贸易/GDP	-0.025 (0.023)	-0.019 (0.032)	-0.159 ** (0.064)	-0.139 (0.097)	-0.085 (0.170)	-0.005 (0.023)	-0.007 (0.026)	-0.064 (0.041)	-0.013 (0.044)	0.014 (0.229)
(贸易/GDP)×人力资本			0.067 ** (0.033)	0.059 (0.051)				0.026 (0.021)	0.008 (0.021)	
FDI/GDP	0.013 (0.027)	0.020 (0.031)	0.080 (0.069)	0.056 (0.067)	-0.066 (0.087)	-0.004 (0.020)	-0.008 (0.017)	0.055 (0.062)	0.051 (0.072)	-0.004 (0.094)
(FDI/GDP)×人力资本			-0.045 (0.039)	-0.031 (0.033)				-0.033 (0.031)	-0.028 (0.034)	
老年抚养比	0.042 (0.071)	0.017 (0.077)	0.003 (0.072)	0.006 (0.109)	0.153 * (0.090)	0.043 (0.087)	0.009 (0.071)	0.009 (0.065)	0.032 (0.089)	0.094 (0.089)
国有经济比重	0.048 * (0.025)	0.048 (0.034)	0.048 ** (0.023)	0.040 (0.039)	0.019 (0.032)	0.036 (0.032)	0.025 (0.038)	0.018 (0.026)	-0.003 (0.032)	0.014 (0.032)
人力资本	-0.023 (0.079)	-0.041 (0.063)	-0.273 ** (0.118)	-0.252 (0.195)	-0.058 (0.045)	-0.038 (0.063)	-0.029 (0.054)	-0.105 (0.098)	-0.041 (0.094)	-0.037 (0.053)
GDP 规模	0.114 *** (0.037)	0.102 * (0.051)	0.092 ** (0.043)	0.078 (0.072)	0.121 (0.104)	0.092 ** (0.038)	0.075 (0.045)	0.075 (0.044)	0.048 (0.043)	0.146 * (0.088)

续表

被解释变量	社会保险支出/GDP					社会保险收入/GDP				
	系统 GMM		系统 GMM		工具变量 + 固定效应	系统 GMM		系统 GMM		工具变量 + 固定效应
解释变量	SYS1	SYS2	SYS1	SYS2		SYS1	SYS2	SYS1	SYS2	
城市化率	-0.135* (0.075)	-0.105 (0.070)	0.056 (0.082)	0.055 (0.137)	-0.023 (0.169)	-0.130 (0.078)	-0.094 (0.069)	-0.033 (0.074)	-0.06 (0.070)	-0.051 (0.145)
样本量	106	106	106	106	106	107	107	107	107	107
R^2					0.78					0.7
一阶序列相关检验	0.009	0.022	0.006	0.053		0.005	0.012	0.014	0.025	
二阶序列相关检验	0.453	0.587	0.731	0.875		0.566	0.556	0.253	0.354	
Hansen 检验	0.38	0.38	0.373	0.373		0.675	0.675	0.680	0.680	

注：括号内为稳健标准差。***、**、* 分别表示在 1%、5%、10% 的显著性水平上显著。所有变量均取对数。SYS1 和 SYS2 分别表示一步系统 GMM 估计和两步系统 GMM 估计。内生变量为被解释变量的滞后一期，贸易/GDP、FDI/GDP 以及它们与人力资本的交互项。对系统 GMM，用内生变量的滞后两期做相应水平变量的工具变量，并加入外生工具变量，包括东部哑变量、各地区国家级开发区数量、每平方公里公路里程数。Hansen 检验为工具变量过度识别检验，原假设为工具变量是有效的。

资料来源：作者根据所选样本计算得到

养老保险在社会保险收入和支出中占到70%左右的比重，是缴费率最高、对企业成本影响最大的项目。调查表明，实践中有些企业只提供工伤、医疗和失业保险，而不提供养老保险，这种情况主要在非国有企业中比较多见，尤其对外来劳动力（袁志刚等，2009）。此外，失业、工伤和医疗保险的支付有一定的概率，不同地区年度间变化具有偶然性，而养老保险具有给付的必然性。为此，我们单独考察全球化对养老保险水平的影响。表2.3显示，贸易对养老保险水平的负向影响比表2.2中对总的社会保险水平的影响更大，且稳健性较好。

贸易占GDP比重这一变量在所有结果中均为显著负，相当稳健。贸易占GDP比重增加1%，养老保险支出占GDP比重会降低约0.1%，养老保险收入占GDP比重约降低0.09%。FDI占GDP比重对养老保险支出有正向影响，其解释与上文类似，即在控制了贸易后，此时FDI主要体现的是对技术基础和劳动生产率的关注而非对成本的关注，此时补偿假说的作用大于效率假说。

二、全球化、人力资本与社会保险水平

同样可以看到贸易对养老保险支出水平的影响随着人力资本增加而减弱，即随着人力资本的提升，补偿假说的影响随之增加，超过一定的临界点后补偿假说占主导（图2.2）。这一临界点为大专以上劳动力占比为20%（$e^{0.27/0.09}$）。相对于对社会保险影响的临界点，这个数值较高，其中的主要原因在于养老保险对于劳动力成本的影响超过其他四项保险，要求更高的劳动生产率的提高，才能抵消效率假说的作用。换言之，只有当劳动力素质较高时，贸易对养老保险水平才可能有正的影响。各地区中，大专以上劳动力占比在10%以上的是三个直辖市和新疆维吾尔自治区，2000—2007年均值依次为北京（26.5%）、上海（20.3%）、天津（14%）和新疆（11.4%）。对于人力资本与贸易交互项的结果和文献中对其他发展中国家的研究结果基本一致（Rudra，2002；Rickard，2006）。在劳动力素质较低时，劳动力成本是竞争优势的主要来源，这时效率假说占主导，资本对社会保险有降低支出水平的要求；当人力资本较高时，资本同时会看重劳动力的素质，补偿假说会得到证实。

表 2.3　全球化对养老保险水平的影响

被解释变量	养老保险支出/GDP				养老保险收入/GDP			
解释变量	SYS1	SYS2	SYS1	SYS2	SYS1	SYS2	SYS1	SYS2
被解释变量的滞后一期	0.691*** (0.097)	0.668*** (0.131)	0.592*** (0.157)	0.534*** (0.180)	0.747*** (0.087)	0.735*** (0.140)	0.647*** (0.121)	0.612*** (0.149)
贸易/GDP	−0.109*** (0.039)	−0.123** (0.060)	−0.270** (0.118)	−0.264* (0.153)	−0.092** (0.034)	−0.110** (0.053)	−0.167* (0.099)	−0.199* (0.119)
(贸易/GDP) × 人力资本			0.090* (0.045)	0.075 (0.063)			0.041 (0.037)	0.048 (0.057)
FDI/GDP	0.040** (0.019)	0.046 (0.034)	0.040 (0.082)	0.025 (0.111)	0.014 (0.021)	0.020 (0.026)	0.015 (0.080)	0.049 (0.101)
(FDI/GDP) × 人力资本			−0.014 (0.036)	−0.004 (0.055)			−0.010 (0.038)	−0.022 (0.048)
老年抚养比	−0.083 (0.084)	−0.063 (0.095)	0.066 (0.077)	0.130 (0.119)	0.004 (0.103)	0.033 (0.096)	0.089 (0.068)	0.086 (0.082)
国有经济比重	0.004 (0.057)	0.002 (0.061)	−0.004 (0.035)	−0.004 (0.037)	−0.044 (0.067)	−0.035 (0.054)	−0.054 (0.044)	−0.047 (0.038)
人力资本	0.076 (0.071)	0.083 (0.084)	−0.226 (0.146)	−0.193 (0.215)	0.027 (0.049)	0.022 (0.069)	−0.090 (0.113)	−0.092 (0.214)
GDP 规模	0.014 (0.064)	0.011 (0.072)	−0.053 (0.046)	−0.042 (0.050)	0.039 (0.089)	0.052 (0.086)	0.003 (0.061)	0.021 (0.066)
城市化率	0.168* (0.086)	0.172* (0.096)	0.300*** (0.101)	0.261** (0.116)	0.162* (0.083)	0.142 (0.099)	0.226*** (0.062)	0.235** (0.097)
样本量	230	230	230	230	230	230	230	230

续表

被解释变量	养老保险支出/GDP				养老保险收入/GDP			
解释变量	**SYS1**	**SYS2**	**SYS1**	**SYS2**	**SYS1**	**SYS2**	**SYS1**	**SYS2**
一阶序列相关检验	0.045	0.081	0.034	0.152	0.012	0.031	0.007	0.044
二阶序列相关检验	0.422	0.372	0.245	0.143	0.423	0.357	0.697	0.690
Hansen 检验	0.848	0.848	1.000	1.000	0.904	0.904	1.000	1.000

注：由于工具变量固定效应模型（IV Fixed effect）有偏且对于不同组合的工具变量回归结果稳健性较差，此处未列出。其他同表 2.2。

资料来源：作者根据所选样本计算得到

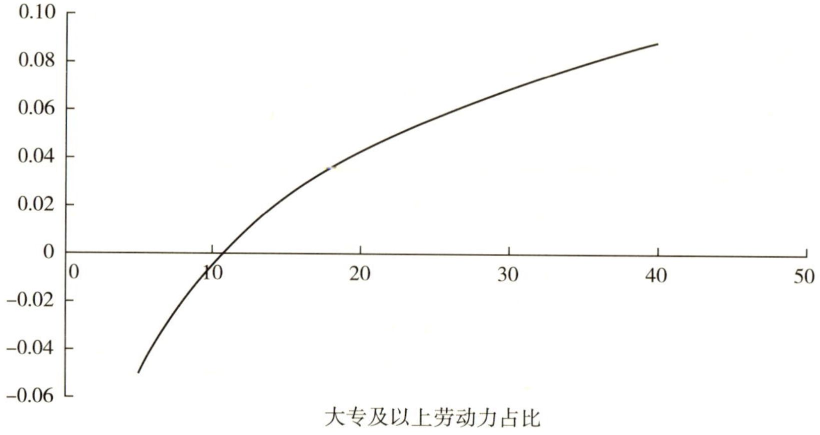

图 2.2　贸易对社会保险支出水平的影响

资料来源：作者根据所选样本计算得到

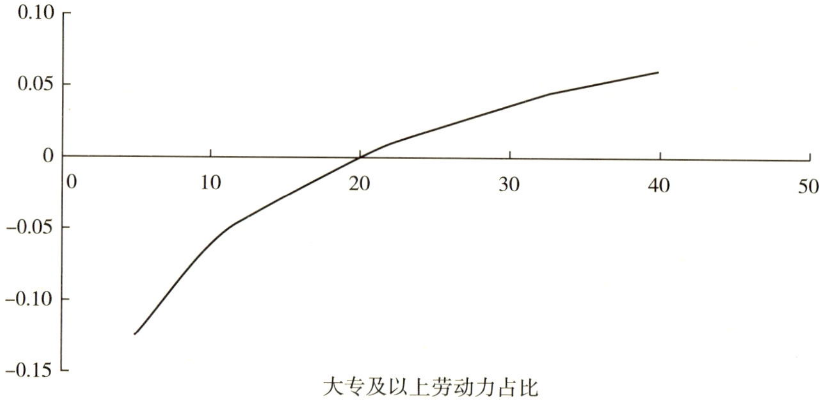

图 2.3　贸易对养老保险支出水平的影响

资料来源：作者根据所选样本计算得到

城市化率在各回归结果中对养老保险水平大多有显著的正向影响，这也反映出企业对于养老保险的提供与户籍有较大关系，较之其他社会保险项目，对外来劳动力企业在提供养老保险方面更为慎重，虽然提供工伤和医疗保险，但也可能不提供养老保险。地方政府出于经济增长的目标，在社会保险政策执行上也有一定的灵活性。就外来劳动力个人而言，受其养老需求、就业需求和收入水平的影响，在收入较低时，自身对养老保险的需求也不高（袁志刚等，2009）。

鉴于地区间对外贸易规模的差异，全球化在各地区社会保险水平的决定上显然有不同的影响。东部地区的对外贸易占 GDP 比重较高，为 81%，是全国平均水平（38%）的 2.12 倍，为中西部地区的 5.7 倍（图 2.4），东部地区受对外贸易的影响显然会高于其他地区。[11] 按表 2.3 第一栏养老保险支出占 GDP 比重的回归系数 0.11 计算，在其他条件相同时，在东部地区由于对外贸易的影响，其养老保险支出占 GDP 比重会比全国平均水平低约 12%，比中西部地区低约 50%。如果考虑到人力资本的差异，则在人力资本较高的地区，对外贸易的负向影响会有所减弱。以上海和广东为例，上海人力资本高于临界点 20%，因而对外贸易对社会保险水平总体上会有正向影响，但广东的人力资本水平为 6.6%，因而在广东省，对外贸易规模的扩大，对养老保险水平形成下降的压力。

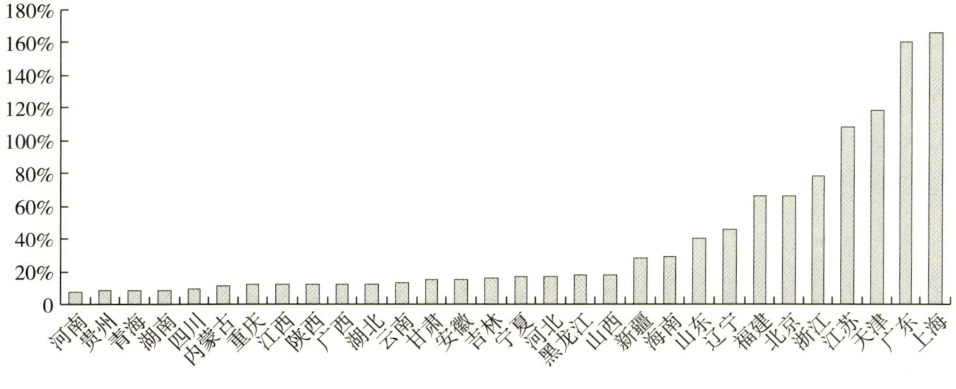

图 2.4　2005—2007 年各省市对外贸易额占 GDP 的比重

资料来源：作者根据所选样本计算得到

第五节　结论与政策含义

通过考察中国省际社会保险水平的差异，从全球化的视角对这一差异的形成进行了解释，全球化对社会保险水平存在两种相反方向的影响，即效率

⑪　东部为北京、天津、河北、辽宁、上海、江苏、浙江、福建、山东、广东、海南 11 省市，其余省市为中西部。

假说和补偿假说。研究30个省市2000—2007年的数据，发现全球化对社会保险水平的影响主要是由于对外贸易的影响，尤其是对养老保险影响更为明显。如果排除贸易的因素，FDI对社会保险水平的影响并不显著。人力资本水平会改变贸易的影响，在人力资本水平较低时，随着贸易水平的提高，社会保险水平下降，这时效率假说占主导；当人力资本水平较高时，贸易水平的提高反而会增加社会保险规模，此时，补偿假说会得到证实。东部地区由于贸易规模较大，其养老保险水平在其他条件相同情况下会比中西部地区低50%。但在人力资本水平较高的东部地区，贸易对养老保险水平会有正向影响。

中国的社会保险改革在不断探索之中，其中争论的焦点之一是如何确定合适的社会保险水平。社会保险的基本功能是抵御各类社会风险，就政策选择而言，保持一个广覆盖、低水平的社会保险制度是必要的。但不能忽视的是，社会保险也会影响到企业的竞争力，在全球化进程中，中国的竞争力很大程度上来源于低成本劳动力，过高的社会保险水平不够现实，执行成本也会较高，企业和地方政府甚至个人都将有激励逃避缴费。但随着经济增长方式的转变，人力资本的重要性会日益显现，处于产业结构高端的企业更看重人力资本水平，一个完善的社会保险制度有助于劳动生产率的提高。因此，对于中国这样一个处于经济结构转型和产业结构升级中的发展中国家而言，采取灵活的社会保险制度具有现实意义，有助于平衡各方利益。建立可选择的社会保险制度是一个可以考虑的政策选择。首先，在保证一个较低保障水平的社会保险制度前提下，企业和劳动者通过议价，选择是否可提供一个较高水平的社会保险，较高人力资本的劳动力可以选择较高水平的社会保险。其次，设计两种水平的社会保险制度之间的衔接办法，劳动者在需要的时候可以顺利过渡到较高水平的社会保险。而且，这样的社会保险制度并不违背公平性，社会保险水平会影响到企业对劳动力的需求（袁志刚等，2009），灵活的社会保险政策可以增加低人力资本劳动力的就业机会。从上述的结论和分析看，可选择的社会保险制度更能满足社会和地区经济发展的需求。

一个不足是，如前所述，社会保险基金在有些省份尚未实现省级统筹，因而城市和县一级的数据显然更有针对性，而且市或县数据可以有更大的截面样本，有助于改善估计结果。但目前有些城市没有公布社会保险基金的收入和支出。今后可以用城市数据做进一步验证。如果考虑到一个省内在社会保险政策、全球化程度上的差异远小于省际的差异，且一个省内各变量的变化有相同的时间趋势，则本研究用省际和时间两个维度上的差异估计出的结果仍然是可以说明问题的。另外，省级数据平均了一个省内各个城市或县的差异，从显著性上说，本研究估计的显著性也是一个保守的估计。

附表 2.1　中国养老保险水平的地区差异（2008—2010 年均值）　　单位:%

地区	社会保险基金支出/GDP	社会保险基金收入/GDP	养老保险基金支出/GDP	养老保险基金收入/GDP	养老保险基金收入/职工工资	养老保险基金支出/职工工资
全国	3. 26	4. 30	2. 37	3. 06	23. 41	49. 83
北京	5. 39	6. 85	3. 41	4. 41	13. 62	37. 15
天津	4. 32	4. 91	3. 03	3. 37	21. 49	37. 63
河北	2. 88	3. 69	2. 19	2. 72	25. 67	58. 88
山西	3. 76	5. 64	2. 88	4. 35	27. 55	56. 82
内蒙古	2. 39	3. 16	1. 82	2. 32	24. 63	51. 69
辽宁	5. 20	6. 32	4. 08	4. 76	24. 17	46. 15
吉林	3. 52	4. 52	2. 82	3. 45	25. 72	45. 60
黑龙江	5. 52	6. 76	4. 40	5. 11	31. 89	49. 78
上海	6. 95	7. 53	4. 84	5. 12	21. 13	33. 56
江苏	2. 67	3. 71	1. 84	2. 54	17. 19	44. 24
浙江	2. 43	3. 54	1. 55	2. 26	11. 13	48. 07
安徽	3. 00	3. 98	2. 23	2. 90	22. 65	47. 16
福建	1. 97	2. 49	1. 33	1. 53	13. 85	53. 97
江西	2. 58	3. 34	2. 05	2. 49	18. 06	48. 26
山东	2. 44	3. 19	1. 82	2. 35	20. 53	65. 39
河南	2. 27	2. 80	1. 77	2. 10	20. 53	52. 02

续表

地区	社会保险基金支出/GDP	社会保险基金收入/GDP	养老保险基金支出/GDP	养老保险基金收入/GDP	养老保险基金收入/职工工资	养老保险基金支出/职工工资
湖北	3.35	4.27	2.65	3.28	23.14	48.10
湖南	3.05	3.95	2.31	2.94	23.07	46.21
广东	2.07	3.41	1.34	2.31	10.24	48.88
广西	2.44	3.86	1.82	2.89	29.09	46.16
海南	4.50	5.83	3.51	4.22	22.82	54.02
重庆	4.26	5.53	3.41	4.27	27.90	43.60
四川	4.34	6.12	3.33	4.63	30.22	45.33
贵州	3.21	4.45	2.29	3.11	26.02	52.34
云南	3.24	4.30	2.01	2.64	29.78	53.82
陕西	3.30	4.14	2.52	2.95	24.25	52.88
甘肃	4.13	5.43	3.03	3.91	31.97	60.08
青海	4.91	6.35	3.30	4.08	26.74	58.35
宁夏	3.95	5.84	2.92	4.37	25.53	53.37
新疆	5.29	7.25	3.56	5.02	31.83	55.39

注：本表统计的是除西藏以外的30个省市自治区。

资料来源：各项社会保险基金收入和支出数据来源于《中国劳动统计年鉴》（2009—2011），GDP数据来源于《中国统计年鉴》（2009—2011）

第三章

企业社会保险缴费对工资的影响

Public Pension Scheme

我国城镇职工社会保险制度覆盖面不断扩大，其中基金规模最大的养老保险参保职工占城镇就业人员的比重从2001年44%增加到2011年的58%，医疗保险参保职工占城镇就业人员比重同期从23%增加到52%。社会保险由雇主和员工共同缴费，中国社会保险雇主缴费率属较高水平，在大多数地区养老保险雇主缴费率为20%，医疗保险为6%，失业保险为2%，工伤和生育保险各0.5%。社会保险是一项员工福利，然而雇主是否可以将其支付的缴费转嫁到员工工资中？对于这一问题尚没有明确的答案。而且，由于劳动力供求存在结构性矛盾，不同类型劳动力的供给相对于需求的稀缺程度不同，雇主的转嫁能力也将不同。

对这一问题的回答有四个方面的政策意义。第一，对劳动者福利的影响。如果雇主缴费主要是由员工承担，则员工福利并没有想象的那么多，而且对于低工资员工而言，缴费率过高，会影响其当前消费，造成福利损失。第二，对收入分配的影响。对于不同收入的员工，企业转嫁缴费的能力不一样，由此会影响社会保险的收入再分配作用。如果雇主更容易将缴费转嫁给较低工资的员工，则将拉大收入差距。第三，对劳动力成本的影响。企业转嫁缴费的能力越弱，社会保险对用工成本的影响越大。在劳动生产率不变的情况下，就业机会将减少。第四，对社会保险参与激励的影响。将社会保险覆盖到更多的劳动者，尤其是农村转移劳动力是大势所趋。在较高的缴费率下，企业和员工均缺乏参与激励，通过探讨缴费负担的分担，可以进一步讨论如何使社保政策更好地满足劳动者的需求。

理论上可以得到社会保险缴费的分担与税收归宿有相似之处，与劳动力需求和供给的相对弹性有关（Summers，1989）。实证研究并没有得到一致的结论，大多数的研究表明，雇主会将其缴费的一部分或全部以降低工资的形式转嫁给员工（Gruber，1997，1994；Gruber & Kruger，1991；Ooghe et al.，2003；Komamura & Yamada，2004；Lai & Master，2005；Hamaaki & Iwamoto，2010）。对中国的研究尚不多，尼尔森和史密斯（Nielsen & Smyth，2008）对上海社保局提供的企业数据的研究发现，2003 年企业缴费约有 1/3 转嫁给了员工。采用全国 2004—2006 年规模以上企业数据的研究发现，企业转嫁缴费的能力有限（Li & Wu，2011）。用企业层面的数据的一个缺陷是，只能分析企业缴费对工资影响的平均效应，无法区分企业对不同类型员工的区别对待。对于那些劳动力市场上供不应求的员工，雇主提供社会保险不仅可以留住员工，而且可能提高其劳动生产率，因而对于这类员工工资不会由于社会保险而减少；反之，对于容易被替代的员工，雇主转嫁负担的能力也会较强。

考察社会保险和工资之间的关系会发现，有社会保险的人通常工资也比较高，但不能据此推出社会保险导致工资上升的结论，因为这两类群体存在诸多可观测和不可观测的差异，通常有社会保险的个体在劳动力市场上更具优势。为此，本章采用了跟踪样本，用覆盖 9 省的中国健康与营养调查（CHNS）数据，采用每年从事 10 个月以上非农工作且有正常工资收入的样本，对每个个体至少采用两期的样本量，构成面板数据，这在很大程度上可控制个体能力、风险偏好等难以度量但不随时间变化的因素。此外，还用工具变量做了稳健性检验。采用两种指标度量人力资本，一是受教育程度，二是职业特征，是否属于技术类工作。主要发现是，总体上看，社会保险缴费对于员工工资影响不显著，但对于受教育程度较低的非技术类工人，企业会将其缴费的 10%—50% 转嫁到工资中。

本章首先介绍分析的理论框架和现有文献的结论；第二部分讨论合适的估计方法，消除是否参加社保的内生性问题；第三部分分析哪些因素决定了个体是否参加社保，并讨论了合适的工具变量；第四部分是社会保险对工资影响的回归结果，包括面板固定效应及采用工具变量的结果；第五部分基于本研究分析结果提出政策建议，核心建议是降低缴费率。

第一节 理论框架

工资和雇主社会保险缴费共同构成劳动力成本，企业有可能将其法定缴费以降低工资的形式转嫁给员工，以控制成本，其转嫁能力取决于劳动力供给与需求对工资的相对弹性以及员工对于社会保险所能带来福利的评价。社会保险的缴费分担可借用税收归宿的分析框架，萨默斯（Summers，1989）指出二者的主要差异在于，社会保险缴费可以与相应的福利对应，如医疗支出或养老金，而对商品征税或对资本征税在用途上与被征对象的福利之间并没有能紧密对应的关系（图3.1）。图3.1显示，在有社会保险税的情况下，企业对劳动力的需求曲线从D_0变为D_1，如果工人对于社会保险带来的福利并不看重，则劳动力供给仍为S_0，如果工人对社会保险福利的评价并不为0，但小于为其缴纳的税金，则劳动力供给曲线变为S_1，此时工资从W_0下降为W_1，就业从E_0下降为E_1。如果工人对福利的评价等于为其缴纳的税金，则劳动力供给曲线可以进一步扩大到S_2，此时工资下降到W_2，而就业保持不变，企业缴纳的税金全部由工人承担。

后来的学者将这一思想模型化，工资和福利待遇决定劳动力供给，工资和企业所缴的社会保险费决定劳动力需求，按照格鲁伯的研究（Gruber，1997），劳动力供求方程分别为：

$$\begin{aligned} L_d &= f_d(w(1+t_f)) \\ L_s &= f_s(w(1-at_e)+qwt_f) \end{aligned} \qquad (3.1)$$

其中w为税前工资，t_f为雇主缴费，t_e为雇员缴费，q为雇员对社保福利的评价，$0<q<1$；a是雇员对自己缴费的贴现值，$0<a<1$，若重点放在雇主缴费上，为简单起见，可假设$a=0$。由此设定可以解出市场均衡条件为：

$$(\eta^d-\eta^s)\frac{dw}{w}=\eta^s\frac{dqt_f}{1+qt_f}-\eta^d\frac{dt_f}{1+t_f} \qquad (3.2)$$

其中η^d、η^s分别为劳动力需求弹性和供给弹性。在劳动力市场均衡时，

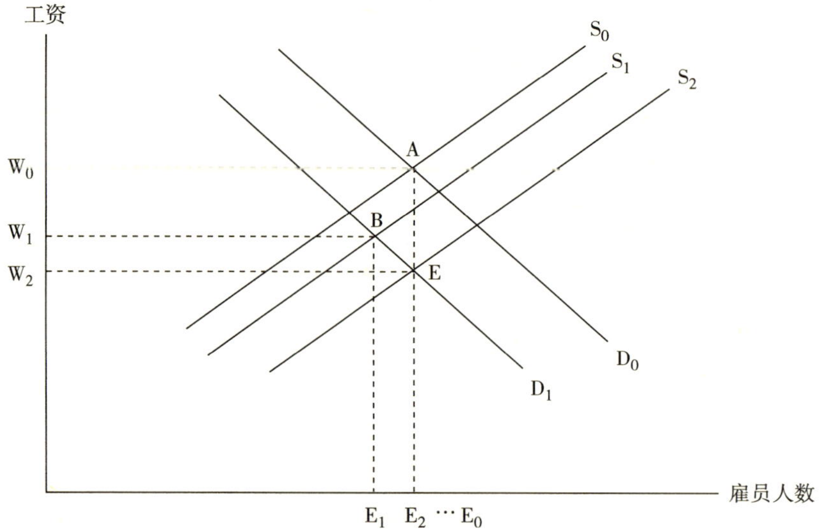

图 3.1 社会保险缴费对工资和就业的影响

对于缴费负担的分担有两个理论上的预计（Gruber，1997）：

（1）员工对于社会保险带来的收益评价越高，则雇主越容易以降低工资的形式转嫁社会保险缴费；反之，当员工对社会保险收益评价较低时，雇主能否转嫁则取决于劳动力供给和需求弹性的相对大小。

（2）其他条件相同时，弹性较小的一方负担更多的缴费。当劳动力供给无弹性，或者相对于劳动力需求弹性非常小时，工资下降幅度与缴费率提高的幅度一样，即雇员将承担全部的雇主缴费。

在这一框架下，有大量的实证研究试图分析各国或地区企业缴纳的社会保险税由谁承担的问题。早期的研究采用时间序列数据，如汉姆能德（Holmlund，1983）用瑞典 1950—1979 年的数据发现大约一半的工薪税转嫁给了工资。跨国数据的研究也有类似发现，奥格尔等人（Olghe，et al.，2003）用欧洲国家 1978 年、1981 年、1984 年和 1988 年的数据发现雇主缴纳的养老保险费有一半以上以降低工资的形式转嫁。近期的研究更多采用微观数据，格鲁伯和克鲁格（Gruber & Krueger，1991）采用美国 20 世纪 80 年代若干劳动力成本较高的行业的数据研究发现，85% 的工薪税转嫁给了工资。20 世纪 80 年代初智利的养老金私有化改革则为此类研究提供了一个难得的政策实验，可以从相反的方向考察企业缴费下降的影响。研究发现，改革导致工资上涨，而同期智利经济处于衰退期，工资上涨不能用宏观经济因素加以解释（Gruber，1997）。对日本的研究也发现企业的养老保险缴费有一部分转嫁到了员工的工资中（Hamaaki & Iwamoto，2010）。

对于医疗保险，早期很多研究都没有发现提供医疗保险的雇主会转嫁其负担。但近期的研究克服了获得医疗保险的内生性问题后，发现实际上有医保时比没有医保时的工资要低（Olson，2002；Baiker & Chandra，2006；Komamura & Yamada，2004），说明员工将医保的收益看作其报酬的一部分。对生育保险的研究大多发现了转嫁效应，如对美国的研究发现加入生育保险使得育龄妇女的工资下降（Gruber，1994）。台湾1984年推出的劳工标准法案要求企业为育龄女员工提供生育保险，结果发现育龄女工的工资相对于年纪较长的女性和男性都有所降低（Lai & Master，2005）。

现有对中国的研究均采用企业层面的数据。尼尔森和史密斯（2008）采用上海企业在2002年和2003年的社保审计数据，考察企业实际缴费率与政策规定缴费率的偏差对员工工资的影响。他们发现，在2002年企业将社保缴费的9.1%转嫁给员工，到了2003年这一比例增加到33.8%，可能的原因是这期间企业对社保缴费的遵守程度有了大幅提升，对企业成本的压力加大。黎志刚和吴明琴（Li & Wu，2013）采用规模以上企业2004—2006年数据的研究发现，在企业集聚程度较高的地区，企业很难转嫁缴费，但在企业集聚程度较低的地区，企业可将社会保险缴费部分转嫁到工资中。在企业集聚程度较高的地区，企业一方面可以享受到集聚的好处，另一方面也要承担更高的劳动力成本。

企业数据研究有一个难以克服的缺陷，即只能考察缴费率对工资影响的平均效应，这存在两点问题：第一，企业中有些员工可能并没有参加社会保险，导致平均的缴费率较低，比如企业数据计算出的2006年企业的平均缴费率只有5%，远低于养老保险政策缴费率20%。此时，估计的是平均缴费率对平均工资的影响，通常工资较高的员工更可能被社保覆盖，因而这种估计可能高估了转嫁效应。第二，即使所有员工均被覆盖，但企业对不同类型员工的转嫁能力可能不同，比如对那些供不应求的高技能员工，企业承担缴费才能留住或吸引这类人，平均效应无法判断不同群体的差异性。

在我国，不同群体对于社会保险缴费的收益如何评价很难准确测度，但普遍存在疑虑。医疗保险的收益受到报销范围、报销比例、医疗费用上涨以及自身健康状况等影响；从缴费负担最大的养老保险看，由于人口老龄化和个人账户空账等问题，未来养老金有较多不确定性。对公共养老体系缺乏信任也是发展中国家甚至发达国家普遍存在的现象（Feldstein，2005）。从这个角度看，我国企业难以轻易转嫁缴费负担，决定能否转嫁的主要因素在于劳动力供求的相对弹性。我国更为现实的情况是，劳动力供给对于整个劳动力市场是缺乏弹性的，但他们可以选择不同企业。① 就单个企业而言，上述理论框架中供给弹性和需求弹性的相对大小，实际上反映的是市场上某一类劳动力的供给相对于其需求的稀缺程度，也反映出不同类型劳动力在市场上的工资议价能力。

中国劳动力市场供求关系的一个典型特征是结构性问题突出（蔡昉，2010）。近十多年来，较高技能劳动力的工资上涨幅度超过平均工资上涨幅度，表现出供不应求的态势，而城市低技能劳动力的供求关系则很容易由农村剩余劳动力所调节。研究表明，现阶段农村地区仍然有大量的低技能剩余劳动力（Knight，et al.，2010），他们的存在使得城市低人力资本劳动力很容易被替代，这种差异可以使企业对不同人力资本劳动者采取差别对待。对于供不应求的劳动力，企业无法转嫁社保缴费，但对于供给充裕的劳动力，企业社保转嫁能力可能会高一些，尽管这种转嫁能力会受到最低工资制度的制约。城市劳动力市场中不同人力资本所面对的相对供需状况存在差异，因此可将群体间差异性的重点放在人力资本差异带来的不同。

① Li & Zax（2003）对于中国城镇劳动力供给弹性的研究结果是，总体上缺乏弹性，弹性与家庭责任相关，无论男性女性，户主的劳动时间对工资的敏感性显著下降。封进和张涛（2012）发现农村转移劳动力外出打工持续时间对工资缺乏弹性。

第二节　社会保险对工资影响的估计方法

用普通最小二乘法（OLS）检验社会保险和工资之间的关系，可能存在不可忽视的偏误。如式 3.3，W_i 为员工工资；$Insurance_i$ 为员工是否有社会保险，这是一个哑变量；X_i 为影响工资的其他个人特征，如职业、受教育程度、性别、年龄等。此时我们关心的系数 β_1 很可能被高估，或者不显著，或者为一个显著的正值。原因在于，现实中是否被社保覆盖是内生的，通常与一系列因素相关，而这些因素不能完全被式 3.3 所控制，体现在残差项中。比如，不能控制个人工资议价能力这样不能观测的变量，一般而言，能力较强或者市场上稀缺的人更可能被社保覆盖，而这些人通常工资也是比较高的，所以简单地比较通常发现，有保险的人反而工资更高，其中的内生性问题本章附录有进一步解释。

我们使用的数据显示，2009 年被社保覆盖的样本工资比未被覆盖的高 32%（图 3.2），因而式 3.3 的结果很可能得出社保覆盖与工资之间是正向关系。图 3.3 是跟踪那些在 2000 年未被医保覆盖的样本，发现 2006 年之后无社保的比有社保的工资上涨更快，上述正向关系便消失了。跟踪样本的异质性比混合样本小，一定程度上控制了一些个体之间的差异。由此可见式 3.3 的估计将是有偏误的。

$$\ln W_i = \beta_0 + \beta_1 Insurance_i + X_i\beta_2 + \varepsilon_i \tag{3.3}$$

为纠正这一偏误，此处采用跟踪调查构成面板数据，有些难以观测的个人特征短期内可视作不随时间变化，如个人的能力和风险偏好等。再通过加入城市哑变量和时间哑变量，控制个体所在城市的特征，如地方政府对于社会保险参与的监督和管理、工资水平和最低工资政策等。采用面板固定效应模型可以更准确地估计员工参与社会保险对工资的影响，如式 3.4。其中 δ_i 为不随时间变化的个人特征，t 为一系列时间哑变量。为区分不同人力资本的影响，可在式 3.4 中加入社会保险与人力资本的交互项，估计式 3.5。其中表示

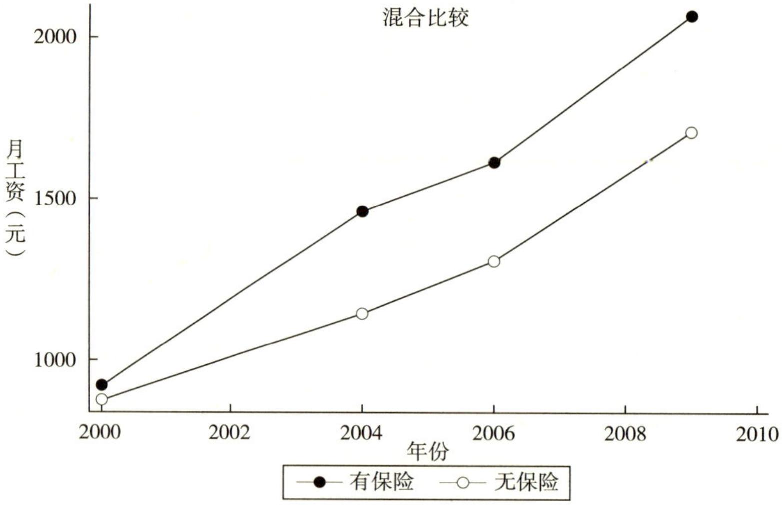

图 3.2 有保险和无保险样本的工资差异

注：根据所用样本整理。工资用价格指数调整到 2009 年水平。

资料来源：中国健康与营养调查

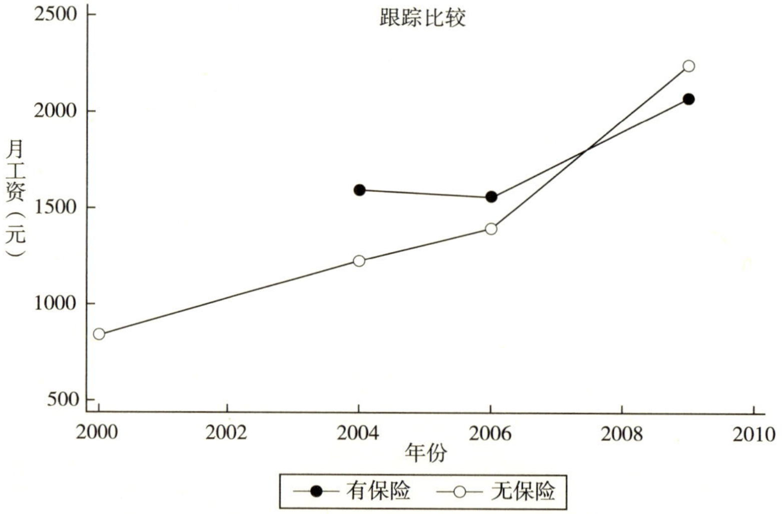

图 3.3 期初无保险样本的工资跟踪比较

注：根据所用样本整理。工资用价格指数调整到 2009 年水平。

资料来源：中国健康与营养调查

人力资本的变量 x 用两种方法度量人力资本，一是受教育程度，二是职业属性，如技术工人和非技术工人。

$$\ln W_{it} = \beta_0 + \beta_1 Insurance_{it} + X_{it}\beta_2 + \delta_i + t_t + \varepsilon_{it} \tag{3.4}$$

$$\ln W_{it} = \beta_0 + \beta_1 Insurance_{it} + \beta_1^{'} Insurance_{it} \times x_{it} + X_{it}\beta_2 + \delta_i + t_t + \varepsilon_{it} \tag{3.5}$$

此外，再采用工具变量法，即通过控制影响社会保险参与但与工资并不直接相关的变量，排除是否有社会保险与残差项的相关性。先估计个人参与社会保险的概率，采用线性概率模型（式3.6）。

$$Insurance_{it} = \gamma_0 + Z_{it}\gamma_1 + X_{it}\gamma_2 + t_t + \delta_i + e_{it} \tag{3.6}$$

其中变量 $Insurance_{it}$ 为是否参保哑变量，参保样本取值为1。而后再估计社会保险参与对工资的影响。式3.6中，Z_{it} 为是否有保险的工具变量，用个体所在的城市或县除自己之外其他人社会保险的平均参与率作为个人当年是否有社会保险的工具变量。其合理性在于，首先，员工参与社会保险的可能性与社保覆盖面的整体推进程度密切相关，而在我国社会保险覆盖面迅速扩大的主要原因是社会保险制度改革，这一制度逐渐从国有企业扩大到其他所有制企业，图3.3显示了养老和医疗保险覆盖面的推进。社保覆盖面随时间扩大是外生的制度改革的结果，与单个员工工资没有直接的相关性。其次，地区间平均参与率的差异体现了地方政府的社保政策执行力度，与地方财政状况、人口老龄化程度等有关，在回归中我们已控制了县或市的固定效应，在很大程度上控制了与员工工资相关的地区层面因素。而且此处用的是除自己以外其他人的参与率，因而这一变量与特定样本的残差并不相关。②

再者，考虑到本地的社保覆盖面推进仍可能与其他影响工资的政策相关，采用除本市（县）外省内其他地区的平均参与率作为另一个工具变量，进一步检验排除性约束是否满足。我国社保政策正逐步实现省级统筹，在一个省内，社保缴费和覆盖方面的地区差异远小于工资水平的差异，社保政策在一个省内可视为统一，尤其是在将社保覆盖推进到非国有企业、非城镇户籍的非农劳动力等方面，而地区工资水平主要由市、县一级政策影响。为此，根据省份/户

② 文献中有类似的做法，例如，Gruber & McKnight（2003）在研究美国医疗救助的影响时，采用根据州、收入和婚姻状况分组的组平均覆盖率作为是否有医疗救助的工具变量；Li & Wu（2011）采用城市—行业的平均缴费率作为企业养老和医疗保险缴费率的工具变量；Lei & Liu（2009）采用新型农村合作医疗在某县的平均参与率作为个体是否参与新农合的工具变量。

籍/年份分组，用个体所在组中其他城市的平均参与率作为工具变量。

第三节　社会保险参与：对微观个体的考察

采用中国健康与营养调查中 2000—2009 年四次调查数据，且采用至少被调查过两次的样本。该数据在中国问题研究中被大量使用，调查范围为河南、湖北、湖南、江苏、辽宁、山东、广西、贵州、黑龙江共 9 省，其中询问了家庭成员的基本情况、工作状况、工资和奖金福利以及家庭情况。本研究采用从事非农工作、每年时间不少于 10 个月、有正常的工资、年龄在 20—60 岁的样本，去除异常值和缺失值后，再留下至少有两年记录的样本，这样共有有效样本 4688 个，且年度间分布较为均匀，四年中每年的样本量在 21%—27%之间，样本分布在 53 个市县。③

该调查询问了个人参加城镇职工医疗保险的情况。按照规定，若企业向员工提供了医疗保险，则意味着也应提供其他几项社会保险，具体执行时，有些地区是“五险”捆绑，有些企业提供的是“三险”（养老、医疗、失业），还有的只缴养老和医疗保险费，甚至只缴养老。从全国层面的宏观数据看，五项社会保险的覆盖面均随时间扩大，覆盖面最高的为养老保险，其次为医疗保险，这两项保险的雇主缴费率合计是 26%，其他三项合计只有 3%。因此，用医疗保险的参与至少可以说明医疗和养老这两个社会保险中最大项目的参与情况，但不能排除有些没有参加医保但参加了养老保险的情况。

图 3.4 显示用本研究样本数据得到的医保覆盖面呈现上涨趋势，与统计年鉴公布的数据在趋势上一致。但 2004 年的覆盖率样本数据明显偏低，可能的原因，就医疗保险看，1998 年城镇职工医疗保险制度改革后，在各地区逐步推开，样本所在地区的推进速度慢于其他地区。黄枫和甘犁（2012）

③　此样本均为在本地就业，其中本地农村在非农就业的样本占 24%。由于外出打工的有效样本过少，本书并未使用。

用同样数据库的研究也显示了我国医保在各地区的渐进式改革模式。就养老保险看，有些样本在2004年之前可能参加了养老保险但并没有参加医疗保险，表现为图3.4中用样本医疗保险覆盖率度量的社会保险参保情况在此阶段大大低于统计年鉴数据得到的养老保险覆盖率。随着社会保险的执行不断完善，图3.4中样本参保率在2006年之后与统计年鉴数据较为接近。后文在对结果进行解释时会考虑到这一因素，对系数的解释给出一个区间值。

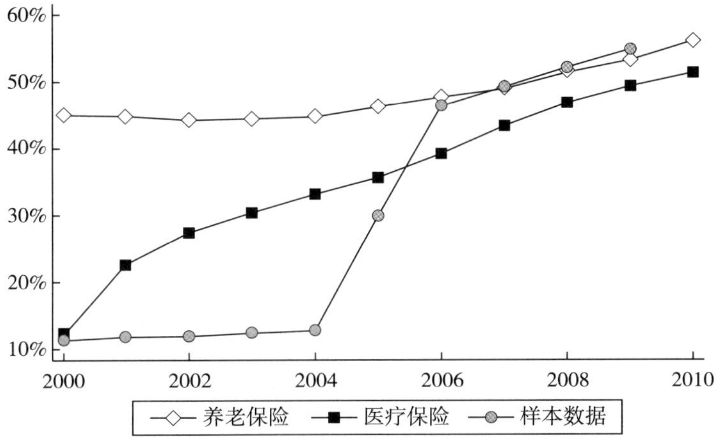

图3.4　社会保险覆盖面

资料来源：养老保险和医疗保险覆盖率来源于《中国劳动统计年鉴》（2001—2011），为参保职工占城镇就业人员比重；采用样本数据计算的覆盖率为参加医疗保险样本占总样本比重

进一步检查了参加和未参加城镇职工医疗保险样本个人特征的差异。表3.1显示，参加医保样本年龄较大，受教育程度较高，更多是管理人员，更少是非技术工人或其他工人，更多在国有企业就业，有配偶的比例在参加医保的样本中更高。两组样本的比较表明，是否参保并非随机，在后面的回归中将控制个体特征差异和固定效应。就工具变量的取值在两类样本间的差异看，参保样本所在地区其他人的平均参保率远高于未参保样本所在地区其他人的平均参保率，具体高出32个百分点，说明是否参保与该制度在本地区的推进程度有较强相关性。

表 3.1　参加城镇职工医疗保险的样本与未参保样本的特征比较

	全部样本	参保样本	未参保样本
年龄	40.99	43.14	39.92
受教育程度	10.99	11.70	10.66
初中及以下（%）	31.34	22.32	35.25
初中以上及高中（%）	45.11	48.80	43.51
高中以上（%）	23.55	28.87	21.24
管理人员（%）	36.86	43.17	34.12
技术工人（%）	14.74	14.22	14.96
非技术工人（%）	15.87	11.20	17.90
其他工人（%）	32.52	31.41	33.02
在国企就业（%）	15.76	19.00	14.00
农业户口（%）	19.11	7.00	24.00
有配偶（%）	87.91	91.00	87.00
所在市（县）其他人平均参保率（%）	27.10	49.00	17.00
样本量	4688	1420	3268

资料来源：作者根据所选样本计算得到，如无特别说明，本章其余图表资料来源均与此表相同

表3.2控制个人特征和地区特征，考察影响参保与否的主要因素，是对式3.6的回归结果，也就是工具变量第一阶段的结果。同时比较了面板和混合截面数据的异同。截面和面板固定效应的回归结果均表明，本市（县）其他人参保率与样本是否有医保有较强相关性，所在市（县）其他人平均参保率提高1个百分点，个体的参保概率增加至少0.7个百分点，且在1%的显著性水平上显著。省内其他市（县）参保率也有十分显著的影响。截面数据和面板数据的结果均显示，就业单位的所有制性质显著影响是否参保，机关、事业、国企就业相对于其他企业更可能参保。截面数据还显示年龄越大、受教育程度越高的人越可能参保，初中及以下受教育程度者有保险的概率显著降低，农业户口参保的可能性也较小。

表 3.2　是否参加职工医疗保险的影响因素

被解释变量：是否有医疗保险	截面数据		面板固定效应	
	系数	标准差	系数	标准差
本市（县）其他人参保率	0.7460***	(0.0402)	0.7950***	(0.0422)
省内其他市（县）参保率	0.2280***	(0.0547)	0.1820***	(0.0613)
职业				
管理人员	0.0161	(0.0144)	-0.00796	(0.0221)
技术工人	0.0346*	(0.0185)	-0.0173	(0.0284)
非技术工人	0.00857	(0.0177)	0.00361	(0.0261)
单位所有制				
机关	0.1320***	(0.0199)	0.0859***	(0.0294)
事业	0.1690***	(0.0171)	0.1450***	(0.0236)
国企	0.1750***	(0.0181)	0.0617**	(0.0258)
年份				
2004	0.00807	(0.0153)	0.00402	(0.0175)
2006	0.0609***	(0.0231)	0.0657***	(0.0250)
2009	0.1050***	(0.0259)	0.1320***	(0.0274)
有配偶	0.0214	(0.0170)	-0.0378	(0.0310)
年龄	0.00254***	(0.000718)		
初中及以下	-0.0830***	(0.0188)		
初中以上及高中	-0.0179	(0.0153)		
男性	-0.0145	(0.0113)		
农业户口	-0.1170***	(0.0215)		
县哑变量	控制			
样本量	4673		4673	
个体数			1746	
R^2	0.396		0.382	

注：括号内为稳健标准差。***、**、*分别表示在1%、5%、10%的显著性水平上显著。就业单位所有制的参照组为其他所有制企业，职业的参照组为其他，受教育程度的参照组为高中以上，时间的参照组为2000年。县哑变量共有52个。

第四节 估计结果

工资采用该数据库提供的价格指数调整到2009年水平。首先采用面板固定效应模型考察社会保险对工资的影响（式3.4和式3.5）。表3.3第1栏是各种类型劳动力的平均效应，结果显示平均效应并不显著，即平均而言，企业难以转嫁社保缴费。进一步区分保险对不同人力资本员工的影响，此处采用两种方法度量人力资本，一是按受教育程度分为三组，即“初中及以下”、“初中以上及高中”、“高中以上”，这种做法比用教育年限这一连续变量能更好反映人力资本差距。另一种以是以职业技能分组，根据对技能的要求，简化为“非技术工人和其他”以及“管理人员和技术工人”两类。回归中加入保险哑变量和人力资本哑变量的交互项。第2栏是按受教育程度分组的结果，可以看到参加保险对于受教育程度在初中及以下的员工而言，其工资会下降3.5%；而对初中以上及高中组而言，其工资会增加2.4%；高中以上组有保险的工资会增加7.7%。当以职业技能区分人力资本的影响时，第3栏加入非技术工人和保险的交互项，发现非技术工人参加社保后工资会下降2.6%。面板数据的回归表明，参加社会保险会使得人力资本较低员工的工资显著下降，人力资本较高的员工工资却会上升。后文还将采用工具变量进一步检验这一结果。

另外表3.3的结果中还控制了职业、企业所有制、时间哑变量等，受教育程度、性别、户口等不随时间变化的变量由固定效应控制。其中时间哑变量反映出实际工资在年度间有显著的增加。事业单位和国企的工资较之其他企业显著较高，非技术工人的工资显著较低。

进一步，上述估计结果可以回答在多大程度上社会保险缴费会转嫁给较低人力资本的员工，这取决于缴费率的大小。样本明确的信息为是否参加医疗保险，没有直接汇报是否参加了养老保险。实践中，养老保险覆盖率是最高的，而且地方政府对养老保险执行的监督也是最严格的。从图3.4的参与

表 3.3　2000—2009 年社会保险对工资的影响：面板固定效应模型

被解释变量：Ln 月工资	(1) 平均效应	(2) 按教育分组	(3) 按技能分组
有保险	0.0255 (0.0165)	0.0768 *** (0.0249)	0.0636 *** (0.0192)
初中及以下×保险		-0.112 *** (0.0381)	
初中以上及高中×保险		-0.0529 * (0.0307)	
非技术工人和其他×保险			-0.0896 *** (0.0281)
非技术工人和其他	-0.0322 * (0.0166)	-0.0322 * (0.0182)	-0.00458 (0.0208)
机关	-0.00898 (0.0279)	-0.00904 (0.0345)	-0.00568 (0.0344)
事业	0.160 *** (0.0235)	0.156 *** (0.0278)	0.160 *** (0.0277)
国企	0.0777 *** (0.0236)	0.0767 *** (0.0277)	0.0775 *** (0.0277)
2004 年	0.286 *** (0.0183)	0.286 *** (0.0207)	0.286 *** (0.0207)
2006 年	0.467 *** (0.0198)	0.465 *** (0.0236)	0.468 *** (0.0235)
2009 年	0.765 *** (0.0211)	0.765 *** (0.0252)	0.765 *** (0.0251)
样本量	4688	4688	4688
个体数	1746	1746	1746
R^2	0.488	0.489	0.489

注：括号内为稳健标准差。***、**、* 分别表示在 1%、5%、10% 的显著性水平上显著。受教育程度的参照组为高中以上，职业的参照组为管理人员和技术工人，就业单位所有制的参照组为其他所有制企业，时间的参照组为 2000 年。

率和统计年鉴报告的平均参与率比较看，没有医疗保险的样本中很可能有一部分是有养老保险的，样本报告的社会保险主要是医疗保险，医疗保险的企业缴费率为6%。上述结果表明，低人力资本员工参加保险后，工资下降2.6%—3.5%，则企业大约转嫁了缴费的50%。考虑到未参加医疗保险的样本中有的参加了养老保险，有的未参加，这一估计实际上是一个上限。如果按照医疗保险和养老保险合计的26%的缴费率，则只能转嫁10%。

2006年之后样本报告的参与率和统计年鉴中养老保险参与率十分接近，而且这一时期社会保险的执行也更加规范，养老保险和医疗保险基本上是捆绑参加。为此，我们进一步用2006年和2009年两年的样本做了回归。表3.4显示平均效应为负，不显著，但初中及以下受教育程度参加保险会使得工资下降14%（表3.4第2栏），医疗和养老两项合计企业缴费为26%，这一结果说明企业会将约50%的缴费转嫁，和表3.3得到的结果类似。对初中以上及高中，以及高中以上的员工的影响不显著。不过，用职业技能度量的人力资本结果均不显著，一个主要的原因是这期间以职业分类的社保参与率变化不大，管理人员、技术工人和非技术工人的参保率变化一致，导致固定效应模型估计缺乏效率。

考虑到仍可能存在未能控制的因素，我们再用工具变量做稳健性检验。工具变量为所在市（县）其他人的平均参保率。工具变量的合理性在第三部分中已说明，表3.2中已经汇报了面板数据第一阶段的结果。表3.5报告工具变量的结果，由于难以为交互项寻找工具变量，我们将不同人力资本样本分别回归，按受教育程度是否为高中以上划分为两组样本，又按是否为非技术工人和其他划分为两组样本。采用本市（县）其他人平均参保率为工具变量的结果表明，有保险对工资的平均效应为负（表3.5），但不显著。受教育程度在高中以下样本组的回归结果表明，社会保险会使得工资下降6%，高中以上样本中，社会保险对工资的影响不显著。同样，非技术性工人和其他这一组的结果表明，社会保险会使得工资下降2.9%，而对技术工人的影响不显著。其他控制的变量如表3.3，且结果类似。

表 3.4　2006—2009 年社会保险对工资的影响

被解释变量：Ln 月工资	(1) 平均效应	(2) 按教育分组	(3) 按技能分组
有保险	-0.0144 (0.0251)	-0.0153 (0.0394)	-0.0173 (0.0302)
初中及以下×保险		-0.1210* (0.0713)	
初中以上及高中×保险		0.0483 (0.0553)	
非技术工人和其他×保险			-0.00635 (0.0446)
非技术工人和其他			
其他变量	控制	控制	控制
样本量	2254	2254	2254
个体数	1493	1493	1493
R^2	0.353	0.353	0.356

注：括号内为稳健标准差。***、**、*分别表示在 1%、5%、10% 的显著性水平上显著。其他控制变量结果由于篇幅省略，包括职业、就业单位、时间哑变量，参照组与表 3.3 一致。

为检验工具变量的外生性，表 3.5 还报告了采用 2 个工具变量的结果，另一个工具变量为除本市（县）外本省其他地区的平均参保率。采用 2 个工具变量后，估计的标准差有所下降，较低受教育程度的系数也有所下降，导致显著性下降，但相比较高受教育程度组，有保险的影响为负，显著性更强。其他组的回归结果与用 1 个工具变量类似。表 3.5 中报告了过度识别检验，结果说明工具变量是有效的。

表 3.5　工具变量的结果

被解释变量：Ln 月工资	(1) 平均效应	(2) 受教育程度较低	(3) 受教育程度较高	(4) 非技术工人和其他	(5) 技术工人或管理人员
1 个工具变量					
有保险	-0.0068 (0.0457)	-0.0625* (-0.0452)	0.0818 (0.0796)	-0.0287* (-0.0158)	-0.0048 (0.0553)
R^2	0.257	0.212	0.373	0.164	0.345
2 个工具变量					
有保险	0.00785 (0.0452)	-0.0594 (0.0442)	0.0720 (0.0794)	-0.0302* (0.0148)	0.00452 (0.0551)
R^2	0.260	0.214	0.373	0.164	0.346
Sargan 检验	0.231	0.740	0.182	0.890	0.177
样本量	4673	3572	1101	2259	2414
个体数	1746	1357	389	1202	1184

注：括号内为标准差。***、**、*分别表示在 1%、5%、10% 的显著性水平上显著。其他控制变量的结果省略，包括职业、就业单位、时间哑变量，参照组与表 3.3 一致。1 个工具变量为本地区（市或县）其他人参保率，2 个工具变量时第二个工具变量为本省分户籍其他地区的平均参保率。本表为面板两阶段最小二乘法的结果，第一阶段参见表 3.2。Sargan 检验为过度识别检验，零假设为工具变量与扰动项不相关。

第五节　结论与政策含义

社会保险通常被视为一项员工福利，是必要的制度安排，因为这其中包含诸多保险层面的收益，社会保险可弥补市场失灵，同时具有一定的再分配功能。但这项福利并没有表面上看到的那么大。表面看企业缴费是由企业承担，但实际上，企业可以将其缴费负担转嫁给员工。著名经济学家弗里德曼曾经说过“没有所谓的企业缴费，实际上都是员工自己缴费”，这是基于劳动力供给通常缺乏弹性这一事实而做出的断言。上述对中国城镇职工样本的研究表明，总体而言，企业转嫁其缴费的能力并不显著，但由于劳动力市场供求的结构性差异，不同类型员工的工资受到的影响有明显差异。对于人力资本水平较高的员工，企业很难转嫁其缴费负担，而对于人力资本水平相对较低的员工，企业会将其缴费负担的11%—50%以降低工资的方式转嫁给他们。

上述结果说明，首先，当前的社会保险制度一定程度上加剧了工资收入的不平等，人力资本较低员工的企业缴费实际上有一部分是由自己承担，进一步加大了和人力资本较高员工的工资差距。其次，社会保险对低收入员工的福利效应是不确定的。对某些低收入群体而言，由于缴费率较高，挤占了当前消费，如结婚、住房支出等，而且如果今后收益也面临很大不确定性，则还可能降低他们的福利。再次，对于企业而言，社会保险显然增加了劳动力成本，企业并不能完全将缴费转嫁。我国社保缴费率在世界上属于高水平，由此给企业带来的劳动力成本压力也是不可忽视的。未来较长时间内我国经济增长很大程度还是来源于低成本劳动力，更需要谨慎控制社保水平。强制性推行较高的社会保险不够现实，个人、企业都将缺乏参与激励，执行成本也会较高。当前出于公平的考虑，政策思路是将越来越多的农村转移劳动力纳入城镇职工社会保险，然而值得注意的是，这项政策却有可能对他们的当期工资收入造成不利影响。

综上所述，将社会保险定位于一个较低的水平是有必要考虑的改革方向，尤其是缴费率最高的养老保险。由此产生的主要质疑是，降低社会保险缴费如何应对日益提高的人口老龄化程度，保持社会保险基金的平衡？对此可以有以下几方面的应对策略。第一，降低缴费率后，参与激励提高，会增加企业和员工的缴费，我国当前社保征缴率在65%左右，还有较大提升空间。第二，降低待遇水平，与较低水平的缴费相对应，待遇的降低主要通过逐步延长退休年龄体现，随着我国人口受教育年限逐年上升，延迟退休年龄会符合越来越多人的意愿，至于是否会导致青年就业率下降，对各国的实证研究基本上得到一致的结论，即老年劳动参与率和年轻劳动力失业率之间并没有必然的因果关系（Gruber，et al.，2009）。第三，通过多渠道财政补贴，弥补转型成本。我国当前缴费率较高的一个重要原因是其中有一部分缴费是用于弥补转型成本。今后可以考虑用多渠道的财政资金为转型成本融资，从而减少参保员工的缴费压力。基于人口动态下的养老金改革模拟可以看到，若将退休年龄提高到65岁，扩大覆盖面，改变养老金指数化规则，则养老缴费率只需17%左右就可以维持平衡，若每年将GDP的1%作为补贴投入体系中，则养老缴费率可以进一步下降到15%以下（Sin，2005；Oksanen，2012）。

需要指出的是，此处所用样本的最大优势在于是一个面板结构，可以控制诸多无法观测的个人属性，但受到数据限制，样本参保信息只是职工医疗保险，没有明确报告是否有养老保险，通过政策规定和与统计年鉴数据比较，我们对实际缴费率和转嫁程度做了估算，不可避免存在误差。但上述分析所揭示的机制和估计对不同人力资本类型劳动力的转嫁效应及其差异是可靠的。④

附录　社会保险水平的内生性问题

采用OLS估计带来的偏误可以用附图3.1说明。假设工人可以选择是否参加保险，而且工人对保险有较高的评价，等同于工资，则保险水平和工资水平之间存在相互替代关系，体现为附图3.1中的无差异曲线是向下倾斜的。工人会根据其工资水平和偏好选择保险水平。附图3.1中的S线为预算约束A类，假设两类工人A和B，他们的能力相同，潜在的工资是一样的。工人A希望全部以工资形式支付，所以他的工资为W_2，工人B接受的工作报酬在b点，为工资和保险的组合，他的工资为W_1。如果用简单的OLS估计，如式3.3，估计到一个负的β_1，表明保险程度比较高时，工资会较低。但还存在另一种情况，假设第三类工人C，他们的能力更高，因而预算约束线高于前两类工人，此时可以观测到工人C的工资和保险水平均高于前两类。若将这

④　我们也尝试了采用中国家庭收入调查（CHIP）数据，由于不是跟踪数据，虽然结果类似，但存在无法克服的偏误。而城市一级的面板数据则无法讨论对不同人力资本个体的差异性影响。权衡利弊，最终采用了本文的数据库。

三类人放在一起回归，估计出的结果如附图 3.1 中的虚线，此时会发现保险较高的人，工资也较高，并不能得到保险和工资之间的负相关关系。这一结果是有偏误的，原因是工人 C 比工人 A 与工人 B 能力更强，具有更高的潜在工资，由于未能区分能力不同的个体，会低估保险对工资的负向影响。

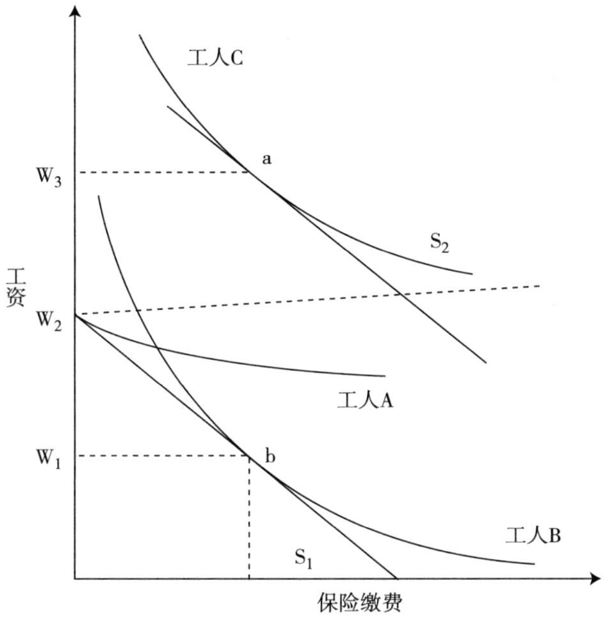

附图 3.1　保险水平与工资水平之间的相互替代关系

资料来源：Olson（2002）

Public Pension Scheme

第四章

缴费水平与企业对社会保险的参与激励

我国的社会保险制度在20世纪90年代初，从原有依托于企业福利的劳动保险过渡到按地区统筹的社会保险，覆盖面从国有企业逐步向其他类型所有制扩展，但社会保险参保率的增长却较为缓慢，到2010年底参加养老保险的职工占城镇就业人数仍不到60%，其他几项社会保险项目的参保率更低。1999年的《社会保险费征缴暂行条例》以及2007年的《劳动合同法》均明确规定社会保险的征缴范围为城镇各类所有制企业与职工，但对企业的审计显示，企业缴费不足的现象较为普遍，2002年北京市社保情况专项审查发现，存在少缴社保费的企业占审核总数的61%，上海社保局在2002—2004年间的审计结果也有类似的发现，缴费不足的企业占到80%左右（Nyland，et al.，2006）。

类似的问题在其他国家也存在，在20世纪90年代，拉美国家大约有50%—60%的保费未能收到，中欧和东欧国家大约有20%—30%的保费未能收到（Gillion，et al.，2000）。参加社会保险对企业有两方面的影响：一方面是增加了企业的经营成本，在很多情况下企业并不能将社会保险缴费完全转嫁给员工（Gruber & Krueger，1991；Ooghe，et al.，2003）。对中国的研究也表明，企业的缴费实际上由企业和员工共同承担，企业大约承担其中的30%—80%（Nielsen & Smyth，2008；Li & Wu，2011）。另一方面，社会保险有助于企业吸引和留住高技能劳动力，提高劳动生产率，因而对创新较为看重的企业更愿意提供社会保险（Mares，2003）。① 在发展中国家，对于成本的考虑更为重要，因而逃避缴费现象也更加普遍。

① 例如，在德国和北欧国家，企业愿意提供较高的社会保险，激励更多的创新（Mares，2003）。

企业逃避缴费的一种办法是不去相关部门注册登记其雇员，因而不需要为这部分员工缴纳社保费；另一种办法是少报缴费基数，从而少缴社保费；更直接的，企业还可能拖欠社保缴费。现有对企业的研究表明，企业存续的年龄、规模及其增长、所有制均影响到其参保程度（Jäckle & Li，2006；Nyland，et al.，2006）。②

地方政府和员工的选择在很大程度上与企业是一致的。在竞争的环境中，为留住资本，增加就业和税收，提高本地企业的竞争力，政府可能通过放松监管降低企业实际缴费水平（Gillion，et al.，2000）；还有一些研究发现，随着全球化程度加深，发展中国家和地区的社会保障支出占 GDP 的比重趋于下降（Rudra，2002）。③ 对一些低收入的员工，较高的社保缴费率影响到其自身的跨期消费选择，限制了其当前消费，因而也愿意接受企业不参保的安排（袁志刚等，2009）。

现有文献主要分析了企业特征，如所有制、行业、规模等，对参保行为的影响，而我们将重点放在政策缴费率的影响上。在那些企业逃费比较严重的国家，缴费率均比较高，因此世界劳工组织提出应对社会保险参与不足问题的主要建议是降低缴费率（Bailey & Turner，2001），一些学者对中国的建议也是如此（如 Feldstein & Liebman，2006；Nyland，et al.，2011）。中国的养老、医疗、失业、工伤、生育五项社会保险的缴费率，企业合计为 30%—36%，员工合计为 11%，即使与 OECD 国家相比，亦属于较高水平。然而对于降低缴费率的主要担心是社会保险基金的平衡由此受到影响。我们利用 2004—2007 年制造业企业数据，分析政策缴费率对企业参保行为的影响，进而考察企业的实际缴费率。我国政策缴费率在地区间存在差异，我们比较高、

② Jäckle & Li（2006）用秘鲁 1994—1997 年 5688 家微型企业的数据研究发现，企业规模及其增长速度是参与社会保险的主要决定因素；Nyland，et al.（2006）用 2001 年和 2002 年上海市劳动与社会保障局对 2234 家企业审计数据的研究发现，设立年限长和规模（员工人数）大的企业更愿意参与社保缴费。除了企业年龄和规模外，企业所处行业和所有制类型也影响了其参与社会保险的积极性，他们所认为的风险更大的行业如冶金和国有控股企业更倾向于缴费。

③ Rudra（2002）分析了 53 个不发达国家的数据，发现在贸易和资本流动一直增加的同时，政府福利支出占 GDP 比重自 20 世纪 70 年代以来走势平缓且趋于下降。

中、低三种缴费率地区的企业行为，并进行政策模拟，研究结果显示，降低缴费率将使得企业的参保程度上升，适当降低政策缴费率，可以提高实际缴费率，参保程度上升增加的社保缴费收入将抵消缴费率下降减少的社保缴费收入。

本章首先介绍中国社会保险政策及其发展；第二部分为研究假说和研究方法；第三部分描述本研究所用的沿海地区四个省企业层面数据；第四部分报告实证结果；第五部分模拟降低缴费率对提高参保程度和基金收入的影响；第六部分是结论与政策建议。

第一节　城镇职工社会保险制度及地区间差异

20 世纪 90 年代中后期（1997—1999 年）以来，我国社会保险制度建立了个人账户和社会统筹相结合的多支柱模式，社会保险费由企业和员工共同缴纳，国务院对养老、医疗、失业、工伤、生育五大保险的缴费水平、给付待遇、覆盖范围等做了原则性规定。④ 企业以上一年度本单位职工平均工资为缴费基数，员工按照本人缴费工资为基数，不低于本地区社会平均工资的 60%，不高于 300%。2005 年以来的缴费率规定见表 4. 1。实际运行时，各地方可根据具体情况有所浮动。就缴费率最高的两个项目——养老保险和医疗保险来看，大多数城市的企业按照政策规定的 20% 和 6% 作为缴费率，但也有一些地区，尤其是沿海地区的省市存在明显差异。在 2005—2007 年间，社会保险基金在很多地区为城市一级统筹，即使是同一省份，不同城市间的缴费率依然存在差异。以江苏、浙江、福建、广东四个东部沿海省份为例，社

④　现行政策包括国务院 1997 年颁布的《国务院关于建立统一的企业职工基本养老保险制度的决定》（国发〔1997〕26 号）及 2005 年颁布的《国务院关于完善企业职工基本养老保险制度的决定》（国发〔2005〕38 号）；1998 年颁布的《国务院关于建立城镇职工基本医疗保险制度的决定》（国发〔1998〕44 号）；1999 年颁布的《失业保险条例》（国务院令第 258 号）；2003 年颁布的《工伤保险条例》（国务院令第 375 号）；劳动部在 1994 年颁布了《企业职工生育保险试行办法》（劳部发〔1994〕504 号）。

会保险中两个最大的项目——养老和医疗，合计缴费率超过26%的高缴费率城市有22个，以江苏省的居多；缴费率在20.5%—26%之间的城市有25个，主要是浙江和福建的城市；缴费率在20.5%以下的城市有10个，主要分布在广东省珠三角地区（表4.2）。

表4.1　社会保险缴费率的基准水平　　单位：%

	养老保险	医疗保险	失业保险	生育保险	工伤保险
企业	20	6	2	1	1
员工	8	2	1	0	0

注：雇主以上一年度本单位职工平均工资为缴费基数，按雇主缴费率缴费。员工按照本人缴费工资和缴费率缴费。工伤保险根据所处行业不同，一类企业缴费率为2%，二类企业为1%，三类企业为0.5%。

资料来源：国务院相关文件

表4.2　企业政策缴费率（养老保险与医疗保险合计）地区间差异（2005—2007年）

高缴费率城市 缴费率>26%	中缴费率城市 20.5%<缴费率≤26%	低缴费率城市 缴费率≤20.5%
南京、无锡、徐州、常州、苏州、南通、连云港、淮阴、盐城、扬州、镇江、泰州、杭州、宁波、嘉兴、三明、泉州、茂名、肇庆、梅州、广州[a]、湛江[a]	宿迁、温州、湖州、绍兴、金华、衢州、舟山、台州、丽水、福州、厦门、莆田、漳州、南平、龙岩、宁德、韶关、汕头、江门、汕尾、河源、阳江、潮州、揭阳、云浮	深圳、珠海、佛山、江门、惠州[a]、清远、东莞、中山、湛江[a]、广州[a]

注：a. 广州、惠州、湛江对不同所有制企业的养老保险缴费率有不同规定，将它们处理为不同的缴费率地区。

资料来源：1. 相关政府文件、工作报告；2. 各地人力资源和社会保障局发布的政策文件；3. 中国劳动咨询网（http：//www.51labour.com/）的部分统计数据

各城市企业缴费率的确定主要受到人口老龄化和经济增长模式的影响。通常人口老龄化程度越高的地区，要求较高的缴费率。表现为养老保险制度

赡养率（退休人数/参保职工人数）和缴费率正相关，例如上述四省中，制度赡养率江苏最高，2010 年为 28.36%，其次是福建（21.73%）和浙江（25.12%），广东最低，为 11.81%。在经济全球化的背景下，劳动力成本成为竞争优势的重要来源，表现为地区经济增长对出口的依赖程度越高，社保缴费占 GDP 比重越低（封进等，2010）。珠三角的缴费率远低于其他地区，与其相对年轻的人口年龄结构和低劳动力成本的经济发展模式有很大关系。

另一方面，上述各地区的社会保险待遇规定是统一的。以养老保险为例，一部分为基础养老金，参保职工缴费至少 15 年，退休时将获得当地平均工资的 20%（替代率），且缴费每超过一年，替代率增加 1 个百分点；另一部分为个人账户养老金，金额为个人账户余额除以计发月数，退休年龄越早，计发月数越多，每月的个人账户养老金越少。

到 2010 年末，参保职工占城镇就业比重，养老保险最高，为 56%，医疗保险为 51%，失业保险为 39%，工伤保险为 48%。可见，尚有相当一部分城镇就业人口并未参加社会保险。2010 年参保职工中，来自企业的为 1.85 亿，占绝大多数。企业参保职工中，国有企业参保人员大约占 42.33%，城镇集体企业参保人员占 10.59%，港澳台及外资企业参保人员约占 9.16%，其他各种经济类型企业参保人员约占 37.92%（郑秉文，2011）。城镇职工在国有企业的就业比重只有 18.7%，由此可知国有企业职工的参保率远高于其他所有制企业。

另一个反映企业参保状况的宏观指标是社会保险的征缴率，即实收保费占应收保费的比例。从已有的统计数据看，养老保险的征缴率 1997 年为 80%，1998 年为 83%，1998 年企业累计欠缴养老保险费 318 亿元，1999 年累计欠缴 388 亿元。2000 年累计欠缴达到 414 亿元，为当年养老金发放量的 20%（赵耀辉、徐建国，2001）。近年来全国层面的数据并未公布，但诸多文献表明，企业逃费或欠费现象依然是一个严重的问题，例如，2002 年上海缴费不足的企业占到 80% 左右（Nyland，et al.，2006）。

企业负担较重被认为是逃费的主要原因，经济效益差的企业无力缴费，导致保费收入减少，为保证基金平衡，社保机构不得不提高费率，于是一些效益稍好的企业也变得无法支付，由此形成恶性循环（孙祈祥，2001）。地方政府为减轻本地企业的缴费负担也会放松对征缴的管制，纵容了企业的逃费行为。征缴率较低亦反映出地方政府对于社会保险缴费的执行乏力，这也是发展中国家普遍存在的问题（Bailey & Turner，2001；Enoff & Mckinnon，2011）。中国社保费征收部门有社保经办机构和地方税务机构两种，社保经办机构根据企业上报的参保人数核定缴费额，税务机构根据工资总额征收，通常在这个基础上再打折。尽管有些研究认为由税务机构征收可发挥税务机构的优势，提高征收质量及降低征收成本，加强征缴力度，但两种方式都未明确对征缴部门的约束和激励（刘军强，2011）。⑤

第二节　研究假说和方法

一、研究假说

企业是否有激励参与社会保险是基于成本—收益的分析。就成本而言，社会保险增加了劳动力成本，对于劳动密集型企业，以及依靠低成本劳动力获得竞争力的企业而言影响更大。通常人均固定资产较低的企业、外向型程度较高的企业，其参与激励较小。

企业在其他方面的异质性也导致它们对社会保险有不同的态度。企业规模和所有制是两个主要的差异。规模通常是企业市场定价能力的表征，规模越大的企业，市场能力越强，越有可能将社会保险的缴费转嫁到产品价格中，因而越有能力为员工提供社会保险（Mares，2003；Jäckle & Li，2006）。在所有制方面，国有企业的市场垄断能力强，并有较为宽松的信贷渠道，其福利

⑤　各地区可选择由社保经办机构征收或者地方税务机关征收社会保险费。截至 2013 年，由社保经办机构征收的是北京、天津、山西、吉林、山东、河南、上海、江西、广西、四川、贵州、西藏和新疆 13 个省市；由地方税务机关征收的是河北、辽宁、黑龙江、内蒙古、江苏、浙江、福建、湖北、湖南、安徽、广东、海南、重庆、陕西、甘肃、云南、青海和宁夏 18 个省市。

通常较好，更有可能遵守社保政策；而私营企业信贷能力弱，经营稳定性差，劳动力成本占比高，其利润对劳动力成本更为敏感，更有可能选择不遵守社保政策；⑥ 大多数外资企业和港台企业希望通过低成本劳动力获取竞争力，因而参保意愿也比国有企业低，更可能拖欠社保缴费。

政府对于逃避缴费的惩罚力度制约着企业的拖欠行为。企业所在地政府可能无法很好地监控企业是否按规定为员工缴纳社会保险，例如政府可能无法监管企业是否在以大量雇用临时工的形式规避缴纳社会保险，甚至无法完全控制企业是否直接逃避缴费，因为企业数量庞大而常规抽样审计的方法就势必有漏网之鱼。同时，更重要的是政府也有可能有意放松监管甚至通过其他税收优惠纵容企业规避法律规定的社会保险缴费。就中国的情况看，社保政策的执行服从于地方政府的利益，从提升本地区域竞争力的角度，地方政府会选择放松劳动标准和降低对社会保险的监督力度（Gillion，et al.，2000；彭宅文，2010；Nyland，et al.，2011）。此外，政策的执行力度也会受财政压力的影响，人口老龄化程度较高、财政能力较弱时对社保缴费有较为严格的监督。

在政府监管乏力的环境中，企业可以对不同技能的员工采取差别对待。低技能劳动力供给充裕，为削减成本，企业没有激励为低技能员工提供社会保险。这一安排与员工的选择在很多时候是一致的，低技能员工收入较低、流动性较强，自身也不愿意参加社会保险，因而企业可以采用不将他们登记为正式职工的方式逃避缴费。⑦ 但为了吸引和留住高技能劳动力，企业通常要为他们提供社会保险，而且，企业希望以此激励员工提高劳动生产率，在有社会保险时，高技能劳动力更愿意投资专门的技术（Tachibanaki，2003；Mares，2003；Nyland，et al.，2011），而企业会选择为员工缴纳社会保险这种延期支付劳动报酬的形式，以便和员工建立长期合同关系，使工人可以安

⑥ 顾文静（2006）对浙江2005—2006年210家私营企业的调查发现，私营企业参保比例明显较低，私营企业劳动力成本占比约25%，69%的被调查企业认为缴费率过高，影响企业竞争力。

⑦ Nyland，et al.（2011）对上海企业的案例调查发现，不同员工的社保状况差异很大，就农村转移劳动力而言，本地农村劳动力有社会保险，而外来的农村劳动力工资较低，且大多无社保。

心在企业从事专业性较强的工作。

除了劳动生产率方面的正向激励外，企业参与社会保险的收益还表现在：第一，有助于树立企业信誉和商业信用，有利于企业的长远发展；第二，对中小企业而言，有利于企业获得银行信贷或从资本市场融资；第三，有税收优惠，企业参与社会保险的缴费能在税前列支，从而为企业带来所得税的抵减效应。

事实上，上述各因素的影响均依赖于政策规定的缴费率水平，在缴费率较低时，参加社保的成本较低，而收益相对较高。随着缴费率的提高，参加社保的成本超过收益的可能性将会增加，导致企业对社保政策的遵守程度将会下降。在实证研究中，本研究将验证以下两个假说：

第一，以社保缴费收入最大化为目标，政策缴费率存在一个最适水平，随着政策缴费率提高，实际缴费率会出现先上涨后下降的趋势。

第二，降低缴费率将提高企业对社保政策的遵守程度，在政策缴费率较低的地区，非国有企业、人力资本较低企业、外向型程度较高企业的政策遵守程度更高。

二、计量方法

按照上述框架，企业在多大程度上遵守社保政策由式 4.1 决定：

$$y_{ict}^{*} = X_{ict}\beta + \alpha Rate_{ct} + Z_{ct}\gamma + u_{ict} \qquad (4.1)$$

其中 y_{ict}^{*} 为 c 城市 i 企业在 t 时期的缴费意愿，X_{ict} 为一系列企业特征，包括企业规模、人力资本结构、资本密集程度、出口规模、所有制形式、所处两位数行业、企业年龄等。$Rate_{ct}$ 为企业所面对的社保政策缴费率。此外还受到城市层面因素 Z_{ct} 的影响，控制了各城市平均工资水平、人口老龄化程度、税收收入占 GDP 比重。地方的平均工资水平越高，缴费能力越强。人口老龄化程度影响着政府的财政压力，从而影响社保政策执行力度，老龄化程度越高的地区，财政压力越大，要求更强的政府执行力度。税收收入占 GDP 比重反映了该地区的财政能力，财政能力较强的地区，社保基金平衡压力较小，因而对社保执行的监管可能较为宽松。假设残差项 u_{ict} 服从标准正态分布。

现实中，企业的实际缴费率是一个大于或等于 0 的数值。按照政策规定，为当年企业社保缴费除以上年度企业职工工资总额（式 4.2）。为估计影响企业实际缴费率的因素，采用 Tobit 模型，$y_{ict} = \max(0, y_{ict}^*)$，$y_{ict}$ 为企业的实际缴费率。

企业实际缴费率 = （本年度社保缴费/上年度职工工资总额）×100%　（4.2）

但实际缴费率难以在不同政策缴费率地区的企业间进行直接比较，为比较企业对社保政策的遵守程度，我们计算实际缴费率与政策缴费率的偏离程度。参考尼尔森和史密斯（Nielsen & Smyth，2008）对企业参保程度的度量，用实际缴费率与政策缴费率的偏离除以政策缴费率（式 4.3）。该指标称为“参保程度”，其最小值为 -1（此时实际缴费为 0），该指标为负则表示企业的实际缴费率低于政策缴费率，为正则表明实际缴费率高于政策缴费率。这一指标的优点在于，经过标准化后的参保程度在不同政策缴费率的企业间可以直接比较。

参保程度 = （实际缴费率 - 政策缴费率）/政策缴费率　（4.3）

采用参保程度 z_{ict} 为被解释变量，还可以更有效地控制城市层面不可观测因素的影响，如式 4.4，控制城市固定效应 f_c 和时间效应 t_t，并进一步控制城市哑变量和时间哑变量的交互项 ε_{ct}，以控制城市宏观环境和社保政策及执行随时间的变化。此时，分低、中、高三种缴费率地区分别做 Tobit 回归，比较各因素在不同缴费率水平地区的不同效应，从而分析缴费率对参保行为的影响。

$$z_{ict}^* = X_{ict}\beta + f_c + t_t + \varepsilon_{ct} + u_{ict} \tag{4.4}$$

上述回归结果的一致性，要求不同缴费率地区回归方程的残差项相互独立，我们控制了城市哑变量和城市与时间哑变量的交互项，此外，为说明企业的地点选择与缴费率水平不相关，本研究还将讨论企业地点选择的决定因素，并用面板固定效应模型对 Tobit 模型的结果做稳健性检验。

最后，在 Tobit 模型回归结果的基础上，模拟在高缴费率地区的企业，如果在中缴费率或低缴费率地区，它的社保遵守程度，以此类推，得到三类地区的企业，以及不同所有制的企业，在不同缴费率下的社保遵守程度，在此基础上比较实际缴费率水平。

第三节　制造业企业社会保险的参保状况

本研究采用“中国工业企业数据库”2004—2007年数据，主要用的是2005年和2007年两年的样本，企业人力资本结构数据来源于2004年。该数据库报告了全部国有及规模以上（销售额超过500万元）非国有企业的基本情况和财务信息，其中2005—2007年三年报告了企业社会保险缴费数据。我们选用江苏、浙江、福建和广东四个省份的制造业企业作为研究对象，一是因为这四个省份制造业参与全球化竞争程度较高，劳动力成本对企业竞争力影响较大；二是四省中各城市的政策缴费率差异较大，便于考察政策缴费率的影响。参考文献中的做法（聂辉华等，2012），我们去掉了职工人数、总资产、总产值、职工工资最高1%和最低1%的企业。此外，去掉了数量较少的回收加工业和市场地位特殊的烟草制品业。共有54个城市，28个两位数行业。我们考察缴费率较高的养老保险和医疗保险缴费情况，删去养老与医疗保险缴费为负的样本和参保程度最高1%的异常值，得到2005年样本量为108773，2007年样本量为138214。[⑧]

一、企业参保状况

企业的参保情况用“有缴费的企业占比”“实际缴费率”（式4.2）和“参保程度”（式4.3）衡量。可以看到，有缴费的企业占总数的78.35%，它们的实际缴费率平均为10.82%，[⑨] 平均参保程度为－0.60（表4.3）。[⑩] 国有

⑧　该数据库2005—2007年报告了“养老保险和医疗保险缴费”一项，“养老保险缴费”或“医疗保险缴费”未单独报告。

⑨　用同一数据库2004—2006年全国所有规模以上企业数据得到的平均缴费率为5.48%（Li & Wu，2010）。

⑩　有少数企业的参保程度大于0，实际缴费率高于法定缴费率，其原因在于：第一，这些企业可能有企业自愿提供的企业年金；第二，企业可能预缴或补缴了保费。2010年城镇职工基本养老保险征缴收入中，正常缴费为9808亿元，占88.28%，非正常缴费占11.72%，其中有预缴76亿元，补缴1008亿元，清理历史欠费204亿元，其他14亿元（郑秉文，2011）。

企业的这三个指标明显高于其他类型所有制企业。四个省份养老和医疗保险合计的企业政策缴费率均值为25.2%，但存在地区差异，将超过国务院确定的缴费率（26%）的地区定义为高缴费率地区，在较低缴费率地区中再分为两类，缴费率最低的珠三角地区为低缴费率地区，其余为中缴费率地区（地区分类见表4.2）。表4.3显示，高缴费率地区的缴费企业占比低于其他两类地区，缴费企业的参保程度也低于其他两类地区。再按照根据企业所在四位数行业的平均人力资本水平区分，较高人力资本行业的参保比例较高，实际缴费率和参保程度随着人力资本水平的提高而增加。

表4.3　样本企业参保情况（2005年和2007年平均）

	缴费企业占比（%）	实际缴费率（%）	参保程度
全部样本	78.35	10.82	-0.60
	按所有制		
国有	86.17	19.7	-0.21
集体	71.86	14.78	-0.43
私营	74.10	10.54	-0.58
港台	85.78	9.05	-0.60
外资	84.16	10.97	-0.56
其他	80.49	12.56	-0.49
	按省份		
江苏	60.35	14.99	-0.47
浙江	85.04	10.17	-0.62
福建	85.95	8.70	-0.66
广东	85.69	9.37	-0.51
	按政策缴费水平		
高缴费率地区	71.91	12.37	-0.60
中缴费率地区	83.29	9.62	-0.57
低缴费率地区	87.79	9.20	-0.47
	按人力资本		
较高	83.86	13.38	-0.44
中等	78.52	11.30	-0.54
较低	77.07	8.97	-0.64

注：实际缴费率与参保程度为参保企业的均值。缴费水平的区分见表4.2。将“企业初中以下员工占比”按城市的四位数行业平均，这一占比小于等于40%的为较高人力资本行业，在40%—70%之间的为中等人力资本行业，大于等于70%的为较低人力资本行业。⑪

资料来源：作者根据所选样本计算得到，如无特别说明，本章其余图表资料来源均与此表相同

⑪　人力资本对企业参保程度的影响可能是非线性的，这一划分是基于样本企业人力资本的分布而定。在之后的回归中也将采用这一划分，结果与采用连续变量时基本一致。

二、主要变量的地区差异

高、中、低缴费率地区企业分别占样本的17%、32%和51%，不同缴费率地区企业的主要特征存在差异（表4.4）。企业所有制为企业报告的所有制形式，分为国有、集体、私营、港台、外资和其他共6类，为哑变量。用企业总资产度量企业的规模，人力资本、人均固定资产用于度量企业的生产方式。人力资本采用初中以下员工占比度量，这一变量仅出现在2004年数据中，假设2004—2007年企业的人力资本构成不变。此外，用出口占总产出比度量企业对外部市场的依赖。人力资本、人均固定资产、出口占比按年份/城市/四位数行业这三个维度分组的均值度量，企业所在组的要素密集度可视作市场对企业提出的要求，对企业而言是外生的，并会影响到其对参保程度的选择，在一定程度上克服这些变量可能存在的内生性问题。

表4.4 主要变量在不同地区的比较

变量	低缴费率地区		中缴费率地区		高缴费率地区	
	均值	标准差	均值	标准差	均值	标准差
政策缴费率（%）	17.354	1.927	24.264	1.334	28.898	1.266
所有制占比						
国有	0.008	0.087	0.012	0.110	0.007	0.084
集体	0.020	0.140	0.022	0.147	0.033	0.180
私营	0.324	0.468	0.512	0.500	0.588	0.492
港台	0.383	0.486	0.143	0.350	0.125	0.331
外资	0.134	0.341	0.091	0.287	0.128	0.335
其他						
企业年龄（年）	8.976	5.457	9.407	7.233	9.613	8.076
总资产（千元）	42427	66369	36111	63529	38069	66350

续表

变量	低缴费率地区		中缴费率地区		高缴费率地区	
	均值	标准差	均值	标准差	均值	标准差
行业特征						
较高人力资本	0.056	0.229	0.028	0.166	0.031	0.174
中等人力资本	0.773	0.418	0.725	0.447	0.704	0.456
较低人力资本	0.171	0.376	0.247	0.431	0.265	0.441
人均固定资产（千元）	71	37	75	40	79	40
出口占总产出比	0.287	0.183	0.268	0.191	0.231	0.184
城市特征						
平均工资（元）	2305	557	2156	577	2183	522
65岁以上人口占比（%）	5.722	0.349	8.131	1.651	8.944	0.809
财政收入占GDP比重（%）	6.544	1.558	6.298	1.716	7.209	1.787
样本量	35308		65404		103038	
占比（%）	17.33		32.10		50.57	

注：此处的政策缴费率为养老保险和医疗保险合计的企业缴费率。行业特征指的是四位数行业的各变量在城市层面平均。人力资本水平定义同表4.3。65岁以上人口占比按照每个省的常住人口年龄结构度量，平均工资和财政收入占GDP比重为城市层面指标。

资料来源：CEIC Data Manager

第四节　实证结果

一、政策缴费率的影响

首先考察企业实际缴费率的影响因素。表4.5第1栏考察的是企业特征的影响，并控制城市固定效应，企业年龄、规模（总资产）、人均固定资产对实际缴费率有正向影响，国有企业的实际缴费率更高，私营、港台和外资企业实际缴费率较低。处于人力资本较高行业的企业，其实际缴费率相对于处于人力资本中等行业的企业显著增加，而人力资本较低行业的企业的实际缴费率明显更低。出口占产出比重较高的企业实际缴费率较低。这些结果符合成本—收益分析得到的预计。

第2栏的解释变量中加入城市的政策缴费率及其平方项。考虑到不同所有制企业参保行为有明显差异，第3栏和第4栏分别对国有和集体企业以及私营企业单独回归。可以看到政策缴费率对实际缴费率有显著的非线性影响，在政策缴费率处于较低水平时，提高政策缴费率会增加实际缴费率，但随着政策缴费率的上升，其对实际缴费率的影响变为负效应，对于全部样本，这一拐点为22.6%的缴费率水平［0.466/（2×0.0103）（%）］，其含义为，其他情况不变时，此时的实际缴费率最高，超过这一水平后再提高政策缴费率，实际缴费率反而下降。对于国有和集体企业拐点为24.1%，对私营企业拐点为13.7%，私营企业的拐点远低于国有和集体企业，降低政策缴费率对提高私营企业实际缴费率有更大的影响。

表4.5　政策缴费率对实际缴费率的影响

因变量：实际缴费率 自变量	(1) 全部样本	(2) 全部样本	(3) 国有和集体	(4) 私营企业
政策缴费率		0.466*** (0.0373)	1.193*** (0.324)	0.165*** (0.0564)
政策缴费率的平方		-0.0103*** (0.000782)	-0.0247*** (0.00699)	-0.00601*** (0.00115)
企业年龄	0.0925*** (0.00195)	0.0874*** (0.00200)	0.0455*** (0.00732)	0.0829*** (0.00293)
Ln总资产	0.535*** (0.0129)	0.526*** (0.0131)	0.737*** (0.0936)	0.485*** (0.0184)
较高人力资本	0.697*** (0.0912)	0.771*** (0.0942)	-0.402 (0.571)	1.050*** (0.157)
较低人力资本	-0.222*** (0.0558)	-0.228*** (0.0571)	-0.216 (0.476)	-0.0838 (0.0757)
Ln人均固定资产	0.137** (0.0566)	0.184*** (0.0578)	0.407 (0.368)	0.123 (0.0793)
出口占比	-0.745*** (0.137)	-0.920*** (0.138)	-2.469** (1.041)	-0.469** (0.184)

续表

因变量：实际缴费率	（1）	（2）	（3）	（4）
自变量	全部样本	全部样本	国有和集体	私营企业
国有	2.151*** （0.177）	2.366*** （0.184）		
集体	0.00315 （0.0913）	0.0141 （0.0930）		
私营	-1.001*** （0.0425）	-0.807*** （0.0421）		
港台	-0.570*** （0.0502）	-0.482*** （0.0499）		
外资	-0.136** （0.0555）	0.0484 （0.0564）		
Ln 城市平均工资	- -		4.333*** （0.589）	3.387*** （0.136）
65 岁以上人口占比	- -		0.189** （0.0900）	0.248*** （0.0204）
财政收入占 GDP 比重	- -		-0.179* （0.104）	-0.256*** （0.0210）
两位数行业	控制	控制	控制	控制
时间哑变量	控制	控制	控制	控制
城市哑变量	控制	-	-	
时间 × 城市	控制	-	-	
拟 R^2	0.023	0.009	0.014	0.014
样本量	203750	203750	7405	105573

注：本表为 Tobit 模型结果，报告的是对缴费企业的实际缴费率的边际效应。括号内为标准差。***、**、*分别表示在 1%、5%、10% 的显著性水平上显著。所处行业人力资本水平的参照组为中等人力资本水平，第 1 栏和第 2 栏的所有制参照组为其他所有制形式。

表 4.6 为对企业参保程度的回归结果，控制了低缴费率和中缴费率地区哑变量。第 1 栏报告的是用全部样本得到的 Tobit 模型边际效应，第 2 栏和第 3 栏分别报告了国有和集体企业、私营企业的结果。我们特别关注了不同缴费率对参保程度的影响，平均看，低缴费率地区企业的参保程度比高缴费率地区高近 13 个百分点，中缴费率地区比高缴费率地区的参保程度高 4 个百分

点。对于国有企业，在低、中缴费率地区的企业比高缴费率地区参保程度分别高 12 个和 9 个百分点，对于私营企业分别高 20 个和 6 个百分点。可见，降低缴费率会提高企业对政策的遵守程度，而且私营企业对缴费率下降的敏感程度更高。此外，企业年龄和规模（总资产）的增加，会提高企业的参保程度，国有企业的参保程度更高，这些结果与现有文献一致。

表 4.6　缴费率对参保程度的影响

因变量：参保程度	(1)	(2)	(3)
自变量	全部样本	国有和集体	私营企业
低缴费率哑变量	0.126*** (0.00281)	0.118*** (0.0186)	0.203*** (0.00468)
中缴费率哑变量	0.0439*** (0.00149)	0.0892*** (0.0123)	0.0554*** (0.00195)
其他变量	控制	控制	控制
拟 R^2	0.048	0.054	0.054
样本量	203750	7405	105573

注：本表为 Tobit 模型结果，报告的是对缴费企业的边际效应。括号内为标准差。***、**、* 分别表示在 1%、5%、10% 的显著性水平上显著。控制的其他变量与表 4.5 相同，结果未报告。参照组为高缴费率地区。

为了更好地考察政策缴费率对不同特征企业参保行为的影响，我们按不同缴费率地区对企业的参保程度分别做 Tobit 回归，此时政策缴费率的影响反映在不同地区各变量边际效应的差异上。表 4.7 显示，私营、港台和外资企业在低缴费率地区相对于其他所有制形式，参保程度并没有明显降低，私营企业的参保程度甚至还比较高，但在中缴费率和高缴费率地区，这几类所有制企业的参保程度明显更低。在低缴费率地区，较低人力资本对企业参保程度影响不显著，而在中缴费率和高缴费率地区却有显著的负向影响，说明缴费率提高，人力资本较低企业参保程度下降。出口占比的影响呈现同样的模式，在缴费率较高的地区，外向型程度较高的企业参保程度下降，但这一效应在低缴费率地区并不显著。

表 4.7　不同地区的参保程度决定

变量	(1) 低缴费率地区	(2) 中缴费率地区	(3) 高缴费率地区
企业年龄	0.004*** (0.00032)	0.00258*** (0.00014)	0.00377*** (9.42E−05)
Ln 总资产	0.013*** (0.00155)	0.0128*** (0.00088)	0.0273*** (0.000688)
较高人力资本	0.0337*** (0.00875)	0.0185*** (0.00672)	0.0323*** (0.00521)
较低人力资本	−0.00735 (−0.00863)	−0.00812** (−0.00369)	−0.00586** (−0.00288)
Ln 人均固定资产	0.0104 (0.00706)	0.0137*** (0.00382)	0.00175 (0.00303)
出口占比	−0.0184 (−0.018)	−0.0366*** (−0.0093)	−0.0205*** (−0.00724)
国有	0.0562*** (0.0215)	0.144*** (0.0116)	0.0731*** (0.0102)
集体	−0.0298** (−0.0121)	0.0140** (−0.00703)	−0.00634 (−0.00443)
私营	0.0120** (0.00551)	−0.0229*** (−0.00264)	−0.0542*** (−0.00244)
港台	−0.00221 (−0.00562)	−0.0128*** (−0.00348)	−0.0315*** (−0.00284)
外资	−0.00305 (−0.00663)	−0.0114*** (−0.00388)	−0.00498* (−0.00298)
拟 R^2	0.083	0.093	0.114
样本量	35308	65404	103038

注：本表为 Tobit 模型结果，报告的是对参保企业的参保程度的边际效应。还控制了城市哑变量、时间哑变量以及城市和时间哑变量的交互项。括号内为标准差。***、**、*分别表示在1%、5%、10%的显著性水平上显著。所处行业人力资本水平的参照组为中等人力资本水平，所有制的参照组为其他所有制形式。

二、稳健性检验

按政策缴费率不同地区分别估计，其结果的一致性所依赖的假设是不同地区的扰动项相互独立。上述回归已经控制了城市哑变量、时间哑变量以及城市和时间哑变量的交互项，因而在很大程度上控制了地方政策和政府行为对企业参保行为的影响。就企业层面的因素看，需要排除存在一些未控制的企业特征，这些企业特征既影响企业选择某类缴费率地区，又影响其参保程度。我们以养老保险企业缴费率上涨的改革时间作为外生变量，考察了企业在改革前后的地点选择情况，并没有看到改革之后成立的企业更愿意选择低缴费率地区，社保缴费率可能并不是企业选址主要考虑的因素（见本章附录）。[12] 事实上，企业地点选择与当地的工业基础、产业结构、资源禀赋、市场环境、地理位置等关系更为密切。从成本角度看，企业的进入除了看重当地的劳动力成本外，还关注技术基础和劳动生产率（徐康宁、陈健，2008）。

进一步，我们采用面板固定效应模型控制未观测变量。因为两期间隔较短（2005 年和 2007 年），所以一些可能影响企业参保的未观测变量，如企业的成本结构、对员工福利的偏好等，可视为不变，通过固定效应，消除这些未观测特征可能带来的偏误。将低缴费率地区和中缴费率地区哑变量分别与企业的各项特征做交互项，则未加交互项的变量显示的是在高缴费率地区的效应，交互项显示的是每个变量在不同地区的效应与高缴费率地区相比较的差异。由此考察企业特征在不同地区对参保程度的影响。

表4.8 为关键变量的影响在不同缴费率地区间的比较，在方向上与 Tobit 模型类似，但固定效应导致估计效率降低，显著性下降。在三个地区，总资产更高的企业参保程度更高。所有制变量显著性较差，这是因为面板固定效应模型中，所有制变量的变化非常小，样本中 93.5% 的企业所有制性质在两期间未变化。但所有制变量与低缴费率地区哑变量的交互项显示，私营企业的参保程度在低缴费率地区明显比高缴费率地区高，外资、港台企业的参保程度在低缴费率地区也比在高缴费率地区高，尽管显著性程度不够高；所有制变量与中缴费率地区的交互项，反映出同样的趋势。在低缴费率地区出口

⑫ 该步检验采用 Ordered Logit 模型，控制养老保险改革时间哑变量和其他企业特征，被解释变量为多元选择变量（1 = 低缴费率地区，2 = 中缴费率地区，3 = 高缴费率地区）。

占比对参保程度的正向影响比高缴费率地区明显要高；在中缴费率地区，也是同样的趋势，尽管这一影响不显著。可见，面板固定效应的结果仍然可以反映出在不同缴费率地区，企业特征，如规模、所有制、外向型程度等对社保参保程度有不同的影响，低缴费率地区的私营企业和外向型企业具有显著的更高的参保程度。

表 4.8　面板固定效应的结果（2005 年、2007 年）

因变量：参保程度 自变量					
Ln 总资产	0.0188*** (0.00673)	Ln 总资产× 低缴费率地区	0.00890 (0.0107)	Ln 总资产× 中缴费率地区	-0.00508 (0.00964)
Ln 人均固定资产	0.00355 (0.0191)	Ln 人均固定资产 ×低缴费率地区	0.0607* (0.0345)	Ln 人均固定资产 ×中缴费率地区	-0.0102 (0.0276)
出口占比	-0.0644 (0.0691)	出口占比× 低缴费率地区	0.0256** (0.0123)	出口占比× 中缴费率地区	0.0335 (0.0974)
国有	0.0579 (0.0617)	国有× 低缴费率地区	-0.0541 (0.102)	国有× 中缴费率地区	-0.0585 (0.0894)
集体	-0.000802 (0.0317)	集体× 低缴费率地区	-0.0112 (0.0744)	集体× 中缴费率地区	-0.0505 (0.0576)
私营	0.00109 (0.0159)	私营× 低缴费率地区	0.0439* (0.0182)	私营× 中缴费率地区	0.0124 (0.0238)
港台	0.0248 (0.0348)	港台× 低缴费率地区	0.0601 (0.0545)	港台× 中缴费率地区	0.0950 (0.0595)
外资	0.0522 (0.0356)	外资× 低缴费率地区	0.0725 (0.0562)	外资× 中缴费率地区	0.0911 (0.0614)
R^2			0.070		
样本量			106418		
企业数量			53209		

注：采用了参保企业两年均出现的样本。还控制了城市哑变量与时间哑变量的交互项。括号内为标准差。***、**、* 分别表示在 1%、5%、10% 的显著性水平上显著。所有制的参照组为其他所有制形式，缴费率的参照组为高缴费地区。由于在时间上没有差异，人力资本未放入固定效应模型。

样本在参保程度及企业特征方面的差异主要来自截面上，而在两期间的变化及其差异较小，因而面板固定效应模型缺乏估计效率，只作为稳健性检验，在后文的政策模拟中主要采用Tobit模型的结果。

第五节　缴费率变化的政策效果

上述回归结果表明，降低政策缴费率可以促进非国有企业、外向型程度较高、人力资本较低企业的参保程度。为吸引更多企业参保和遵守社保缴费政策，降低缴费率是一项可以考虑的政策选择。然而，对于降低缴费率的一个担忧是，社保基金收入将由此减少，基金的平衡更加困难。为此，我们模拟不同政策缴费率方案下企业的参保程度和实际缴费率，并区分私营企业和国有、集体企业。

表4.9　对企业参保程度的模拟结果

政策变量：	高	中	低	高	中	低
政策缴费率（%）	29	24	17	29	24	17
	参保程度			实际缴费率（%）		
全部企业						
低缴费率地区	-0.76	-0.69	-0.58	6.96	7.44	7.14
中缴费率地区	-0.78	-0.69	-0.54	6.38	7.44	7.82
高缴费率地区	-0.79	-0.69	-0.54	6.09	7.44	7.82
私营企业						
低缴费率地区	-0.84	-0.71	-0.55	4.64	6.96	7.65
中缴费率地区	-0.85	-0.72	-0.54	4.35	6.72	7.82
高缴费率地区	-0.85	-0.71	-0.52	4.35	6.96	8.16
国有、集体企业						
低缴费率地区	-0.66	-0.59	-0.53	9.86	9.84	7.99
中缴费率地区	-0.60	-0.54	-0.48	11.6	11.04	8.84
高缴费率地区	-0.66	-0.58	-0.51	9.86	10.08	8.33

注：基于表4.7第1、2、3栏的回归结果模拟。模拟中使用的政策缴费率为每类地区中各城市缴费率的平均值。

选择现实中的高、中、低三类地区的政策缴费率作为模拟方案，分别取29%、24%、17%。根据表4.6中的回归结果，用每一类地区的回归结果企业预测本地区和另外两类地区的企业在该缴费率水平下的参保程度，这样可以得到每类地区的企业在三种缴费率下的参保程度。例如表4.9中，如果按高缴费率，低、中、高三类地区企业的参保程度分别为-0.76、-0.78、-0.79；如果按照低缴费率水平，低、中、高三类地区企业的参保程度分别为-0.58、-0.54、-0.54。再根据式4.3推算出实际缴费率。可以看到，对于三类地区的企业而言，参保程度均随着缴费率的下降而提高，而且私营企业提高的程度高于国有、集体企业。

由政策缴费率和参保程度，得到模拟的实际缴费率。三类地区的企业的模拟结果均表明，在高政策缴费率下，实际缴费率是最低的。对于低缴费率地区企业而言，中缴费率方案下实际缴费率最高；对于中、高缴费率地区企业而言，低缴费率方案下实际缴费率最高。

对于私营企业而言，低缴费率方案更能提高参保程度和实际缴费率，幅度超过其他企业。表4.9中对私营企业的模拟显示，三类地区的私营企业在低缴费率方案下实际缴费率最高。

与此对照，国有和集体企业的实际缴费率则表现出完全不同的趋势，在低缴费率方案下的实际缴费率最低，在高缴费率方案下，实际缴费率也较高。

由于国有和集体企业占比很小，将政策缴费率从高水平上适当下降，总体上可以提高实际缴费率，本研究的模拟表明，从29%下降到24%时，各地区企业的实际缴费率会上涨0.48—1.35个百分点。当前政策规定的雇主基准缴费率为养老保险和医疗保险两项合计为26%，大多数地区均按此执行。在人口老龄化和社保基金平衡压力日益增长的背景下，有些地区的养老保险缴费率甚至确定到一个比基准缴费率更高的水平。事实上，在中国现有的生产方式和人力资本结构下，适当降低缴费率，可以给予企业更多的参与激励，不仅可以提高企业的参保程度，而且会使得实际的基金收入有所提高。

第六节 结论与政策含义

中国城镇职工社会保险扩面缓慢，近40%的职工尚未被覆盖，而且企业逃费现象较为普遍。这一方面不利于社会保险制度的可持续运行，另一方面使得部分员工福利受损，也不利于企业间的公平竞争。2010年出台的《社会保险法》从法律上加强了对社会保险费的征收，但社会保险制度的改革仍然需要使得微观主体有内在的参与激励，否则监管成本很高，收效却不大（赵耀辉、徐建国，2001）。

我们采用微观企业数据，从成本—收益权衡的角度，分析了企业的参保决策。在其他因素相同的情况下，规模较大、员工人力资本较高、外向型程度较低的企业实际缴费率和参保程度更高，国有企业的实际缴费率和参保程度比其他企业高，而吸纳就业最多的私营企业，以及外资和港台企业参保程度较低。从政策因素看，企业面临的政策缴费率对企业的参保程度有负向影响，提高政策缴费率会导致实际缴费率先上涨后下降，这一拐点在23%。而且，在不同政策缴费率地区，企业特征对参保的效应影响不同，私营、港台和外资企业的参保程度在低缴费率地区相对于其他企业并没有下降。人力资本水平、外向型程度在低缴费率地区对企业参保程度影响不显著，而在中缴费率和高缴费率地区却有显著的负向影响。

中国的社会保险缴费率较高，这也是企业逃费的主要原因，降低缴费率是需要考虑的政策选择，降低缴费率并不会影响社会保险的财务平衡（Feldstein & Liebman，2006）。本研究的模拟验证了这一论断，在缴费率较高的情况下，适当降低缴费率可以提高企业的参保程度，提高实际缴费率，从而抵消缴费率下降导致的基金收入下降。当前，低缴费率地区养老和医疗保险企业缴费率平均为17%，高缴费率地区平均为29%，中缴费率地区平均为24%，本研究模拟表明，将政策缴费率从高水平上下降5个百分点，实际缴费率平均上涨0.48—1.35个百分点，缴费率下降对私营企业实际缴费率提高的影响更为显著。

由于数据限制，此处讨论的缴费率是养老和医疗保险的合计水平，从现行缴费率水平看，我国更应该降低的是养老保险缴费，一是因为我国养老缴费率比大多数国家都要高，是影响参与意愿的主要因素；二是养老缴费率较高的一个重要原因是用于弥补转型成本，从未来看，需要有其他来源的财政投入分担转型成本。另外，本研究选择的是企业、劳动力集聚程度较高的四个省份，而且四省中各城市的政策缴费率差异较大，便于考察缴费率的影响。尽管本研究的结果并不能直接推广到对其他省份企业的分析，但此结果对于我国社会保险缴费率改革仍有一定的参考价值。社会保险缴费水平在全国层面统一是一个趋势，对于四省份的分析表明有必要下调较高的缴费率。对社会保险有较高需求的企业，可通过商业保险、企业年金等市场化模式为员工提供更高程度的保障。

附录　企业地点选择

按政策缴费率不同的地区分别估计，可能存在选择性偏误，政策缴费率高低本身影响着企业的地点选择，存在一些未控制的企业特征既影响到了企业选择某类缴费率地区，又影响其参保程度，从而导致估计的偏误。为此，采用 Ordered Logit 模型检验缴费率高低是否是企业选择地点时考虑的因素。

城镇养老保险制度在 1997 年的改革被视为一次较为重大的政策变化，明确了企业和员工的缴费率，在此之前企业缴费率很低，约为 3%，且不存在地区差异，缴费率的地区差异在 1997 年之后才出现。因此，首先检验 1997 年之后成立的企业是否更倾向于选择低缴费率地区。附表 4.1 第 1 栏回归结果表明，在控制其他企业特征后，1997 年之后成立的企业更倾向于在高缴费率地区。由于 Ordered Logit 模型的回归系数不能直接看出影响的程度，通过计算表明，在其他因素不变的情况下，1997 年之后成立的企业相比之前成立的企业，选择高缴费率地区的概率高 8.6 个百分点，选择低缴费率地区的概率低 5.4 个百分点。⑬

进一步分析发现在养老保险改革推出之前以及之后的相近时期都有同样的现象，即随着时间推移，高缴费率地区更有吸引力。如对 1997 年之前成立的企业，选取“1995 年之后成立”为哑变量，这一变量显著为正；对 1997 年之后成立的企业，选取“2000 年之后成立”为哑变量，仍然是显著为正。对 1997 年之前成立的企业，1995 年之后成立的企业相比之前成立的企业，选择高缴费率地区的概率高 1.9 个百分点，选择低缴费率地区的概率低 1.3 个百分点。对 1997 年之后成立的企业，2000 年之后成立的企业相比之前成立的企业，选择高缴费率地区的概率高 1.9 个百分点，选择低缴费率地区的概率低 1.1 个百分点。

因此存在两种可能：第一，社保缴费率高低并非是企业选择地点时考虑的主要因素；第二，企业的确是因为缴费率的差异，更愿意选择高缴费率地区，此时高缴费率地区的企业应该更愿意参与社保。如果是第二种情况，则表 4.6 的回归结果给出的是一个上限，即那些边际效应为负的变量的影响应该负得更大，边际效应为正的变量的影响应该正得更小，结论仍然是缴费率提高，企业参保程度下降。

事实上，企业地点选择与当地的工业基础、产业结构、资源禀赋、市场环境、地理位置等关系更为密切。从成本角度，企业的进入除了看重当地的劳动力成本外，还关注技术基础和劳动生产率（徐康宁、陈健，2008）。用同样数据库中 2004—2007 年企业数据的研究发现，企业区位选择看重地区的集聚效应，地区的产业专业化、产业多样性和市场潜能对于该地区进入企业数量有显著的正向影响（刘修岩、张学良，2010）。此外，地方政府采用各种招商引资政策吸引企业，这些政策的影响可能远超过社保缴费的影响，表 4.7 的 Tobit 模型中，通过控制城市哑变量及其与时间哑变量的交互项，不同城市各类政策的影响已经被考虑。

---

⑬ Ordered Logit 模型中，选择不同地点的概率分别为，$P(region=1 \mid x) = \Phi(\alpha_1 - x\beta)$，$P(region=2 \mid x) = \phi(\alpha_2 - x\beta) - \Phi(\alpha_1 - x\beta)$，$P(region=3 \mid x) = 1 - \Phi(\alpha_2 - x\beta)$，其中 α_1、α_2 为估计出的门槛值（cut points）。根据估计出的系数，其他变量取均值，成立时间哑变量分别取 1 和 0，分别计算企业在两种取值下选择某一地点的概率。

附表 4.1　企业地点选择的决定因素（Ordered Logit）

被解释变量：1 = 低缴费率地区，2 = 中缴费率地区，3 = 高缴费率地区			
解释变量	（1） 全部样本	（2） 1997 年之前 成立的样本	（3） 1997 年之后 成立的样本
1997 年之后成立 （哑变量）	0.380*** （0.0137）		
1995 年之后成立 （哑变量）		0.087*** （0.0176）	
2000 年之后成立 （哑变量）			0.084*** （0.0193）
国有	−0.278*** （0.0463）	−0.532*** （0.0532）	0.171 （0.104）
集体	0.683*** （0.0296）	0.417*** （0.0346）	1.334*** （0.0667）
私营	0.603*** （0.0124）	0.691*** （0.0197）	0.616*** （0.0162）
港台	−0.429*** （0.0151）	−0.837*** （0.0232）	−0.132*** （0.0203）
外资	0.529*** （0.0172）	0.161*** （0.0280）	0.728*** （0.0221）
企业年龄	0.0308*** （0.000964）	0.0353*** （0.00123）	0.0155*** （0.00389）
Ln 总资产	0.00301 （0.00406）	−0.00823 （0.00660）	0.0108** （0.00521）
较高人力资本	−0.245*** （0.0278）	−0.208*** （0.0449）	−0.259*** （0.0356）
较低人力资本	0.406*** （0.0176）	0.412*** （0.0307）	0.400*** （0.0217）
Ln 人均固定资产	0.192*** （0.0177）	0.145*** （0.0293）	0.226*** （0.0224）
出口占比	−0.784*** （0.130）	−0.856*** （0.228）	−0.722*** （0.158）
二位数行业	控制	控制	控制
样本量	203750	72624	131126

注：本表报告的是 Ordered Logit 模型的回归系数，括号内为标准差。***、**、* 分别表示在 1%、5% 和 10% 的显著性水平上显著。所处行业人力资本水平的参照组为中等人力资本水平，所有制的参照组为其他所有制形式。

第五章

缴费水平与农村转移劳动力参与意愿

Public Pension Scheme

截至2013年末，全国参加城镇职工基本养老保险的人数为3.2亿人，其中参保职工2.4亿人，占城镇就业人员的63%（2014年国民经济和社会发展统计公报）；与之对照，1.67亿外出农民工中参加养老保险的比例仅有15.7%，虽然这一比例逐年上升，但一直维持在较低水平（表5.1）。[①] 让更多农村转移劳动力加入城镇职工基本养老保险体系一直是我国社会保障改革努力的方向。

表5.1 外出农民工参加社会保障的比例 单位：%

	2008年	2009年	2010年	2011年	2012年	2013年
养老保险	9.8	7.6	9.5	13.9	14.3	15.7
工伤保险	24.1	21.8	24.1	23.6	24.0	28.5
医疗保险	13.1	12.2	14.3	16.7	16.9	17.6
失业保险	3.7	3.9	4.9	8.0	8.4	9.1
生育保险	2.0	2.4	2.9	5.6	6.1	6.6

资料来源：2013年全国农民工监测调查报告

然而将农村转移劳动力纳入城镇职工基本养老保险制度是否一定是改善其福利之举？就养老保险而言，个人会基于其一生的收入决定各个时期的消费和储蓄，当存在流动性约束时，个人的储蓄意愿会比较低，这时如果社会保险费率较高，则与个人福利最大化的结果不一致。此外，通常缴费义务由

① 城镇职工基本养老保险参保人数来源于2014年《中国统计年鉴》，农民工参保人数来源于2013年全国农民工监测调查报告。

企业和个人共同承担，对于追求利润最大化的企业而言，或者会将缴费转嫁给员工，或者减少雇佣，尤其是减少对人力资本较低的劳动者的雇佣；对于劳动生产率较低的个体而言，社会保险水平过高，可能导致其当前收入较少或者失业。因此，社会养老保险作为一项社会福利政策，需要考虑个体的异质性，从社会福利最大化的角度，确定合适的保障规模。

在福利经济学框架下，养老保险的最优水平就是在其产生的作用和造成的福利成本（扭曲）之间找到均衡，并维持其预算平衡。最优代际转移规模的经典研究成果（Samuelson，1975；Feldstein，1985）得到较为一致的认识是，当人们对其未来的效用赋予一定的权重，而非十分短视时，那么一定水平的社会保障是必要的，而且这种代际转移的最优规模随着工资增长率和人口增长率的增加而提高。学者对我国城镇养老保险制度的水平已经有所研究，例如，有研究采用13代的迭代模型模拟了人口老龄化的情形下，养老保险改革的不同方案（替代率、延长退休年龄、提高劳动生产率）对产出和养老保险缴费率的影响（Li & Marette，2005）。但上述研究均假设了劳动力市场出清，不能刻画养老保险规模对低人力资本劳动力的就业水平的影响，因而本章首先将从异质性个体需求的角度对养老保险适度规模进行理论分析，其次，通过实地调查数据考察农村转移劳动力对不同水平的养老保险的需求。

第一节　个体参与养老保险的决策模型

社会养老保险制度作为一项社会福利政策，涉及政府、企业和个人三方主体，最优的社会养老保险制度应该能够同时满足三方的需求。我们首先对异质性个体福利进行分析，然后从社会福利最优角度探讨养老保险水平的确定。

一、个体福利

从个体福利的角度看，人力资本不同的个体对养老保险保障水平有不同的需求。采用一个简单的两期模型来描述行为人的选择。假设行为人一生分为两期：第一期工作，第二期退休。在第一期劳动所得除了满足当期消费，还要为第二期消费进行储蓄，并可以选择是否参加社会养老保险；第二期消费数量为第一期的储蓄及养老金（如果第一期参加了社会养老保险）。行为人是否参加社会养老保险通过最大化两期的效用来决定，② 行为人 i 的效用函数和跨期预算约束可以表示为：

$$U(C_{i1},C_{i2}) = u(C_{i1}) + \frac{1}{1+\rho_i}u(C_{i2}) \tag{5.1}$$

$$C_{i1} + \frac{C_{i2}}{1+r} = (1-\tau)W_iP_i + \frac{\theta_i B}{1+r} \tag{5.2}$$

$$C_{i1} \geqslant \bar{C} \tag{5.3}$$

其中，C_{ij} 表示行为人 i 在第 j（$j=1,2$）期的消费，ρ_i 表示行为人 i 的主观贴现率，r 表示利息率，W_i 表示行为人 i 在第一期的收入，τ 表示养老保险缴费率，B 是对应其缴费水平在第二期所能获得的养老金数量，$\bar{C}$ 是维持生存所需的最低消费水平。$\theta_i \in (0,1)$，是行为人 i 对参加社会养老保险的风险的评价，其值越趋近于 1 说明风险越小，越趋近于 0 说明风险越大。P_i 是行为人 i 的就业概率。

从企业角度来看，只有当个人的边际产出大于等于其雇佣成本时，企业才会雇佣他。而社会养老保险也是用工成本的一部分，会影响企业的用工决策。因此，行为人 i 的就业概率可以表示为其边际产出 m_i、保留工资 W_{ri}、法定最低工资 $\underline{W}$ 以及养老保险缴费率 τ 的函数。只有式 5.4 成立时，企业才会雇佣行为人 i。

$$m_i \geqslant \max(W_{ri},\underline{W})(1+\tau) \tag{5.4}$$

1. 较高人力资本个体的选择

在一般情况下，个人会在两期之间平滑其消费，两期消费（储蓄）的选

② 假设行为人不存在短视问题，Feldstein 也曾指出多数人不存在短视问题。而且，我们只假设行为人 i 第一期的消费 C_{i1} 至少要满足最低消费，而对其第二期的消费不做类似假定，人力资本较低的人在第二期可以选择在消费较低的地区生活。

择应满足上述最优化问题的一阶条件：$u'(C_{i1}^*)/u'(C_{i2}^*) = (1+r)/(1+\rho_i)$。只有当参加社会养老保险的福利至少不会比不参加的福利下降时，行为人才会选择参加社会养老保险。对于高人力资本个体来说，其边际产出满足式5.4的条件，企业可以将为其所缴纳的养老保险费完全转嫁到工资上，养老保险制度对较高人力资本个人就业概率没有影响。此时，式5.2中 $P_i = 1$。所以，对于较高人力资本个体来说需要满足式5.5所表示的条件，即行为人 i 预期所能得到的养老金的现值不小于缴费额时，他才选择参加社会养老保险。

$$\tau W_i \leqslant \theta_i B/(1+r) \tag{5.5}$$

θ_i 是行为人 i 对参加社会养老保险的风险的评价，受到客观和主观两方面因素的影响。客观因素是指参加养老保险所必须面对的客观存在的各种风险，主要包括宏观经济波动、人口年龄结构变动等系统性风险，以及个人流动所带来的风险。例如按照现行的养老保险制度规定，流动会伴随着部分社会统筹基金的损失，因此，如果行为人流动性越强，那么其参加社会养老保险的风险就越高，θ_i 就越小。主观因素主要指行为人对社保机构以及社保制度的信任程度、个人风险偏好等。如果行为人越是不信任社保机构，那么他认为参加社会养老保险的风险就越大，θ_i 就越小。给定其他条件不变，θ_i 越小，式5.5成立的可能性就越小，即行为人选择参加社会养老保险的概率就越小。

从式5.5可以看出，B 的水平也会影响到行为人的参保决策。基于养老保险基金平衡，B 不仅与行为人的缴费水平有关，还受人口增长率、工资增长率以及政府的财政补贴水平的影响。随着城市化水平的提高，参保人数增长率不断提高；同时随着人力资本的积累，劳动生产率的提高，工资增长率也将不断提高；经济发展所带来的财政补贴的增加等因素都会导致 B 水平的提高，这会增大式5.5成立的可能性，即增大行为人选择参加社会养老保险的概率。另一方面，老龄化又会延缓 B 水平的提高，甚至导致待遇水平的下降，这会使得行为人选择参加养老保险的概率减小。

2. 较低人力资本的个体选择

与较高人力资本个体不同的是，一方面，较低人力资本个体在做最优决策时会受到最低消费的约束。假设 $\bar{W} = \bar{C}/(1-\tau)$，即 $\bar{W}$ 为行为人选择参加社会养老保险的临界收入值。如果 $W_iP_i < \bar{W}$，则较低人力资本行为人 i 选择不参加社会养老保险，[③] 其第一期的最优消费水平是角点解 $C_{i1}^* = \bar{C}$。即预期收入在一定水平之下的人受到最低消费水平的约束，所选择的最优养老保险水平为0。

另一方面，参加养老保险会通过影响较低人力资本个体的就业概率进一步加强收入效应。假设较低人力资本个体的保留工资不高于法定最低工资。如果较低人力资本个体边际产出满足 $\underline{W} \leq m_i < (1+\tau)\underline{W}$，即其边际产出高于法定最低工资但低于养老保险费与最低工资之和，那么，企业只有在不为其缴纳社会养老保险费的情况下才会雇佣行为人 i。也就是说，养老保险会使得那些在没有养老保险情况下就业的人力资本较低的个体失去工作。此时，养老保险水平会影响较低人力资本个体的就业概率，且 $\partial P_i/\partial\tau < 0$。所以，对于较低人力资本个体来说，需要满足式5.5′所表示的条件，才会选择参加社会养老保险。

$$\tau W_iP_i \leq \theta_iB/(1+r) \tag{5.5'}$$

可见，对于较低人力资本的个体来说，只有当收入高于 $\bar{W}$ 时，才有可能选择参加社会养老保险，而且随着社会保险的缴费水平的提高（ τ 较大），选择参加社会养老保险所需的收入临界值（ $\bar{W}$ ）也越高；同时，就业概率进一步加强了其收入效应，而且过高的保障水平不但不能改善他们的社会福利，甚至会导致他们失业，使他们境况变得更糟。

二、社会福利与养老保险水平的确定

养老保险水平取决于社会福利函数，而社会福利函数可以有几种可能的设定。一种设定是将所有个体的福利加总，通过最大化社会福利决定养老保险水平，制定单一水平的养老保险制度。如果给予每个个体相同的权重，从社会总福利最大化出发，如果较高人力资本个体所占比重较大，则保障水平

---

③ 假设行为人首先购买消费品而不是社会养老保险，并且工资至少可以购买维持其第一期生存所需的物品，即 $W_i \geq \bar{C}$。

应该比较高；如果较低人力资本个体所占比重较大，那么政府应该制定一个较低的保障水平。此时，不同个体福利所受到的影响有较大的差异。

另一种社会福利函数的设定是将两类人分别考虑，针对较高人力资本和较低人力资本群体的需要提供不同的保障水平。由于人力资本是不容易直接观测的，可以让企业和工人通过议价决定参加哪种保障水平。如果保障水平可选择，令 τ_l 和 τ_h 分别表示较低和较高的养老保险缴费率，B_l 和 B_h 对应其缴费水平在第二期所能获得的养老金数量。对于高人力资本个体来说，其边际产出满足 $m_i \geqslant \max(W_{ri}, \underline{W})(1+\tau_h)$，可以根据其效用最大化来选择所需的保障水平；对于低人力资本个体来说，即使 $m_i < (1+\tau_h)\underline{W}$，只要 $m_i > (1+\tau_l)\underline{W}$，仍然可以根据效用最大化来选择是否参加较低保障水平的养老保险，而不会影响其就业。

上述分析框架对中国养老保险制度具有较强的政策含义。考虑到个体的异质性，提供水平可选择的养老保险制度能够更好地满足个体的多样化需求，并进一步改进社会福利。这一制度的主要成本是管理上复杂性增加。从企业层面看，养老保险水平的选择是劳资双方谈判或协商的结果，会在一定程度上增加交易成本。从宏观层面看，需要保证不同水平之间可以等价转换。相对于千万劳动者的福利而言，这些是必要的管理成本。

第二节　农村转移劳动力参与意愿的实证检验

农村转移劳动力和城镇劳动力在人力资本、流动性等方面存在差异。以 2013 年为例，全国城镇单位在岗职工的年平均工资为 52388 元，外出农民工人均月收入（不包括包吃包住）为 2609 元，相当于城镇单位在岗职工工资的 60%；而且大多数转移劳动力具有很高的流动性，据统计，只有 20% 至 30% 的进城务工农民在一个单位能工作满 3 年；④ 此外，农村转移劳动力短期储蓄

④ 国务院研究室课题组：《中国农民工调查报告》。

需求较大，他们的打工收入主要用于回家建房、结婚等事项，而长期的养老储蓄需求相较城市水平较低，他们很多人倾向于回乡养老。从企业角度来看，缴纳养老保险费会在一定程度上提高劳动力成本，当企业要缴纳的养老保险费较高时，为了追求利润最大化，企业会减少对人力资本较低的转移劳动力的雇佣。而农村转移劳动力也会认识到这一点，为了能够就业也需要保障水平较低的养老保险，甚至不参加养老保险。因此，我们将从需求的角度对他们参加现行城镇职工基本养老保险制度的意愿及影响因素进行分析，并对他们所需的保障水平进行讨论。

一、数据描述

1. 样本基本信息

本研究所用的数据来自复旦大学就业与社会保障研究中心于 2008 年 6—7 月对浙江和江苏两个城市（A 和 B）经济开发区的劳动力进行的抽样调查。每个地区调查 1000 个样本，首先对该地区主要行业进行分类，其次根据行业的相对规模分配样本数，在每个行业中随机抽取 3 个企业，再次根据企业规模分配个人样本。其调查内容包含调查对象个人、家庭基本信息、个人详细的工作经历等，特别还对个人的参保意愿和流动性进行了度量。本研究所用的是其中符合流动劳动力特征的样本，有效样本 1090 个，⑤ 其中 A 城市有效样本 711 个，具体信息可见表 5. 2。

2. 参保情况及参保意愿统计分析

问卷中我们分别询问了被调查者的实际参保情况和参保意愿。我们通过其上一份工作中是否参加社会保险来反映其实际参保情况；而关于养老保险参保意愿则通过问题 1 “您是否愿意参加城镇社会养老保险：（1）是；（2）否” 来测度。从调查数据来看，第一次参加工作的人中愿意参加社会养老保险的比例为 78. 55%，比有过上一份工作的人高出近 10 个百分点。这

⑤ 这里的有效样本是指学历不高于大专的、非城市户籍的外来务工者。

表 5.2 样本基本信息

变量	均值	标准差	变量	均值	标准差
个人年收入（元）	16196.61	7894.05	各年龄分组的比例		
按年收入五等分组			16—25 岁	0.63	0.48
最低收入组	9188.99	1349.03	26—45 岁	0.35	0.48
较低收入组	11631.65	1039.26	46—65 岁	0.02	0.12
中等收入组	14769.27	497.29	打算长期居住的比例	0.18	0.39
较高收入组	18369.72	1340.13	信任社保机构的比例	0.84	0.37
最高收入组	27023.39	10628.60	购买彩票的比例	0.23	0.42
按受教育程度分组			男性的比例	0.50	0.50
小学及以下	0.02	0.16	已婚的比例	0.37	0.48
初中	0.41	0.49	家庭成员数量	4.29	1.27
高中	0.18	0.39	家庭负担系数	0.10	0.16
中专高职技校	0.30	0.46	第一份工作的比例	0.29	0.45
大专	0.08	0.27	A 城市的比例	0.65	0.48

资料来源：数据来自实地抽样调查，如无特别说明，本章其余图表资料来源均与此表相同

可能是由于有过工作经历的人更加清楚地了解社会养老保险制度及流动可能带来损失等风险。有过上一份工作的人中只有 37.12% 实际参加了社会保险，但有 69.15% 的人表示愿意参加社会养老保险，也就是说有近一半愿意参加社会保险的人实际上并没有参加。并且，上一份工作参加了社会保险的人中有 75.35% 表示愿意参加社会养老保险，而上一份工作没有参加社会保险的人中有 65.49% 表示愿意参加社会养老保险。可见上一份工作中参加了社会保险的人的参保意愿更强一些。总体上看，样本人群的参保意愿是比较强的，但实际参保率却较低。

表 5.4 是对参保意愿及保障水平选择的统计描述。参保意愿通过是否愿意参加城镇养老保险来测度；而需要的保障水平则通过问题 2 来测度：“如果可以选择，您会选择下面哪种方式：（1）0 水平，即不参加养老保险；（2）参加较低水平的养老保险：缴费和待遇水平是现行城镇养老保险制度

表 5.3　实际参保情况与养老保险参保意愿统计　单位：%

	实际参保情况		养老保险参保意愿	
	未参加	参加	不参加	参加
没有上一份工作的人	–	–	21.45	78.55
有过上一份工作的人	62.88	37.12	30.85	69.15
上一份工作参加社保	0	100	24.65	75.35
上一份工作没参加社保	100	0	34.51	65.49

的一半；（3）参加较高水平的养老保险：缴费和待遇水平与现行城镇养老保险水平一样，甚至更高。”对于问题 1 的回答显示近 72% 的人愿意参加城镇养老保险；而对于问题 2 的回答显示有 90.2% 的人选择参加较低水平或较高水平养老保险，也就是说有将近 20% 的人因为现行城镇养老保险水平太高而没有参加的意愿，但是如果保险水平可以选择，他们则会选择参加较低水平的养老保险。

表 5.4　参保意愿及保障水平选择统计描述　单位：%

	问题 1：参保意愿		问题 2：保障水平选择		
	不参加	参加	0 水平	较低水平	较高水平
所有样本	28.26	71.74	9.82	52.94	37.25
按收入五等分组					
最低收入组	33.49	66.51	11.93	56.42	31.65
较低收入组	35.78	64.22	15.60	54.59	29.82
中等收入组	31.19	68.81	8.26	57.80	33.94
较高收入组	27.06	72.94	8.72	51.38	39.91
最高收入组	13.76	86.24	4.59	44.50	50.92
按居住意愿分组					
打算长期居住	14.07	85.93	4.02	50.75	45.23
不打算长期居住	31.43	68.57	11.11	53.42	35.47

从收入角度看，对于两个问题的回答显示，选择参加养老保险的比例随着收入增加基本呈现上升趋势。将收入分组后可发现，“最高收入组”针对问

题2选择“较低水平”或“较高水平”的比例比愿意参加城镇养老保险的比例高出9个百分点，而其他收入组前者则比后者则高出约20个百分点。这说明可选择的保障水平对于较低收入者影响比较大。从对问题2的回答来看，选择“较低水平”的比例呈现倒“U”形，随收入增加先是略有上升，达到中等收入以后开始呈现明显的下降趋势；选择“较高水平”的比例呈现明显的上升趋势。

我们采用“是否打算长期居住”来测度其流动性。从参加城镇养老保险的意愿来看，打算长期居住者比不打算居住者高出约17个百分点；而从选择较低或较高水平的比例来看，前者比后者高约7个百分点。也就是说流动性对于参加城镇养老保险的意愿影响更大。

二、实证结果

在第二部分理论分析的框架下，我们运用调查数据分析农村转移劳动力群体对社会养老保险保障水平的需求。由于人力资本难以直接观测，我们用收入来代理。[⑥] 值得注意的是，教育也是人力资本的一个重要方面，它不仅影响个体的生产效率，还影响人们的认知能力。我们认为在控制了收入的条件下，教育更多的是通过影响个体对社会养老保险的风险的评价发挥作用。行为人 i 选择何种程度的养老保险水平可以通过式5.6来决定：

$$Max_{\tau_i} U(\tau_i, W_i, L_i, T_i, X_i, F_i) \tag{5.6}$$

其中，L_i 表示行为人 i 自身流动性或居住意愿；T_i 是行为人 i 对社保机构的信任程度；X_i 表示行为人 i 的一系列个人特征，包括年龄、性别、受教育程度、风险偏好、婚姻状况等；F_i 表示行为人 i 的家庭特征，主要包括其家庭规模、家庭负担系数等。

在用计量方法估计时，我们选用如下的计量模型来反映人们对养老保险水平的选择：

---

⑥ 所用样本的教育与收入的相关系数为0.135。

$$\tau_i^* = \beta_0 + \beta_1 \ln W_i + \beta_2 L_i + \beta_3 T_i + \beta_4 X_i + \beta_5 F_i + \varepsilon_i \tag{5.7}$$

$$\tau_i = \begin{cases} 1 & if \quad \tau_i^* \leqslant \alpha_1 \\ 2 & if \quad \alpha_1 < \tau_i^* \leqslant \alpha_2 \\ \cdots & \quad \cdots \\ N & if \quad \tau_i^* > \alpha_n \end{cases} \tag{5.8}$$

其中 τ_i^* 是行为人 i 参保决策的隐变量，$\alpha_1 < \alpha_2 < \cdots < \alpha_j$ 是未知的临界点参数，式5.8是观测到的序数因变量 τ_i 与隐变量 τ_i^* 之间存在的对应关系，ε_i 是误差项。上述模型可以采用 Ordered Probit 模型估计其中的参数。⑦

首先，将问题1“是否愿意参加城镇社会养老保险”作为被解释变量，对其影响因素进行分析。我们采用 Probit 方法进行回归，并计算了边际效应，所得结果见表5.5。可以看出：收入的系数在1%的显著性水平上显著为正；从边际效应来看，收入提高1%，参保可能性会提高12.6个百分点。居住意愿的系数也在1%的显著性水平上显著为正，而且与不打算长期居住者相比，打算长期居住者参加城镇养老保险的可能性增加了10.2个百分点。受教育程度、对社保机构的信任程度对参保决策具有显著影响；购买彩票者，也就是说风险爱好者，更愿意参加社会养老保险；从年龄看，较年轻组（16—25岁）和较年老组（46—65岁）相对于中年组（26—45岁）都更不愿意参加养老保险；家庭规模越大越不愿意参加养老保险；第一次参加工作的人更愿意参加城镇养老保险。

然后，将对问题2的回答作为被解释变量，来分析影响农村转移劳动力对保障水平的选择。我们采用 Ordered Probit 方法进行回归，并在此基础上计算了边际效应，所得结果见表5.5。收入的系数为正，且在1%的显著性水平上显著；从边际效应来看，收入每提高1%，选择“0水平”或“不参加”的概率下降6.3个百分点，选择“较低水平”的概率下降10.3个百分点，而选择“较高水平”的概率提高16.6个百分点。这说明收入越高，人

⑦ 考虑到“居住意愿”具有一定的内生性，我们采用“是否听得懂当地话”作为其工具变量进行了回归，结果与研究中没有采用工具变量时基本一致。

们越倾向于选择参加养老保险，并且选择较高的保障水平。居住意愿系数为正，但是不再显著。这说明，当保障水平可以选择时，居住意愿或者流动性不再是重要影响因素。此外，受教育程度越高、对社保机构越是信任，也越倾向于选择“较高水平”。

表 5.5　回归结果

	参保意愿：Probit 模型		水平选择：Ordered Probit 模型			
变量	系数	边际效应	系数	边际效应 0 水平	 较低水平	 较高水平
Ln 收入	0. 400 *** (0. 123)	0. 126 *** (0. 039)	0. 445 *** (0. 098)	-0. 063 *** (0. 014)	-0. 103 *** (0. 024)	0. 166 *** (0. 037)
打算长期居住 (哑变量)	0. 351 *** (0. 135)	0. 102 *** (0. 035)	0. 069 (0. 100)	-0. 009 (0. 013)	-0. 017 (0. 025)	0. 026 (0. 038)
小学及以下	参照组	参照组	参照组	参照组	参照组	参照组
初中	0. 723 *** (0. 266)	0. 215 *** (0. 074)	0. 753 *** (0. 232)	-0. 099 *** (0. 030)	-0. 182 *** (0. 057)	0. 281 *** (0. 085)
高中	1. 131 *** (0. 281)	0. 262 *** (0. 044)	0. 966 *** (0. 243)	-0. 090 *** (0. 016)	-0. 280 *** (0. 074)	0. 370 *** (0. 088)
中专高职技校	1. 404 *** (0. 278)	0. 348 *** (0. 052)	1. 213 *** (0. 240)	-0. 129 *** (0. 023)	-0. 323 *** (0. 063)	0. 453 *** (0. 082)
大专	1. 772 *** (0. 339)	0. 282 *** (0. 021)	1. 288 *** (0. 266)	-0. 086 *** (0. 010)	-0. 388 *** (0. 072)	0. 474 *** (0. 078)
信任社保机构 (哑变量)	0. 518 *** (0. 112)	0. 180 *** (0. 042)	0. 558 *** (0. 096)	-0. 102 *** (0. 022)	-0. 087 *** (0. 012)	0. 189 *** (0. 029)
购买彩票 (哑变量)	0. 221 ** (0. 113)	0. 067 ** (0. 032)	0. 054 (0. 089)	-0. 007 (0. 012)	-0. 013 (0. 022)	0. 020 (0. 034)
男性 (哑变量)	-0. 135 (0. 093)	-0. 042 (0. 029)	-0. 153 ** (0. 076)	0. 022 ** (0. 011)	0. 036 ** (0. 018)	-0. 057 ** (0. 028)
16—25 岁	-0. 507 *** (0. 155)	-0. 151 *** (0. 043)	-0. 178 (0. 122)	0. 024 (0. 016)	0. 043 (0. 030)	-0. 067 (0. 046)
26—45 岁	参照组	参照组	参照组	参照组	参照组	参照组
46—65 岁	-0. 676 * (0. 353)	-0. 249 * (0. 140)	-0. 081 (0. 305)	0. 012 (0. 048)	0. 018 (0. 062)	-0. 030 (0. 110)

续表

变量	参保意愿：Probit 模型		水平选择：Ordered Probit 模型			
	系数	边际效应	系数	边际效应		
				0 水平	较低水平	较高水平
已婚（哑变量）	0.093 (0.156)	0.029 (0.048)	0.076 (0.124)	-0.011 (0.017)	-0.018 (0.030)	0.028 (0.047)
家庭规模	-0.069** (0.035)	-0.022** (0.011)	-0.061** (0.029)	0.009** (0.004)	0.014** (0.007)	-0.023** (0.011)
家庭负担系数	0.302 (0.366)	0.095 (0.115)	0.174 (0.281)	-0.025 (0.040)	-0.040 (0.065)	0.065 (0.105)
第一份工作（哑变量）	0.332*** (0.104)	0.099*** (0.029)	0.272*** (0.084)	-0.035*** (0.010)	-0.068*** (0.023)	0.103*** (0.032)
A 城市（哑变量）	-0.138 (0.095)	-0.043 (0.029)	0.200** (0.078)	-0.029** (0.012)	-0.044*** (0.017)	0.074*** (0.028)
常数项	-4.148*** (1.210)	-	-	-	-	-
最大似然值	-551.883	-551.883	-948.132	-	-	-
拟 R^2	0.150	0.150	0.088	-	-	-
样本量	1090	1090	1090	-	-	-

注：括号里为标准差，***、**、*分别表示在1%、5%、10%的显著性水平上显著。

三、模拟

在计量回归的基础上，我们将基于农村转移劳动力的收入水平对其所需的社会养老保险水平进行模拟。由于农村转移劳动力收入的微观数据比较缺乏，我们根据2006年全国农村转移劳动力收入分布情况和2007年全国农村转移劳动力平均收入（1210.9元/月）进行粗略预测。根据国家统计局在全国范围内开展的城市农村转移劳动力生活质量状况的专项调查，我们获得了农村转移劳动力的收入分布，如表5.6所示。在此基础上，我们预测出各个收入分段点上的养老保险需求水平，并通过加权平均粗略计算出2006年全国农村转移劳动力的平均收入，然后基于平均收入预测出平均的养老保险需求水平，结果见表5.7。[8]

从基于2006年收入分组点预测结果来看，随着收入提高，选择“0水平”或“不参加”的比例从19.50%下降到4.82%；而选择“较高水平”的比例有明显增加，从16.55%增加到43.28%；选择“较低水平”的比例略有下降。从基于全国农村转移劳动力平均收入的预测结果来看，2006年、2007年有60%左右的转移劳动力选择“较低水平”，有30%左右的转移劳动力选择“较高水平”。可见，绝大多数转移劳动力愿意选择一个较低的保障水平，而不愿意选择城保或更高的保障水平。

表5.6　2006年全国城市农村转移劳动力收入分布统计

收入（元/年）	<3600	3600-6000	6000-12000	12000-18000	18000-24000	>24000
比例（%）	2.14	17.53	54.06	16.31	6.38	3.59

资料来源：《中国发展报告2007：在发展中消除贫困》

综上可见，大多数转移劳动力选择了较低保障水平，因此简单地将他们纳入城镇养老保险制度并不合理，提供一个较低水平的养老保险制度可以满足多数人的需求。但是也有30%的人选了较高保障水平，如果只提供一种较低水平的养老保险制度，这些人的最优选择将无法实现，其福利也必然受到损害；而如果提供较低保障水平养老保险制度的同时，也允许他们选择参加城镇养老保险制度，则可以更好地满足农村转移劳动力的需求，使得社会福利得以改善。霍尔茨曼等人的研究（Holzmann、Packard & Cuesta，2000）也发现，单一的强制性社会保险政策，即使对于绝大多数人来说是公平的，也可能给那些不愿意储蓄和参加社会保险的人带来福利损失。因此，对于农村转移劳动力多样化的保障程度需求来说，水平可选择的社会保险制度是更好的安排。

---

⑧　该预测基于回归模型，当其他变量取均值，预测收入变化对参保意愿或保障水平选择的影响。

表 5.7　基于回归的预测　　单位：%

	0 水平	较低水平	较高水平
2006 年收入分组点			
3600 元	19.50	63.95	16.55
6000 元	14.10	63.42	22.48
12000 元	8.55	59.27	32.18
18000 元	6.17	55.28	38.55
24000 元	4.82	51.90	43.28
基于 2006 年平均收入	9.93	60.06	30.01
基于 2007 年平均收入	7.35	57.51	35.13

第三节　关于公平性的进一步讨论

现有的城镇职工基本养老保险制度实际上超出了农村转移劳动力的需求。为不同人群提供同样的保障水平表面上似乎是公平的，实际上却可能不公平。

养老保险具有给付的必然性，主要是收入在时间上的重新配置。政府主办养老保险有独特的优势，通常的现收现付制采用当期工作人口赡养当期退休人口的方式，必须有政府的担保才能一代一代地持续下去，现收现付制的好处是可以让退休的人直接分享经济增长的成果；如果是个人账户制，政府参与可以降低运营成本，实现规模经济。但保险费还是要靠企业或个人缴纳，政府一般只设立保障基金以应对危机情况。就承担缴费义务的主体而言，即使规定由企业缴费，实际上企业也会把一部分缴费负担转嫁给员工，也就是说，不管是企业缴费还是个人缴费，如果不参加养老保险，员工的工资会高一些。因此，很大程度上养老保险是一种强制性储蓄，其目的主要是平滑不同时期的消费，并可能享有社会保险带来的较高收益。然而，这种收益的实现还依赖于一些基本条件：其一要能保证资金的安全性，缴费和待遇领取之间可能跨越几十年，资金的所有者和资金长期游离，那么政府是否有能力让员工放心地把自己辛苦挣来的钱放在社保机构那里？其二要能保证资金可以顺利转移，农村转移劳动力有很强的流动性，在一个城市参加了社会保障，到另一个城市若不能续缴，则必然中途退保，养老保险就退化为定期储蓄，而且如果退保只能退出一部分保费，养老保险则变成一种税赋负担。

在上述两个基本条件还不具备时，把养老保险以“享有同等待遇”的名义施予农民工，恐怕并不利于其福利改善，更好的做法是增加农民工的工资。养老保险的主要目的是养老，如果没有社会保障，个人通常也会为养老进行储蓄。政府举办养老保险的一个重要理由是个人有可能是短视的，而且这种短视会对社会中的其他人造成负担。但现有的关于农民消费储蓄行为的研究大多表明，农民有着预防储蓄和养老储蓄的动机，当收入增加时，他们的养老储蓄也会增加。因此，在当前养老保险运行环境还未建设好，农民工在工资待遇方面的权益还没有得到很好维护的情况下，最低工资制度是更有利于农民工养老的政策。

一些文献认为农民工的平均年龄较小，将农民工纳入城镇养老保险体系可以改善年龄结构，有助于改善基金的收支平衡状况。更有甚者建议对将农民工纳入城镇养老体系设置门槛，只有那些比较年轻的才能进入。采用移民政策缓解人口老龄化给养老体系带来的压力是国际上常见的思路，加拿大、美国等国家对这个问题研究得比较多。一个隐含的假设是，很多国际移民年轻的时候在这些国家工作并缴纳社会保障税，但年老退休后会离开这些国家，他们可以享受的养老福利远远小于本国居民。这里面政府的目标函数显然主要关注的是本国居民而非移民。中国的情况不能照搬国际移民的思路，如果我们真的关心农民工的利益，可以预计在人口老龄化趋势难以逆转的情况下，将年轻的农民工纳入城镇体系，即使上述两个条件都满足，这些农民工实际上也很难从养老保险中获益，因为他们要分担城镇人口老龄化的负担，他们一生所缴的钱在养老体系里获得的收益率可能小于银行利率。

第四节　小结与政策建议

在理论分析和实证检验的基础上，我们可以得出如下主要结论：

第一，由于农村转移劳动力人力资本水平较低，按照城镇劳动力的缴费水平参加养老保险不是他们多数人的最优选择。从社会福利最大化角度出发，需要从他们自身需求的角度来考虑一个合适的养老保险保障水平。

第二，农村转移劳动力对社会养老保险的需求是比较强烈的，如果保险水平可以选择，有超过90%的人表示具有参加意愿。实证研究发现，收入水平对于参加城镇养老保险的决策具有显著的正向影响，而流动性则具有显著的负向影响；即使控制了流动性因素，收入仍然是决定保障水平选择的重要因素。

第三，模拟表明，农村转移劳动力对养老保险保障水平的需求是多样化的，有近60%的人倾向于选择“较低水平”，也有30%左右的人愿意选择城保水平或者更高水平。所以如果只能提供一种保障水平，则必然会给其中一部分人造成福利损失。

中国的城市化和劳动力转移将是一个较为长期的过程，户籍制度改革也需要待以时日，大多数农村转移劳动力的人力资本水平较低这一现实短期内也不会改变。在这些背景下，为促进劳动力流动，保障转移劳动力的利益，在相关政策制定时，首先应该根据转移劳动力自身的特点和需求，允许其加入缴费负担较轻、待遇较低的城乡居民养老保险制度。同时，他们也可以选择参加城镇职工基本养老保险制度。

然而，我国城镇职工基本养老保险制度未来改革的关键还在于降低缴费率。过高的基本养老保险缴费会使得一部分劳动力，尤其是农村转移劳动力，转而参加城乡居民养老保险，长此以往，不但财政负担加剧，而且基本养老保险难以扩面会造成其制度赡养率进一步升高，对这两种养老保险制度都极为不利。由此产生的主要质疑是，降低缴费率如何应对日益提高的人口老龄化，保持养老基金的平衡？对此可以有以下几方面的应对策略：第一，在政策缴费率较高的情况下，适当降低缴费率可以提高企业的参保程度，提高企业的实际缴费率，从而抵消缴费率下降导致的基金收入下降。我们用微观企业数据的研究证实了这一点，而且发现缴费率下降对吸引就业最多的私营企业实际缴费率的提高更为显著。第二，通过多渠道财政补贴，弥补转型成本。我国当前缴费率较高的一个重要原因是其中有一部分缴费是用于弥补转型成本。今后可以考虑用多渠道的财政资金为转型成本融资，从而减轻参保员工的缴费压力。第三，调整养老金结构，适当降低基础养老金待遇，提高个人账户投资回报率。

第六章

农村转移劳动力供给弹性及对社保缴费的含义

我国自2008年开始实施新的《劳动合同法》，2011年开始实施《社会保险法》，对社会保险政策执行的监督和管理日趋加强，这些法规同样适用于在正规部门就业的农村转移劳动力。如第三章所述，社会保险对农村转移劳动力工资和正规就业的影响受到劳动供给弹性的影响，对于转移劳动力供给弹性的估计可为评估公共政策的效果提供基础参数。

农村劳动力转移可分为两类：第一类是农村劳动力在本地从事非农就业的就地转移；第二类是农村劳动力自发流动到乡外其他地区的外出务工。国家统计局的数据表明，2009年农民工总量为2.3亿人，其中农村外出劳动力约为1.5亿人，占农村劳动力资源总量的25%左右（国家统计局农村司，2010）。本研究关注第二类农村转移劳动力，原因在于：首先，自2004年以来城市劳动力市场频遭“用工荒”，而且短缺的并非只是技术工种，普工是“用工荒”当中缺口最大的工种。农村转移劳动力已经成为城市劳动力市场供给的主体，如何增加劳动供给是中国制造业持续增长面临的问题之一。其次，城市化仍然是中国经济增长的重要动力（王建，2010；张平、刘霞辉，2010），让该类劳动力在城市长期生活是促进城市化进程的主要途径。很多研究已经指出，较低的工资水平、较高的生活成本、排斥性的社会政策，如户籍制度、福利制度、子女教育、住房条件等，制约着农村劳动力转移（如蔡昉等，2003；白南生、李靖，2008a）。近年来，随着供求关系的变化，农民工工资有了较大幅度的提高，由国家统计局的历年调查数据可见，农民工的工资在2000年前增速较缓，但2004年是转折点，此后每年以大约两位数的势头增长，其中2008年增长19%，2009年增长16%。

工资对农村转移劳动力劳动供给是否有影响？劳动供给弹性与农民工在

城市的生活处境相关，大量调查表明农民工在城市生活处境不尽如人意（如，国务院研究室，2006；国家统计局农村司，2010），在这种情况下，提高工资对劳动力供给的影响是不确定的。提高工资既可能增加农民工留在城市的意愿，延长其打工时间；也可能缩短其打工时间，若其打工的动机主要是挣钱后早日回家，事实上农村劳动力回流现象的确十分普遍（白南生、何宇鹏，2002）。

此处我们区分两个问题：第一，工资水平对外出打工持续时间的影响，即估计外出时间弹性；第二，工资水平对农村劳动力是否外出务工的影响，即估计参与弹性。基于对四省农户的微观调查数据，发现外出持续时间弹性远小于参与弹性。进一步区分受教育程度、出生时期后看到，农村转移劳动力的外出时间弹性在这些维度上存在明显差异，受教育程度较低者以及新生代的外出时间弹性相对较大。与此同时，我们发现反映农民工生活状况的变量，如住房条件、配偶和孩子是否同在等对外出时间弹性有较为显著的影响。

本章首先回顾相关文献，介绍理论框架和估计方法，而后介绍所采用的实际调查数据初步比较三类劳动力的情况，即从未外出的、外出回流的、仍然在外打工的，在主要结果部分，按性别、受教育程度、出生时期分别估计参与弹性与外出时间弹性，最后讨论估计农村转移劳动力供给弹性对社会保险缴费的政策含义。

第一节　相关文献

经典的劳动供给弹性区分了两类弹性：一是劳动参与弹性（extensive elasticity），指劳动者是否参与工作这一选择对工资变动的反应程度；二是劳动时间弹性（intensive elasticity），即对于有劳动参与的劳动者而言，其工作小时数对工资变动的反应程度。对发达国家的研究文献发现，劳动供给的变动主要源于劳动参与弹性而非劳动时间弹性（Blundell & MaCurdy，1999；Heckman，1993）。转移劳动力的供给弹性也可分为参与弹性与时间弹性，就时间弹性而言，本研究的含义与上述文献有所不同。在该类劳动力短缺的背景下，更有现实意义的问题是考察工资对其外出打工持续时间的影响。

现有研究未直接涉及外出时间弹性的估计，但其发现对于建立本研究的分析框架具有重要价值。对于劳动力流动的微观实证研究发现，农民工从事的工作报酬低是离职的最主要原因（白南生、李靖，2008b），农民工越来越抵制低收入工作（李琴、朱农，2011）。关于劳动力回流的研究大多发现，年龄越大、受教育程度越低的外出劳动力更容易回到农村（如白南生、何宇鹏，2002；Liang & Wu，2003；Wang & Fan，2006）。除了工资待遇和个人特征外，研究更多关注了其他因素对劳动供给的影响：其一，城市政策的影响。子女入学、住房、社会保障等现实问题和较高的城市生活成本，迫使很多人选择最终离开城市。使用国家统计局2003—2004年农村住户抽样调查的大样本数据的研究发现，来自农村富裕家庭的人更容易留城，因为其家庭负担较轻（盛来运，2008）。农民工的流动还表现出一定的收入效应，富裕家庭的人外出打工的倾向较低。因此，随着在外打工时间增加，积蓄增多，农民工返乡的意愿增强。其二，土地的影响。研究发现，家庭人均耕地面积越大，劳动力外出的可能性越小，回流的可能性越大，留城的可能性也越小（盛来运，2008）。从农民工在城市的消费行为可以看到其打工的重要目的是为了今后在农村的消费，农民工平均将收入的26.3%寄回农村，在城市主要是必需品的消费（蔡昉，2010）。其三，代际差异。大量文献关注了新生代农民工，他们中很多人的农村情结已经不同于其父辈，因而流动行为有所不同，例如张永丽和黄祖辉（2010）对甘肃10个村的研究发现，新生代农民工的流动稳定性强于第一代，跨省远距离流动的可能性更大。

已有大量文献研究了影响是否外出打工的因素，实证结果显示，个人特征，如年龄、性别、婚姻状况、受教育程度等有显著影响，劳动力流动主体是受过教育的年轻人（Zhao，1999；Zhu，2002）。女性在农村的收入较低，她们在城市得到的工资很容易超过期望收入，因而女性有较强的外出打工意愿（Zhu，2002）。李琴和朱农（2011）用珠三角的数据研究也发现，女性的保留工资低于男性，因而更容易在城市工作。地区层面的影响也十分显著，区域经济发展差异形成的工资差异引导农民工的选择。利用人口普查数据的研究发现，去珠三角打工主要是基于工资方面的考虑，而到长三角打工，除了看重收入外，还有其他社会因素（王桂新、刘建波，2007；肖群鹰、刘慧君，2007）。除此之外，农村生活条件改善，城市生活成本上升，也是抑制农民外出打工愿望的重要原因（He，2006）。

研究外出打工决定因素的文献并没有直接估计工资的影响，其主要原因是那些未外出的劳动力无法直接观测到其工资水平，布伦德尔和史密斯（Blundell & Smith，1994）提出了采用预测工资估计劳动参与方程的思想，即根据有劳动参与的样本回归工资方程，并预测包括没有劳动参与的样本在内的所有样本的工资，然后再估计工资对劳动参与的影响。张世伟和周闯（2009）采用该方法估计了中国城镇劳动力市场的参与弹性。本研究也将采用该方法估计参与弹性。

对转移劳动力供给弹性的估计具有重要的政策含义，在农村转移劳动力短缺时代，加薪是最直接的反应，最低工资和社会保险政策亦日趋加强，但这类措施能否缓解劳动力短缺，取决于劳动力供给的工资弹性。值得注意的是，这一弹性受到其他制度因素的影响，且对于不同特征的劳动力存在差异。为此，本研究采用微观数据和计量方法分别估计转移劳动力的外出时间弹性和参与弹性。

第二节　理论与计量模型

本研究的分析框架基于农村转移劳动力短缺，绝大多数人外出务工需要忍受在城镇工作生活遇到的困难，如生活枯燥、缺乏亲情、难以融入当地社会等，外出的目的主要是为了获得更高的收入。因而，农村劳动力在决策打工多长时间时，存在两种效应——收入效应和替代效应。替代效应体现为，在一定时期内，工资越高，其在外打工时间越长；收入效应体现为，工资越高，一定时期内积累的收入越多，越倾向于缩短在外打工时间，更早回到农村。因而，工资对外出打工时间的影响取决于这两种效应的净效果。[①]

另一方面，外出打工的决策通常不仅是个人决策，而且是基于整个家庭目标函数最大化的决策，因而在决策时还需考虑同期家庭其他成员在外打工收入和土地等带来的收入。此外，其他因素的影响，如上文提到的社会政策因素，也需考虑，我们用地区哑变量和时间哑变量控制。借鉴一般的劳动供给模型，计量方程为：

$$H_i = \beta_0 + \beta_1 \log(W_i) + \beta_2(\sum_{j \neq i} I_j + V) + Z_{1i}\beta_3 + Z_{2i}\beta_4 + c_i + t_i + \varepsilon_i \qquad (6.1)$$

其中 H_i 为外出打工时间；W_i 为单位时间工资；I_j 为同期其他家庭成员的收入；V 为家庭其他收入与财富；Z_{1i} 是度量个体工作偏好的一系列变量，如教育、年龄、性别等；Z_{2i} 为度量生活处境的一组变量，如是否住在工厂宿舍、是否与配偶在一起、是否与孩子在一起等；c_i 为个体所在县的固定效应；t_i 为个体外出时期的固定效应。其他未能控制的变量包含在残差项 ε_i 内。估计劳动供给弹性的模型通常不直接控制来自需求方的影响，如雇主对劳动力需求的差异，但模型通过控制个人特征变量、城市和时间固定效应等，控制了这部分需求方的影响，其余部分是所有个体共同面临的宏观就业环境等因素，体现在残差项中。

在式 6.1 的设定下，外出时间的工资弹性为

$$\zeta_i = \beta_1 / H_i \qquad (6.2)$$

式 6.1 被用于估计工作时间弹性，不考虑未外出打工的情况。从计量上看，有两个问题：第一，打工持续时间数据有截尾（censored data）问题，对于仍然在外打工的样本尚不能观测到其完整的外出时间。对于这一问题，我们采用截尾回归（censored normal regression）的方法处理（Wooldridge, 2002）。[②] 第二，工资存在内生性问题，一方面，外出打工时间反过来也影响

① 对于个体和家庭劳动供给的理论模型及数学表达，可参见 Blundell & MaCurdy（1999），Li & Zax（2003）。

② 数据中有些样本未被截尾，有些样本此处为右截尾，且截尾点均不一样。截尾回归假设持续期的分布为正态分布，据此为每个样本构造最大似然函数，采用最大似然法估计参数，对参数含义的解释与普通的线性模型一致。

工资水平；另一方面，存在不可观测的因素，既影响到个体的工资水平，也影响到工作时间。对于内生性问题，通过工具变量方法解决，工具变量的选择在本章第五部分中加以说明。

需要指出的是，存在选择的外出时间为0的角点解情况，此时的条件是，外出劳动力所能获得的工资低于其要求的最低工资（保留工资）。在这种情况下，工资对外出时间的影响表现为是否外出务工的决策。通过估计工资对是否外出的影响，得到劳动参与方程，从而估计参与弹性。对于未外出务工的样本，他们没有工资这一变量的观察值，需要通过工资方程估计其可能得到的工资。

第一步，估计参与选择方程，采用Probit模型，如式6.3所示：

$$probit(Y = 1) = \Phi(X_{1i}\delta_1 + X_{2i}\delta_2) \tag{6.3}$$

$Y_i = 1,0$ 分别表示迁移和不迁移；X_{1i} 一组表示家庭其他成员的收入和家庭财富的变量；X_{2i} 一组表示其他影响迁移决策的因素，不包括工资。

第二步，按照赫克曼方法（Heckman，1979）得到纠偏后的工资方程6.4。为更好识别式6.4，需要式6.3中包含对迁移有影响，但不会影响工资的变量，这些变量通常为家庭财富或家庭其他成员的收入等，即 X_{1i} 不会出现在式6.4中。

$$\ln(W_i) = X_{2i}\gamma_1 + \gamma_2\lambda_i + e_i \tag{6.4}$$

其中 λ_i 为基于式6.3的纠偏项，称为逆米尔斯（Mills）比率，$\lambda_i = \dfrac{\varphi(X_{1i}\delta_1 + X_{2i}\delta_2)}{\Phi(X_{1i}\delta_1 + X_{2i}\delta_2)}$。采用式6.4预测所有样本（包括迁移与未迁移）的工资，得到预测工资 $\ln(\hat{W})$。

第三步，估计工资对参与选择的影响，即式6.5。

$$probit(Y = 1) = \Phi(\alpha_1 \ln(\hat{W}) + X_{1i}\alpha_2 + X_{2i}\alpha_3 + u_2) \tag{6.5}$$

由式6.5可得到劳动参与弹性：

$$\eta = \frac{\partial\Phi}{\bar{p}\partial\ln(\hat{W})} = \frac{\alpha_1\varphi}{\bar{p}} \tag{6.6}$$

第三节　数据及描述性分析

数据来自2008年10月由中国科学院农业政策研究中心组织的对山东、陕西、吉林、浙江等4省开展的实地调查。这项调查采取了分级抽样的做法，在每个样本省抽取3个样本县（山东省例外，为4个样本县），各县抽取2个样本乡，各乡抽取2个样本村，各村随机抽取12个样本农户，共计包括4个样本省，13个样本县，26个样本乡，52个样本村，624个样本农户。调查对象既包括住家成员，也包括家庭中外出打工成员的信息。③ 调查内容包括家庭人口基本特征、曾经外出非农就业情况、现在外出非农就业情况。调查数据显示，有过外出打工经历的劳动力的比例4省平均为54.5%，经济较为发达的山东和浙江明显低于欠发达的吉林和陕西。外出打工劳动力中有44.5%在本省外县工作，34.8%在外省城市工作，只有20.7%在县内工作。吉林和陕西外省就业人员比例高达68.3%和31.6%。本省外县就业主要选择省会和经济比较活跃的地级城市，跨省就业人员则主要集中在华北地区的北京，长三角的上海和杭州，珠三角的广州、东莞和深圳等东部城市，因而该数据适于研究外出打工的劳动供给。该数据更详细的介绍参见马瑞等（2010）。

一、主要变量统计描述

数据中的劳动力可区分为三类，即从未外出打工的劳动力、外出过又回乡的劳动力、调查时仍然在城市的农村劳动力，其中有一些个体有外出回乡又外出的情况，我们将每一次外出打工的情况处理为一个观察值。对于连续进行的外出打工经历，我们将其历次时间相加获得累积的外出打工时间；对

③　对于住家成员采用面谈获得信息，对于在外打工的家庭成员采用电话访谈获得调查信息，因而本数据的优势在于能够获得较为完整的家庭成员状况。

于已经回乡的，可以观察到完整的打工年数；对于仍在外打工的，只能得知其截至调查时的打工年数。此外，剔除了部分信息不完整或信息不合理的样本，剔除了年龄低于18岁的样本，共1203个有效样本中，其中从未外出过的有544个，外出后又回乡的有384个，仍然在外打工的有275个。三类样本基本情况的统计描述见表6.1。

表6.1 样本相关变量统计描述

	已经回流的样本	仍在外的样本	从未外出的样本
调查时年龄	39.09	29.51	43.07
外出时年龄	28.80	24.22	–
性别（男性哑变量）	0.67	0.68	0.69
受教育程度	7.18	8.81	7.44
健康较好（哑变量）	0.82	0.89	0.82
户主（哑变量）	0.45	0.11	0.54
人均耕地（亩）	2.44	2.61	1.91
家庭规模	4.51	5.37	4.35
月工资（元）	1157.66	1724.55	–
外出持续时间（年）	4.89	5.80	–
2004年之后外出（哑变量）④	0.41	0.78	–
同期家庭其他外出人数	0.31	0.86	0.99
住在工厂宿舍（哑变量）	0.49	0.41	–
配偶同在（哑变量）	0.32	0.21	–
子女同在（哑变量）	0.33	0.33	–

资料来源：根据调查数据计算得到，如无特别说明，本章其余图表的资料来源均与此表相同

二、外出打工工资变化

本调查报告的是外出打工时的月平均工资。图6.1描绘了每年回流的劳

④ 采用2004年作为分段点，主要考虑农业政策的变化对外出打工的影响，2004年开始农业直补政策，2006年全面取消包括农林特产税、牧业税、屠宰税、牲畜交易税在内的各项农业税。

动力外出打工的平均工资，以及调查时仍在外打工的劳动力的平均工资。从2007年开始，工资呈现较快的上涨速度，反映出的水平和时间趋势与其他调查以及统计局数据基本一致。⑤

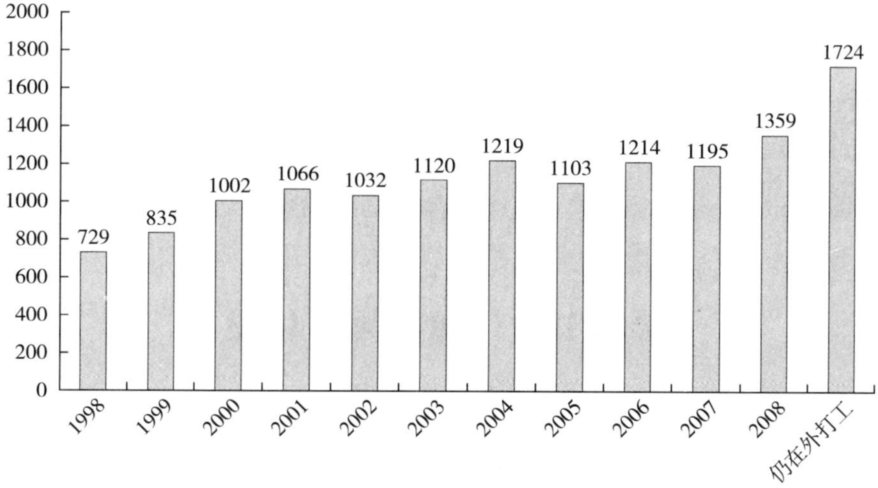

图 6.1　样本外出打工名义工资的变化（元）

三、外出打工持续时间

已经回流的样本外出持续时间平均为4.89年，仍在外的，外出的平均时间为5.80年（表6.1）。进一步将外出持续时间按照性别、受教育程度和出生代等维度进行区分（表6.2）。男性的平均打工时间比女性长，但女性已回流的样本打工持续时间较男性长。受教育程度较高的样本平均外出时间比受教育程度较低的少约1年，但受教育程度较高的样本仍在外打工的比例远高于受教育程度较低者。新生代的平均打工时间比老一代要少2年多，已回流的少得更多，但其仍在外打工的比例远高于老一代。对于打工持续时间差异产生的具体原因，还需通过计量结果分析。

⑤　如Knight（2011）汇总了多项调查显示的2003—2009年农民工工资增长情况，2006年以来工资增长率都超过10%，其中2008年平均月工资为1156元，2009年为1348元。

表 6.2　样本外出打工持续时间

	性别		受教育程度		出生代	
样本	男性	女性	较低	较高	新一代	老一代
外出平均时间（年）	5.53	4.75	5.77	4.70	4.20	6.54
已回流样本的外出时间（年）	4.55	5.06	5.49	3.93	2.75	6.20

注：受教育程度在初中毕业（9 年）以上的为较高受教育程度；年龄在 34 岁以下，即 1974 年之后出生的为新一代。

第四节　计量结果与讨论

在此分别汇报估计的外出时间弹性和参与弹性，并区分性别、受教育程度和出生代。首先根据式 6.1 和 6.2 得到时间弹性，其次按照式 6.3、6.4、6.5、6.6 的方法得到参与弹性。

一、外出时间弹性的估计

表 6.3 第 1 栏是用全部样本所做的截尾回归结果，可以看到月工资水平显著增加外出时间，而每周工作天数有显著的负向影响，即劳动强度增加会缩短外出打工时间。外出时年龄越大，外出持续时间越短，但这种负向影响随着年龄的增长而递减。人力资本变量并不显著。户主外出打工时间较长，这与户主承担的家庭责任有关，家庭人均土地的影响不显著，而家庭其他成员中外出打工人数越多，回乡家庭团聚的动机越弱，打工持续时间越长。值得注意的是，反映外出生活处境的变量中，住在工厂宿舍会显著减少在外打工持续时间，表明住房条件对劳动力持续供给存在明显约束。配偶同在以及子女同在会增加打工时间，不过不够显著。在控制了个人因素和家庭因素后发现，2004 年之后外出的打工时间比之前短，这体现了近年来惠农政策的影

响。第2栏是普通最小二乘法（OLS）的结果，用于对照，虽然变量的显著性和方向基本一样，但普通最小二乘法会低估变量的影响。表6.3的第3、4栏和表6.4的第5—8栏区分了性别、受教育程度、出生代分别进行截尾回归。可以看到工资对不同群体的影响都十分显著，但有所差异，尤其是对新一代农民工的外出时间的影响更大。

表6.3　外出时间的决定及分性别的回归结果

	(1) 全部 (截尾回归)	(2) 全部 (OLS)	(3) 男性 (截尾回归)	(4) 女性 (截尾回归)
Ln 工资	2.662*** (0.450)	1.217*** (0.303)	2.809*** (0.510)	2.298** (0.986)
每周工作日	-0.624** (0.266)	-0.316* (0.183)	-0.428 (0.328)	-1.150** (0.467)
外出时年龄	-0.791*** (0.145)	-0.591*** (0.101)	-0.916*** (0.183)	-0.358 (0.249)
外出时年龄平方/100	0.829*** (0.206)	0.604*** (0.146)	0.970*** (0.255)	0.296 (0.365)
男性	1.288* (0.690)	0.623 (0.454)	- -	- -
受教育程度	-0.123 (0.106)	-0.215*** (0.0719)	-0.0834 (0.137)	-0.153 (0.175)
健康较好	-0.621 (0.707)	-0.614 (0.503)	-1.741** (0.876)	2.336* (1.219)
户主	0.108 (0.800)	1.797*** (0.569)	0.619 (0.941)	- -
人均土地	0.0165 (0.110)	-0.0687 (0.0741)	0.0619 (0.118)	-0.0459 (0.329)
家庭其他外出人数	1.895*** (0.412)	0.359 (0.253)	1.917*** (0.517)	1.754** (0.693)

续表

	(1) 全部 (截尾回归)	(2) 全部 (OLS)	(3) 男性 (截尾回归)	(4) 女性 (截尾回归)
家庭规模	0.203 (0.189)	0.229* (0.129)	0.296 (0.240)	-0.00962 (0.329)
住在工厂宿舍	-3.283*** (0.639)	-2.158*** (0.429)	-3.297*** (0.810)	-3.065*** (1.057)
配偶同在	1.567* (0.922)	0.772 (0.614)	1.411 (1.181)	0.870 (1.575)
子女同在	0.528 (0.845)	0.747 (0.555)	0.972 (1.091)	-0.510 (1.387)
2004 年之后外出	-2.172*** (0.613)	-3.903*** (0.417)	-2.237*** (0.784)	-2.222** (0.991)
县哑变量	控制	控制	控制	控制
样本量	659	659	443	216
未截尾样本量	384	-	257	127
R^2	-	0.371	-	-

注：括号内为标准差。***、**、*分别表示在1%、5%、10%的显著性水平上显著，以下表格与此相同。县哑变量共12个。此处没有女性为户主的样本。

表 6.4　分人力资本和出生代的结果

	(5) 较低教育	(6) 较高教育	(7) 新一代	(8) 老一代
Ln 工资	2.674*** (0.605)	2.402*** (0.629)	3.433*** (0.524)	1.783*** (0.561)
样本量	354	305	358	301
未截尾样本量	236	148	146	238

注：其他变量的显著性和方向与表6.4的结果类似，此处未汇报。本表报告的均是截尾回归的结果。样本划分标准同表6.3。

上述结果可能是有偏的，因为工资存在前文所述的内生性问题。文献中通常采用区域内的就业情况，如失业率作为工具变量（Mroz，1987；Sahn & Aldeman，1996）。受限于数据的可得性，为此我们将样本按照性别、年龄、受教育程度分组，其中性别为2组，年龄分3组，受教育程度分3组，共为18组，按每组的平均工资作为该组个体工资的工具变量，这一变量体现了个人特征的差异，因而与个体工资相关，但不会受到单个个体外出时间的影响。

采用两阶段回归方法（Wooldridge，2002），结果列于表6.5。用工具变量后，工资的系数变小（除女性组外），或不再显著，说明工资和外出时间之间存在相互影响，工具变量在很大程度上消除了反向影响。工资对男性、较低受教育程度、新一代外出时间有显著的影响，对女性的影响较大但显著性不高。对较高受教育程度、老一代几乎没有影响。其他变量的影响与之前的基本类似，值得特别指出的是，在城市生活处境对外出打工时间有显著影响，住在工厂宿舍或工棚较之于自己有房、租房或住在亲戚处，打工持续时间更短，说明在住房条件较差、自己租不起房的情况下，会缩短打工时间。此外，配偶和子女同在，会增加打工时间，尽管显著性不高。

表6.5 外出时间的决定（工具变量的结果）

	(1) 男性	(2) 女性	(3) 较低教育	(4) 较高教育	(5) 新一代	(6) 老一代
Ln 工资	2.192** (1.058)	3.240* (1.667)	2.585** (1.118)	0.010 (1.351)	2.777*** (1.021)	0.864 (1.183)
每周工作日	-0.447 (0.337)	-1.198** (0.474)	-0.954** (0.397)	-0.395 (0.339)	-0.706** (0.325)	-0.495 (0.343)
外出时年龄	-0.868*** (0.189)	-0.378 (0.250)	-0.764*** (0.207)	-0.585*** (0.217)	-1.904*** (0.682)	-1.322*** (0.198)
外出时年龄平方/100	0.892*** (0.265)	0.365 (0.368)	0.751** (0.294)	0.506 (0.309)	3.310** (1.480)	1.320*** (0.265)

续表

	(1) 男性	(2) 女性	(3) 较低教育	(4) 较高教育	(5) 新一代	(6) 老一代
男性			1.552 (1.118)	1.972** (0.973)	1.563** (0.689)	1.896 (1.366)
受教育程度	-0.0765 (0.143)	-0.139 (0.175)			0.202 (0.130)	-0.270* (0.142)
健康较好	-1.881** (0.908)	2.492** (1.216)	-1.685* (0.940)	1.527 (1.106)	0.797 (0.886)	-1.097 (0.888)
户主	0.536 (0.976)		-0.120 (1.139)	0.828 (1.142)	-0.242 (1.200)	-0.686 (1.129)
人均土地	0.0630 (0.122)	0.0402 (0.328)	0.0216 (0.143)	0.0574 (0.174)	0.210 (0.128)	-0.193 (0.164)
家庭其他外出人数	2.023*** (0.540)	1.759** (0.698)	1.541** (0.624)	2.729*** (0.547)	2.265*** (0.492)	1.303** (0.575)
家庭规模	0.289 (0.249)	0.0859 (0.328)	0.376 (0.271)	-0.0703 (0.278)	0.400* (0.211)	0.208 (0.275)
住在工厂宿舍	-3.340*** (0.834)	-3.049*** (1.059)	-3.298*** (0.981)	-3.144*** (0.819)	-2.344*** (0.631)	-3.539*** (1.164)
配偶同在	1.261 (1.219)	0.639 (1.566)	0.982 (1.291)	1.135 (1.276)	1.970* (1.105)	0.523 (1.276)
子女同在	1.331 (1.158)	-0.639 (1.425)	1.938 (1.375)	0.706 (1.043)	-0.461 (0.959)	1.073 (1.293)
2004 年之后外出	-1.693** (0.820)	-2.824** (1.098)	-1.728* (0.956)	-1.768** (0.804)	-0.375 (0.683)	-1.466 (0.958)
县哑变量	控制	控制	控制	控制	控制	控制
样本量	443	216	354	305	358	301
未截尾样本量	257	127	236	148	146	238

注：本表为采用工具变量的两阶段回归，第一阶段采用工具变量回归工资方程，工具变量通过 t 检验，调整后 R^2 为 0.38，受篇幅限制未报告详细结果。本表汇报的是第二阶段的结果，采用截尾回归。

根据表6.5回归得到的工资对外出时间的边际影响，按照式6.2计算出的外出时间弹性，其中平均外出时间数据见表6.2。结果可见，所有群体的弹性均小于1，整体上看外出时间缺乏弹性，通过涨薪增加外出农民工的劳动供给空间有限。其中，男性的弹性为0.40，即工资上涨1%，外出时间增加0.40%。女性的弹性虽然较高，但显著性不够，这与女性外出劳动力偏好差异性相对较大有关，其中有些女性一定年龄后就会回乡结婚，在家务农和照顾家庭，缺乏弹性；另有一部分女性替代弹性较大，工资越高越愿意选择在城市生活。较低受教育程度者的弹性远高于较高受教育程度者，工资对增加其劳动供给影响比较大。而受教育程度越高，工资越高，收入效应随之增加，抵消了工资的替代效应（表6.6）。新一代农民工较之老一代有更大的弹性，表明工资增加对增加新一代农民工的外出时间有较大的作用，但老一代农民工表现出比新一代更强的收入效应，工资增加后，两种效应相互抵消，增加工资很难增加他们的外出时间供给。

表6.6　外出时间弹性

	性别		受教育程度		出生代	
	男性	女性	较低	较高	新一代	老一代
外出时间弹性	0.40**	0.68*	0.45**	0.00	0.66***	0.13

二、参与弹性的估计

为估计参与弹性，用调查时是否在外打工定义Probit方程6.3中的被解释变量，以单个个体为一个观察值，如此共有860个样本，其中调查时未外出的样本为585个，在外打工的为275个。采用Heckman两步法，首先估计是否外出的决定Probit方程6.3，在纠正样本选择偏误的基础上，估计工资方程6.4。表6.7中，户主、人均土地、家庭其他外出人数和家庭规模通常决定是否外出的选择，但不影响工资。为了更好地识别工资的影响，我们在工资方程中加入了是否有非农工作经历这一变量。表6.7中变量的影响符合基本的直觉，逆米尔斯比率这一变量不够显著，说明选择性偏误的影响并不大。

根据表 6.7 的工资方程预测所有样本的工资，再回归方程 6.5，得到工资对是否外出的边际效应。表 6.8 中工资对所有群体是否外出都有十分显著的正向影响，例如工资增加 1%，男性外出的概率增加 2.44 个百分点，女性增加 1.50 个百分点。其他变量的影响和文献中已有的发现基本一致，年龄越大

表 6.7 工资方程的估计（Heckman 两步法）

	Ln 工资	是否外出
户主		-0.671*** (0.190)
人均土地		-0.00284 (0.0235)
家庭其他外出人数		-0.463*** (0.0609)
家庭规模		0.226*** (0.0426)
调查时年龄	0.0418* (0.0217)	-0.0584* (0.0339)
年龄平方/100	-0.0602* (0.0320)	0.879 (4.44)
男性	0.401*** (0.0692)	0.453*** (0.139)
受教育程度	-0.00248 (0.0127)	0.0474** (0.0242)
健康较好	0.0784 (0.0964)	0.0607 (0.180)
有非农工作经历	0.175* (0.0903)	
逆米尔斯比率	0.111 (0.119)	
样本量	275	860

注：回归中控制了县哑变量。是否外出的 Probit 模型汇报的是系数，括号内为标准差。

表 6.8　工资对是否外出的影响

	(1) 男性	(2) 女性	(3) 低教育程度	(4) 高教育程度	(5) 新一代	(6) 老一代
Ln 预测工资	2.438*** (0.384)	1.497*** (0.465)	2.124*** (0.365)	3.559*** (0.470)	4.040*** (0.495)	0.235 (0.168)
调查时年龄	-0.108*** (0.0203)	-0.0735** (0.0304)	-0.0896*** (0.0203)	-0.172*** (0.0302)	-0.135 (0.0987)	-0.001 (0.004)
年龄平方/100	0.146*** (0.0272)	0.0927** (0.0423)	0.118*** (0.0274)	0.223*** (0.0422)	0.149 (0.184)	0.447 (0.524)
男性	- -	- -	-0.941*** (0.0489)	-0.972*** (0.0222)	-0.907*** (0.0430)	-0.975*** (0.034)
受教育程度	0.0218*** (0.00763)	0.0171** (0.00869)	- -	- -	0.0466*** (0.0162)	0.000 (0.000)
健康较好	-0.174** (0.0830)	-0.142 (0.120)	-0.197** (0.0912)	-0.0779 (0.124)	-0.184* (0.101)	-0.042 (0.035)
户主	-0.205*** (0.0667)		-0.110* (0.0612)	-0.243*** (0.0806)	-0.426*** (0.118)	-0.013 (0.015)
人均土地	0.00197 (0.00525)	0.00774 (0.0127)	-0.000294 (0.00576)	0.00742 (0.0142)	0.0304** (0.0151)	-0.003 (0.0025)
家庭其他外出人数	-0.139*** (0.0258)	-0.134*** (0.0387)	-0.153*** (0.0283)	-0.237*** (0.0359)	-0.289*** (0.0387)	-0.015 (0.010)
家庭规模	0.0390*** (0.0160)	0.0827*** (0.0269)	0.0778*** (0.0181)	0.0626*** (0.0204)	0.0965*** (0.0155)	0.008 (0.017)
样本量	572	285	401	389	370	400

注：回归中控制了县哑变量。Probit 模型汇报的是边际效应，括号内为标准差。

的人，越不愿意外出，受教育程度较高的人更愿意外出，家庭规模越大越愿意外出，家庭其他外出打工人数对外出概率有负向影响。

基于表 6.8 的回归结果，根据式 6.6 计算得到各类群体的参与弹性（表 6.9）。除了 35 岁以上年龄组外，其他组参与弹性很显著，均大于 1，工资增加1%，男性外出的概率增加4.49%，女性增加2.68%；较低受教育程度者的外出概率增加4.02%，较高受教育程度者增加6.22%；年龄在34岁以下的新一代的外出概率增加5.59%，年龄较大的老一代参与弹性不显著，表明工资对年龄较大的人是否外出打工已经没有影响。

表6.9 参与弹性（是否外出）

	性别		受教育程度		出生代	
	男性	女性	较低	较高	新一代	老一代
参与弹性	4.49***	2.68***	4.02***	6.22***	5.59***	0.72

第五节 外来劳动力社会保险缴费对工资的影响

参加社会保险的员工，虽然企业会为其缴纳社会保险费，但当劳动供给弹性较小时，这部分费用实际上是通过降低工资的形式由员工承担的。如图6.2所示。在没有社会保险缴费时，外来劳动力的工资为 W_0，当企业需要为其缴纳 T 单位的社会保险费时，劳动力需求曲线向下平移，而由于劳动力供给缺乏弹性，则缴费后的工资下降为 W_1，二者的差距正好就是所缴费 T。上述结果表明，对于已经在外打工的农民工而言，总体上外来劳动力供给弹性较小，会承担大部分的企业社保缴费，而老一代农民工供给弹性几乎为0，则参加社会保险后工资下降会更为明显。

正如在第三章“企业社会保险缴费对工资的影响”的分析，如果企业缴费主要是由工人承担，则社会保险其实并不是一项福利，而且对于低工资的农民工而言，缴费率过高，会影响到其当前消费，造成福利损失。

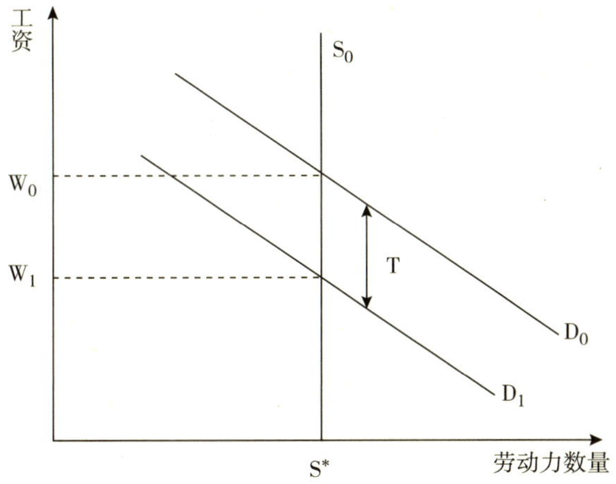

图 6.2　外来劳动力社保缴费对工资的影响

第六节　结论与政策含义

提高工资是否能够增加农村转移劳动力的供给？我们将转移劳动力供给弹性区分为外出时间弹性与参与弹性，发现外出时间弹性远远小于参与弹性，提高工资可以增加外出打工的可能性，即增加外出人数，但对外出劳动力在外打工的持续时间影响很小，男性的外出时间弹性为 0.40，女性为 0.68。外出时间弹性在不同群体间表现出较大的差异，较低受教育程度的外出时间弹性为 0.45，新一代农民工的外出时间弹性为 0.66，而较高受教育程度者、老一代农民工的外出时间弹性不显著。另一方面，反映农民工生活状况的变量，如住房条件，配偶和子女是否同在一个城市等对打工时间有较为显著的影响。

在“用工荒”的背景下，劳动力市场的供求关系导致工资上涨，政府和企业也希望通过涨薪吸引劳动力，然而工资对于增加农村劳动力供给的作用十分有限，涨薪可以吸引更多的人外出打工，但难以延长他们在外的打工时间。这说明，除工资以外的其他因素制约了劳动力长久转移，根据《中国农民工调研报告》（国务院研究室，2006），农民工在加班待遇、劳动保护等方面均得不到很好保障。全国每年因工伤致残人员近70万人，其中农民工占大多数。农民工在居住环境、子女教育等方面的情况同样不容乐观。教育部调研组的报告则显示，流动儿童中一直未上学者占6.85%，失学者占2.45%。就政策而言，当前各地不断完善最低工资政策，对于保障农民工权益起到了一定的作用。但就现实情况而言，工资受供求关系影响已经在不断上涨，而其他方面的政策相对滞后，这一方面导致农民工的实际利益受损，另一方面企业的“用工荒”问题难以解决，尤其无法留住人力资本较高的人。而且用工资补偿农民工在其他方面遭受的损失对于企业压力很大，众多企业难以在短期内改变以低成本劳动力获取利润的经营模式。因此，加强对农民工公共品供给、改革城乡分割的社会制度等政策显得更加重要。

本研究一个引申的含义针对社会保险政策。新《劳动合同法》和《社会保险法》对给予农民工社会保险有明确的要求，然而企业完全可能将为他们所缴的社会保险费转嫁到工资中，所能转嫁的程度正是取决于劳动力供给弹性的大小，供给弹性越小，转嫁的可能性越大。我们的研究表明，农民工的外出时间缺乏弹性，对这部分劳动力而言，社会保险缴费中很大一部分实际上来源于他们自己的工资。此时，缴费率的多少对其福利的影响是必须考虑的问题，过高的缴费率制约了当前的消费。目前对于农民工社会保险的缴费和待遇没有明确规定，多数城市采用和城镇职工相同的政策，企业和个人所缴的养老和医疗两项就高达工资的36%，按照这一标准许多农民工表示不愿意加入社会保险（袁志刚等，2009）。因而有必要设计较低水平的社会保险体系，允许农民工选择加入更符合其利益的社会保险体系。

第七章

养老金财富对居民家庭储蓄率的影响

Public Pension Scheme

养老金财富是个体一生得到的全部养老金，养老金净财富为个体一生得到的全部养老金减去所缴纳的全部养老保险费。前面的章节强调了未来我国养老保险的改革方向仍要坚持低水平广覆盖，逐步降低缴费率，同时适当降低待遇。显然，养老保险缴费或待遇政策发生变化，会直接影响到个体养老金财富和养老金净财富（改革方案对不同个体养老金财富的影响见本章附录2）。按照生命周期理论，人们的储蓄动机之一是养老，养老金是退休后生活来源的一部分，养老金财富变化会对人们的储蓄行为产生影响，从而影响到社会的总储蓄率。[①] 但实证上，家庭储蓄率受到诸多其他因素的影响，如储蓄动机的多样性、是否面临流动性约束、对养老金制度的信任等，养老金财富变化对储蓄的影响并不确定。

我们利用我国城镇职工基本养老保险制度在1995—1997年期间经历的一次重大改革作为政策实验，估计这一影响。这次改革主要内容是为企业职工建立多支柱的养老保险体系，从单一的现收现付制转向现收现付与个人账户相结合的模式，养老保险个人缴费率逐步提高到职工缴费工资的8%，企业缴费率为职工工资总额的20%，作为第一支柱的现收现付制和第二支柱个人账户合计提供58.5%的目标替代率。这项改革从1995年在各省陆续展开，1997年底国务院出台第26号文件《国务院关于建立统一的企业职工基本养老保险制度的决定》，在全国普遍实施，虽然各省的缴费率和养

① 白重恩等（2012）从缴费率的角度研究了降低缴费率对消费和储蓄的影响。当期养老金缴费可能会减少当期可支配收入，进而抑制消费，并可能提高储蓄率。他们采用城镇住户调查数据，发现尽管增加养老保险覆盖率本身有助于刺激消费，在给定缴费前的收入水平以及养老保险覆盖状态时，提高养老金缴费率会显著抑制缴费家庭的消费。

老保险替代率有所差异，但改革的内容基本一致。这次改革导致养老保险预期的替代率从改革前的平均75%左右下降到58.5%，大多数企业职工退休后的福利待遇将会下降。这次改革提高了缴费率，却降低了待遇，体现为养老金净财富的下降。

我国家庭储蓄率在20世纪90年代中期持续增加，从1995年的17%增加到2000年的20%以及2004年的23%。中国家庭储蓄率的决定一直受到研究者的关注，一些研究发现家庭储蓄率主要由经济增长速度、人口老龄化程度和通货膨胀率决定（Modigliani & Cao，2004）。也有些研究发现未来收入和不确定性等对城市家庭储蓄有显著的影响（Kraay，2000）。但这些研究都没有考虑家庭养老金财富的影响。尽管有很多研究提出养老金改革是我国家庭储蓄率上升的原因之一，但尚未有证据证实这一点。养老金财富对居民的金融资产和家庭储蓄的影响已经有不少实证研究，主要针对发达国家的情况。因而，我们用家庭调查的微观数据研究养老金变化对家庭储蓄率的影响，利用养老保险改革的政策变化克服养老金财富的内生性问题。除了养老保险改革外，在20世纪90年代中期中国还经历了其他一系列改革，包括国有企业改革、医疗制度改革、教育体制改革、住房制度改革等，职工尤其是企业职工面临的风险加大，这些因素必然影响到人们的储蓄动机和行为。[②] 为了排除其他改革的影响，我们将计算改革前后职工养老保险财富的变化，同时控制时间变量和单位性质，以反映不同时期和不同工作单位性质的家庭所面临的制度环境。

本章首先回顾相关文献和我国养老保险制度改革的具体内容，之后给出理论框架和实证方法，在此基础上进行实证检验，报告所使用的数据、回归结果和对参数的敏感性检验。

---

② 1998年《国务院关于进一步深化城镇住房制度改革加快住房建设的通知》，停止了实行了40多年的福利分房制度。1998年《国务院关于建立城镇职工基本医疗保险制度的决定》开始在全国推行医疗保险改革。1998年开始的国有企业改革要求企业通过下岗分流的办法用3年的时间完成对富余人员的精简。

第一节 相关文献

一、对中国家庭储蓄率的研究

中国的家庭储蓄率及其变化趋势一直受到研究者的关注，中国的家庭储蓄率与西方国家相比处于较高的水平，对于其中的原因有多方面的解释，莫迪格利亚尼等人（Modigliani & Cao，2004）考察了1953—2000年的家庭储蓄率，验证了家庭储蓄率与经济增长率之间的正相关关系，同时人口的负担系数、通货膨胀率也对家庭储蓄率有正的影响。克雷（Kraay，2000）用1978—1983年和1984—1989年期间各个省的家庭储蓄率验证了未来收入对家庭储蓄率有负的影响，而人口负担系数并没有显著的影响。霍瑞尔卡等人（Horioka & Wan，2007）用近期的省级数据（1995—2004年）得到的结论是家庭储蓄率主要和人口年龄结构和实际利率有关。上述文献的结论虽有差异，但都说明中国的家庭储蓄行为可以被生命周期模型所解释。

关于家庭储蓄率的各种研究结论建立在对家庭储蓄率的定义和度量之上。宏观数据的定义和度量有两种方法：一种是用国民可支配收入减去总消费得到国民储蓄，再细分为住户家庭、政府、企业等几类储蓄，用家庭储蓄除以国民生产总值得到家庭储蓄率；另一种是度量家庭资产存量的变化与家庭可支配收入的比率。一般认为用家庭调查得到的储蓄率更为准确，大多数研究直接采用《中国统计年鉴》提供的基于家庭调查得到的家庭可支配收入和消费数据计算家庭储蓄率（例如Kraay，2000；Horioka & Wan，2007；何新华、曹永福，2005）。但莫迪格利亚尼等人（Modigliani & Cao，2004）通过家庭金融资产的变化和固定资产的投资估计家庭储蓄，并与消费数据相加得到家庭可支配收入，从而计算家庭储蓄率。

尽管所有的研究都认为中国的家庭储蓄率在较高水平上，但对其规模和变化趋势的估计存在明显争议。何新华和曹永福（2005）根据《中国统计年鉴》

资金流量表计算得到的结果表明，1994—1999 年间家庭储蓄率一直呈上升趋势，从 1994 年的约 17% 上升到 1999 年的 21%。霍瑞尔卡等人（Horioka & Wan，2006）用《中国统计年鉴》计算得到的家庭储蓄率在 1995 年约为 21%，随后一直上升，到 1999 年约为 26%。但莫迪格利亚尼等人（Modigliani & Cao，2004）的数据有比较大的差异，他们计算的家庭储蓄率在 1994 年为 33.8%，为近年来最高，随后一直下降，尤其是 1997 年后下降幅度较大，到 1999 年家庭储蓄率为 27%。

用微观数据对城镇家庭储蓄率进行的研究相对较少。一般而言，微观数据计算的储蓄率比宏观数据计算得到的储蓄率要低，一个重要原因是个人会有低报其收入的倾向（Kraay，2000）。孟欣（Meng，2003）和罗楚亮（2004）利用中国社会科学院经济研究所收入分配课题组所进行的城镇住户调查数据研究了中国的预防性储蓄，其结论是由于经济转轨带来的失业等问题，造成收入的不确定性增加，预防性储蓄增加。用大样本对农村数据的研究表明，家庭存在显著的预防性储蓄动机（例如万广华等，2003；Yoo & Giles，2007）。查蒙等人（Chamon et al.，2010）发现，收入不确定性增加可以解释中国年轻一代家庭储蓄率上升，这与孟欣（2003）的发现一致，即中国家庭储蓄有很强的预防性储蓄动机；而查蒙等人（2010）认为老年家庭储蓄率上升可能与养老金改革导致的替代率下降有关，不过并未给出具体的验证。总之，用微观数据对中国家庭储蓄率的研究以验证预防性储蓄为主要内容，尚未考虑到养老金财富的影响。

二、关于养老金财富对家庭储蓄的影响

理论上，如果人们仅仅为了退休而储蓄，那么养老金财富下降会导致家庭其他财富同等数量的增加。但养老金对家庭储蓄行为的影响还取决于流动性约束、收入的不确定性、其他储蓄动机、退休行为的改变等因素，如果储蓄的目的并非养老，那么养老金财富变化并不会影响储蓄。现有许多研究从实证上给出了养老金对家庭储蓄影响在不同国家的证据。费尔德斯坦（Feldstein，1974）用汇总数据和时间序列方法考察了养老金和资本积累之间的关系，其结论是美国的养老金财富使得家庭储蓄下降了50%左右。因为时间序列数据存在内生性问题和总体性偏差，所以后来的研究大多基于家庭微观数据。金和迪克斯密罗（King & Dicks-Mireaux，1982）用截面数据研究了加拿大的情况，验证了养老金财富和家庭储蓄率之间的关系，发现公共养老金财富增加1美元将使得家庭金融资产下降25美分。戴蒙德和豪斯曼（Diamond & Hausman，1984）和赛姆维克（Samwick，1997）用美国的微观数据发现养老金财富和金融财富之间的替代率约为20%。然而更多的研究结果是发现二者之间并没有显著的替代关系（如Munnell，1974；Kotlikoff，1979；Blinder，et al.，1980；Venti & Wise，1990；Aso & He，2001）。

实证研究对养老金对家庭储蓄的影响没有给出明确的答复正是因为二者之间的关系受到许多因素的影响。哈伯德（Hubbard，1986）发现，存在流动性约束的家庭，养老金增加会使得储蓄率提高。哈伯德（1987）认为养老金为一生的收入提供了保险，降低了收入的不确定性，因而养老金增加会降低家庭储蓄率。盖尔（Gale，1998）强调家庭的异质性，指出养老金财富对不同年龄和受教育程度家庭的影响不同。他采用美国1983年的家庭财务调查数据，发现不考虑年龄因素会低估养老金的效应，将样本按照是否有储蓄激励账户和户主受教育程度在16年以上这两个标准分类后，发现对于那些有储蓄账户的家庭（信贷约束较小），户主受教育程度较高的家庭（面临的收入风险较小），养老金财富对家庭财富的替代作用更强。

截面数据中所观察到的储蓄率的变化是一系列可观测和不可观测的因素所导致的，由于那些不可观测的因素，养老金对储蓄的影响无法被正确识别，基于自然实验的方法可以在很大程度上克服养老金财富的内生性问题。阿塔那斯奥（Attanasio，2003a，2003b）分别研究了意大利和英国的养老金财富变化对家庭储蓄率的影响，强调养老金财富变化的外生性。例如，阿塔那斯奥和布鲁吉瓦尼（Attansio & Brugiavini，2003）和博塔齐等人（Bottazzi et al.，2006）利用意大利1992年的养老金改革，得到外生的养老金财富变化，这次改革改变了退休年龄和领取养老金的条件，由此造成养老金财富减少。其结论表明，养老金财富下降导致了家庭储蓄率的上升，但二者的替代性与年龄有关，户主年龄在35—45岁的家庭二者替代率更高。罗韦德尔（Rohwedder，2003）利用英国养老金改革作为自然实验，保证养老金财富变化的外生性。

关于养老金财富和家庭储蓄率的关系，文献中并没有得到统一的结论，而且对于中国等发展中国家而言，面临一些特殊情况，使得估计结果可能偏离理论上的预计。第一，存在对下一代的利他性考虑，此时，当养老保险财富增加后，储蓄反而增加，因为老人会考虑到未来子女养老保险缴费负担比较重，从而增加储蓄以补贴子女（Barro，1978）。第二，信贷市场不完善，存在借贷约束，在这种情况下，养老保险挤出储蓄的效应较小（Diamond-Hausman，1984；Dicks-Mireaux & King，1984）。第三，人们对于养老金财富缺乏了解，并不清楚制度变化会带来多少财富变化，由此对储蓄也不会产生影响（Bernheim，1994）。

第二节　养老保险制度改革的主要内容及养老金财富的变化

中国自1995年开始各省陆续进行养老保险制度改革，核心内容是对企业职工的养老保险实行统账结合的模式，1997年底国务院出台了《国务院关于建立统一的企业职工基本养老保险制度的决定》的第26号文件（以下简称《1997年决定》）。这次改革确立了养老保险制度实行“社会统筹与个人账户相结合”的部分积累制的目标，并统一了养老金的计发条件和计发办法。具体规定如下：《1997年决定》实施前已经退休的职工（俗称老人），仍按国家原来的规定计发养老金，即根据工龄的长短，发给本人退休时标准工资的60%—90%，同时执行养老金调整办法。《1997年决定》实施后参加工作的职工（俗称新人），个人缴费年限累计满15年的，退休后按月发给养老金。养老金由基础养老金和个人账户养老金组成。基础养老金月标准为各地上年度职工月平均工资的20%，个人账户养老金月标准为本人储蓄额除以120。

《1997年决定》实施前参加工作，实施后退休的职工（俗称中人），个人缴费年限和视同缴费年限累计满15年的人员，养老金由三部分组成，即在发给基础养老金和个人账户养老金的基础上再发给过渡性养老金。③ 这样，在新制度下，根据个人在《1997年决定》实施时的就业状态（退休、在职、尚未就业），企业职工的养老金计发办法有所不同，从而养老金财富也有所不同。另一方面，机关事业单位职工的养老金待遇仍延用以前的制度规定，未作调整。表7.1整理了《1997年决定》下企业职工在改革前后的养老金计发办法和缴费规定的主要内容。

表7.1　1997年养老保险制度改革前后的养老金待遇及缴费情况（企业职工）

	改革前	改革后		
		新人	中人	老人
养老金待遇	本人退休时标准工资的75%—90%	基础养老金（各地上年度职工月平均工资的20%） + 个人账户养老金（本人个人账户储蓄额除以120）	基础养老金（同新人） + 个人账户养老金（同新人） + 过渡性养老金（指数化月平均缴费工资×系数×未建立个人账户的年限	同改革前，执行养老金调整办法
养老保险费率	企业按职工工资总额和地方政府规定缴费； 个人缴费逐步实行，不超过工资的3%	企业：职工工资总额的20%； 个人：1997年为本人缴费工资的4%，以后提高到8%，个人账户规模为缴费工资的11%		不需缴费

资料来源：国务院1997年26号文件（出自《劳动和社会保障政策法规·养老保险专辑》2000年）

③　过渡性养老金的具体办法，各省稍有不同，但基本都按以下公式计算：过渡性养老金 = 指数化月平均缴费工资×系数×未建立个人账户的年限。

改革后的新制度的养老金目标替代率是58.5%，但对在新制度实施之前工作的中人增发过渡性养老金，以补偿其在老制度中未积累个人账户资金而造成的损失。从表7.1的比较中我们可以推测，中人的养老金财富高于新人，老人的高于中人。但养老改革后不同人群的养老金的具体变化需要更详细的计算才能得知。我们用1999年中国家庭收入调查（CHIP）中在企业工作的个人样本分别按改革前后的政策计算了养老金财富。④ 图7.1显示男性25—59岁和女性25—54岁有养老金的样本其预计的养老金财富按年龄平均的水平，可以看到养老金财富在每个年龄上改革后比改革前均有明显下降，且年龄越轻的人，养老金财富下降幅度越大。例如，25岁男性养老金财富平均下降了53.95%，55岁男性养老金财富平均下降了29.41%；25岁女性养老金财富平均下降了65.45%，40岁女性养老金财富平均下降了42.87%。

另外，改革的另一个结果是高收入者养老金财富下降幅度大于低收入者。这是因为改革前养老金待遇主要与个人退休前工资挂钩，而改革后的基础养老金以社会平均工资为基础，因此，工龄相同的人，工资高于本省社会平均工资的人养老金财富要比工资低于社会平均工资的人下降更多（图7.1）。平均看，前者下降了47%，后者下降了37%。可见，政策变化不仅造成企业职工养老金财富在改革后普遍减少，而且对于不同年龄和收入水平的人养老金财富变化也存在差异。

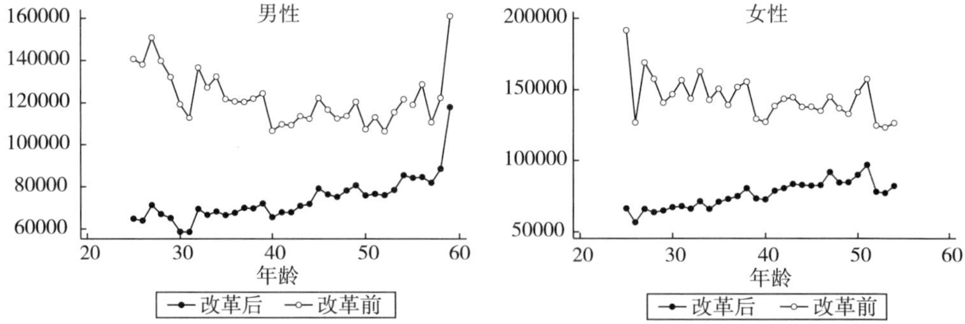

④ 养老金财富的具体计算方法参见本章附录。

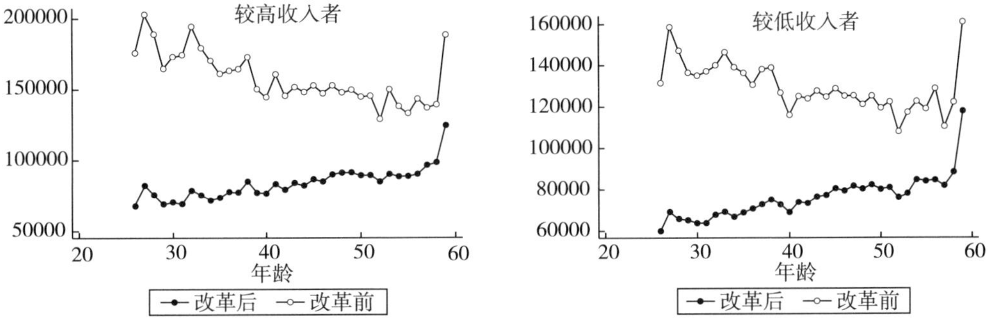

图 7.1 企业职工（1999 年样本）改革前后的养老金财富变化

资料来源：根据“中国社会科学院经济研究所收入分配课题组 1995 年、1999 年、2002 年城镇住户调查数据”计算。如无特别说明，本章其余图表资料来源均与此图相同

第三节 理论及实证模型

一、理论模型

设在第 i 期的家庭通过选择当期和未来各期的消费，最大化其一生的效用。[5] 其选择受到当期家庭资产、家庭当期收入和未来收入、未来养老金财富的制约。效用函数和约束条件为：

$$\max \sum_{t=i}^{T} \beta^{t-i} \log C_t \tag{7.1}$$

$$s.t. \sum_{t=i}^{T} \frac{C_t}{(1+r)^{t-i}} = \sum_{t=i}^{TR-1} \frac{E_t}{(1+r)^{t-i}} + \sum_{t=TR}^{T} \frac{P_t}{(1+r)^{t-i}} + A_i \tag{7.2}$$

其中 t 表示年龄或时期，C 为消费，β 表示时间偏好，r 为贴现率，E 为实际收入，P 为实际养老金收入，T 为生命周期的跨度，TR 为退休年龄，A 为家庭资产。在达到退休年龄之前，收入主要为工资收入和其他收入，达到退

⑤ 在理论模型中，不考虑收入和寿命的不确定性，不考虑储蓄的遗产动机和预防性动机。这样简化处理可以清楚地得到养老金财富和家庭储蓄率之间存在的关系。在后面的计量分析中考虑了其他动机的储蓄行为。

休年龄之后开始领取养老金。解式 7.1 的最优化问题有：

$$C_t = (\beta(1+r))^{t-i}C_i$$

$$C_i = \frac{1-\beta}{1-\beta^{T-i+1}}\left[\sum_{t=i}^{TR-1}\frac{E_t}{(1+r)^{t-i}} + \sum_{t=TR}^{T}\frac{P_t}{(1+r)^{t-i}} + A_i\right] \tag{7.3}$$

式 7.3 为第 i 期家庭的消费和以后每一期消费的增长路径。第 t 期家庭的储蓄率为：

$$\frac{E_{t'}-C_{t'}}{E_{t'}} = 1 - \frac{(1-\beta)\beta^{t'-i}}{1-\beta^{T-i+1}}[FE_{t'}/E_{t'} + FP_{t'}/E_{t'} + A_{t'}/E_{t'}] \tag{7.4}$$

其中：

$$FE_{t'} = \sum_{t=t'}^{TR-1}\frac{E_t}{(1+r)^{t-t'}}, \cdots FP_{t'} = \sum_{t=TR}^{T}\frac{P_t}{(1+r)^{t-t'}}, \cdots$$

$$A_{t'} = \left(\sum_{t=i}^{t'}\frac{E_t}{(1+r)^{t-i}} + A_i\right)(1+r)^{t'-i}$$

FE_i 为第 i 期家庭的未来收入的贴现值；P_i 为第 i 期的养老金财富的贴现值。式 7.4 表明家庭储蓄率与未来收入和养老金财富成反比关系，同时还与家庭所处的时期或年龄有关。β^{t-i} 反映出未来收入和养老金财富对家庭不同时期的储蓄率的影响。在年龄 t' 时养老金财富突然发生变动后，家庭会重新规划其消费和储蓄，此时有 $t'=i$，则式 7.4 变为：

$$\frac{E_{t'}-C_{t'}}{E_{t'}} = 1 - \frac{(1-\beta)}{1-\beta^{T-t'+1}}[FE_{t'}/E_{t'} + FP_{t'}/E_{t'} + A_{t'}/E_{t'}] \tag{7.5}$$

在式 7.4 和式 7.5 中分别有一个调整因子 $\frac{(1-\beta)\ \beta^{t'-i}}{1-\beta^{T-i+1}}$ 和 $\frac{1-\beta}{1-\beta^{T-t'+1}}$，以消除由于处于生命周期的不同阶段导致的养老金财富和未来收入的差异。对家庭其他资产也做类似的处理。[⑥] 其作用在于将各种财富当前的贴现值分配到从当前一直到寿命终了时的每一期，经过调整的财富可视作一项永久性收入。如果不做调整，则会低估这些财富对储蓄率的影响。[⑦] 在给定冲击下，较为年

⑥ 本文在调整时参数取值为 $\beta=0.98$，不同年龄时的预期寿命用了 1993—2003 年生命表的平均值。用 $\beta=0.95$ 的结果改变不大。

⑦ 这一调整的思想参见 Gale（1998）。

轻的家庭所受到的影响较年老的家庭小，因为较为年轻的家庭有更多的时间平滑消费和吸收冲击的影响。因而，通过这一对养老金财富贴现值的调整，我们可以排除每个人在生命周期中所处的不同位置的影响。如果假设一个家庭并未受到养老金改革的影响，则采用式 7.4 中的调整因子；如果受到养老金改革的影响，则改革后的养老金财富用式 7.5 调整。基于同样的道理，这些调整因子同样用于调整终身收入的贴现值。

为了更好地理解估计结果，有必要将式 7.5 或式 7.4 的含义与一些文献的估计结果进行对比（如 Dicks-Mireaux & King，1984；Gale，1998）。我们是将家庭财富的变化（储蓄率、流量）与养老金财富相联系，而不是将家庭财富（存量）和养老金财富相联系。但如果可以认为养老金财富对储蓄影响的边际效应在时间上变化并不大，则我们估计出的结果可等同于文献中对于家庭财富影响的结果。

二、计量方法

根据理论模型将回归方程设定为：

$$SR_{it} = c + \sum \beta_n d_n + \gamma PW_{it} + X_{it}\delta + \theta_t + \varepsilon_{it} \tag{7.6}$$

其中 SR_{it} 为家庭 i 在时期 t 的储蓄率。PW_{it} 为家庭 i 在时期 t 的养老金财富和当期收入之比，时间变量 t 用于控制不同时期宏观环境的影响。d_n 为一组户主年龄虚拟变量，以控制生命周期对家庭储蓄率的影响。X_{it} 为家庭特征，其中控制了未来收入和当期收入之比，当期家庭资产与当期收入之比，分别反映未来收入和家庭财富对当期储蓄率的影响，控制户主及配偶的失业概率以反映储蓄的预防性动机。此外，还包括了控制户主性别、受教育程度、家庭规模等变量。理论模型中养老金财富和未来收入的影响效应是相同的，但实证中允许他们有不同的影响，因而分成单独的两项。另一种做法是不直接控制未来收入，而是用性别、受教育程度等间接控制。在同一时期，除了养老金改革，还存在住房、医疗和国企改革等，这些改革导致未来不确定性增加，同样会对家庭储蓄率产生影响，我们用时间效应 θ_t 捕捉其他政策冲击的影响。

我们用企业职工样本和机关事业单位样本分别估计式7.6，其中γ是最受关注的估计结果，其预期值为负。但采用OLS方法估计γ不可避免存在偏误。这是因为，第一，在计算养老金财富时我们需要用到未来工资数据，对于工资数据的估计会有偏误，因而这一变量存在测量误差。第二，估计还用到诸多参数的假设，如预期寿命、贴现率、投资收益率、工资增长率等，这些参数同样会使得估计结果有偏。第三，一些未能观测到的个人特征或企业特征可能既影响到家庭储蓄又影响到养老金财富，由此会导致偏误。我们采用工具变量解决上述各因素带来的偏误问题。如前所述，20世纪90年代中期的养老金改革对企业职工养老金财富变化的影响是外生的，为此可利用这一外生变化作为养老金财富的工具变量。因为政策对于不同年龄的人产生的影响不同，我们采用改革时间哑变量和年龄组哑变量的交互项作为一组工具变量。此外，因为各地区的平均工资和工资增长率不同，导致地区间养老金财富变化也不同，我们采用改革时间哑变量和省级哑变量的交互项作为另一组工具变量。

第四节　实证检验

一、数据

本研究采用中国社会科学院经济研究所收入分配课题组1995年、1999年和2002年的城镇住户调查数据。该数据库包括个人就业状况、职业特征和收入等信息，有比较详细的家庭消费和家庭财产数据。我们主要采用1995年和1999年两年的数据，1995年代表改革刚开始时的情况，1999年为改革刚结束后的情况。在估计个人工资方程时加入了2002年的数据。其中1995年调查了北京、山西、辽宁、江苏、安徽、河南、湖北、广东、四川、云南和甘肃11个省市，1999年调查了北京、辽宁、江苏、河南、四川和甘肃6个省市。2002年除了1995年的11个省市外，还调查了单列市重庆市。

研究对象是男性户主年龄在25—59岁、女性户主年龄在25—54岁之间且有正常工作的家庭。退休之后的储蓄消费行为与工作时期有很大的不同，因此排除了超过退休年龄的户主的样本，还排除了有老人需要赡养或者有除户主配偶以外的成人的家庭。此外，我们将样本限定在户主被养老保险制度所覆盖的家庭，即只包括调查问卷中的企事业单位的固定职工和企业的长期合同工，没有包括从事私营和个体经营的人员，没有包括短期合同工。符合条件的家庭 1995 年为 3150 户，1999 年为 1511 户，其中户主在企业工作的家庭 1995 年为 2195 户，1999 年为 1083 户。家庭的户主统计信息如表 7.2。

表 7.2　样本信息

	户主在企业工作		户主在事业单位工作	
	1995 年	1999 年	1995 年	1999 年
户主年龄（%）				
25—29 岁	5.37	3.14	8.59	3.97
30—34 岁	17.30	10.9	23.55	12.62
35—39 岁	25.41	27.99	20.87	29.44
40—44 岁	31.10	31.24	24.56	23.83
45—49 岁	15.39	20.34	13.85	21.03
50—59 岁	5.42	6.39	8.59	9.11
户主受教育程度（年）	10.34	11.04	12.35	12.93
户主性别（男性,%）	64.00	61.84	66.85	67.06
户主职业（%）				
专业人士	20.13	36.14	21.17	38.79
负责人	9.88	22.27	11.53	22.43
职员	18.03	31.70	16.14	30.14
制造业工人	47.50	8.23	43.29	6.07
其他	4.46	1.66	7.86	2.57
家庭收入（万元）	1.56	1.77	1.69	2.23
家庭资产（万元）	2.26	4.62	2.43	4.98
家庭规模（人）	3.01	2.91	3.00	2.87
样本量	2196	954	1083	428

注：家庭收入为户主和配偶当期所有收入之和。家庭资产为家庭金融资产、房屋价值和耐用品价值三项之和。

二、变量的度量

1. 未来收入和养老金财富的计算方法

用1995年、1999年和2002年三年有就业的20—59岁的劳动力样本估计个人未来的工资收入。工资方程控制了劳动力的年龄、性别、受教育程度、职业类型、就业单位的所有制性质和地区哑变量等。在此基础上，预测个人的未来收入，作为计算养老金财富的基础参数，并在回归方程中控制家庭的未来收入。在此基础上，根据本章附录中的计算方法，计算调查时个体的养老金财富。

对于参数选择，采用三种方案在不同的参数假设下，分别计算养老金财富（具体公式见附录1），用以对估计结果做敏感性分析。方案1是简化的情形，假设工资增长率等于贴现率，这一假设和合理性在于，政府改革方案中公布的58.5%的替代率背后的假设也是如此。方案2和方案3的参数来源于世界银行的估计（Sin，2005）。

方案1：实际工资增长率等于贴现率，即 $g_t = r_t$，个人账户实际收益率为3%。[⑧]

方案2：2000年之前，按照《中国统计年鉴》的数据确定工资增长率，根据一年期银行存款利率确定个人账户投资收益率。之后的参数假设为，2000—2010年 $g_t = 0.049$，$r_t = 0.02$；2011—2020年 $g_t = 0.041$，$r_t = 0.03$；2021年之后 $g_t = 0.039$，$r_t = 0.03$。个人账户实际收益率为3%。

方案3：2000年之前的假设与方案2相同，之后假设 $g_t = 0.035$，$r_t = 0.02$。个人账户实际收益率为2%。

2. 不同类型家庭的养老金财富的变化

养老金财富定义为职工退休到死亡领取的养老金的贴现值，具体计算方法见本章附录。家庭养老金财富为户主和配偶的养老金财富之和。在上述不

⑧ 实践中，对于个人账户养老金的投资并未有明确规定。根据国务院26号文，个人账户的收益率为一年期银行存款利率。事实上，大多数个人账户为空账。基于这样的现状，我们将个人账户收益率定为2%—3%。

同方案参数设定下，由养老保险改革导致的养老金财富的变化见表 7.3。[⑨] 由于计算过程较为烦琐，养老金财富不可能十分精确，但正如做类似研究的学者们所言，我们关心的并非是养老金财富的绝对值，而是其变化的幅度，则计算方法带来的误差可能并不那么大（Feldstein，1974；Attanasio & Brugiavini，2003）。由表 7.3 可见，对户主在企业部门工作的家庭而言，1999 年的养老金财富比 1995 年大幅度下降，而户主在机关事业单位工作的，则大幅增加。这可能是由于这期间企业职工养老保险改革所致，也可能是工资变化所致。为进一步考察这一变化的相对大小，将养老金财富的变化与当前家庭工资收入相比较，计算这期间这一比例的变化。表 7.3 的最后一栏显示，户主在企业工作的家庭这一比例在这期间有大幅下降，方案 1 下平均下降了 19.29%，而户主在机关事业单位工作的家庭这一比例变化不大，方案 1 下的平均变化只有 0.5 个百分点，说明户主在企业工作的家庭养老金财富的下降主要并非工资变化所致。

3. 家庭储蓄率

储蓄率的度量采用两种方法：第一种度量中，消费为这一时期（一年）所有的消费，包括教育和医疗支出。第二种度量中，消费为除教育、医疗以外的消费支出。这样区分是考虑到教育与医疗保健可作为对人力资本的投资，在经济转型中其变动受到医疗和教育等制度改革的影响，并非由于收入或养老金财富的变化所引起（罗楚亮，2004）。具体定义如下：

SR1 =（家庭可支配收入 - 消费）/家庭可支配收入

家庭的消费包括日常支出，如食物、服装、日用品、交通通信、房租等，医疗、教育等支出，不包括耐用消费品。

SR2 =（家庭可支配收入 - 除教育和医疗以外的消费）/家庭可支配收入

在下面的统计和回归分析中，去除了储蓄率 SR1 最低和最高的 2% 的样本。

---

⑨ 表 7.3 中 1995 年的养老金财富未扣除个人缴费，因为缴费率较低且很多地区未实行个人缴费。1999 年养老金财富为扣除个人缴费后的净财富。

表 7.3　家庭养老金财富的变化

户主年龄和工作单位性质	养老金财富（万元）			养老金财富/家庭收入（%）		
	1995 年	1999 年	变化（百分点）	1995 年	1999 年	变化（百分点）
方案 1						
企业	18.74	17.37	-7.31	13.22	10.67	-19.29
25—29 岁	17.99	15.88	-11.72	18.41	11.13	-39.57
30—34 岁	19.49	17.12	-12.17	15.56	9.98	-35.90
35—39 岁	18.81	16.47	-12.41	13.51	10.71	-20.67
40—44 岁	18.44	16.99	-7.86	12.08	10.85	-10.20
45—49 岁	19.14	19.54	2.09	11.39	10.76	-5.51
50—59 岁	17.32	17.36	0.27	11.07	10.32	-6.80
机关事业	24.81	33.92	36.71	16.32	16.24	-0.50
25—29 岁	26.50	37.36	40.99	22.03	21.14	-4.04
30—34 岁	25.79	37.24	44.36	19.23	20.36	5.86
35—39 岁	24.57	34.69	41.19	16.10	16.73	3.86
40—44 岁	24.23	30.80	27.10	14.47	15.05	4.03
45—49 岁	24.50	33.01	34.74	13.44	14.34	6.70
50—59 岁	23.16	35.09	51.50	13.09	13.95	6.58
方案 2						
企业	32.22	28.02	-13.03	22.78	17.20	-24.51
25—29 岁	33.02	28.40	-14.00	33.89	19.93	-41.18
30—34 岁	34.05	29.32	-13.89	27.23	17.10	-37.19
35—39 岁	31.38	26.84	-14.47	22.53	17.45	-22.56
40—44 岁	32.14	26.92	-16.25	21.01	17.14	-18.41
45—49 岁	33.50	31.06	-7.29	19.94	17.02	-14.68
50—59 岁	26.33	26.54	0.80	16.95	15.75	-7.08

续表

户主年龄和工作单位性质	养老金财富（万元） 1995 年	1999 年	变化（百分点）	养老金财富/家庭收入（%） 1995 年	1999 年	变化（百分点）
方案 2						
机关事业	42.42	54.54	28.57	28.00	26.12	-6.69
25—29 岁	48.77	67.73	38.88	40.61	38.35	-5.57
30—34 岁	45.31	64.04	41.34	33.78	35.08	3.85
35—39 岁	40.75	55.99	37.40	26.64	27.00	1.33
40—44 岁	41.81	48.32	15.55	24.92	23.52	-5.60
45—49 岁	42.05	52.79	25.53	23.12	22.53	-2.57
50—59 岁	34.45	49.91	44.88	19.41	19.75	1.78
方案 3						
企业	25.64	23.55	-8.15	17.97	14.41	-19.82
25—29 岁	23.58	21.55	-8.61	24.16	15.10	-37.50
30—34 岁	25.03	22.96	-8.27	20.00	13.41	-32.92
35—39 岁	24.16	21.81	-9.74	17.34	14.17	-18.27
40—44 岁	26.34	22.85	-13.27	17.20	14.53	-15.55
45—49 岁	28.75	27.43	-4.60	17.12	15.00	-12.38
50—59 岁	23.72	24.27	2.34	15.25	14.40	-5.56
机关事业	33.47	43.68	30.52	21.86	20.79	-4.87
25—29 岁	34.77	48.83	40.45	28.92	27.66	-4.38
30—34 岁	33.20	47.53	43.18	24.75	26.03	5.19
35—39 岁	31.36	43.16	37.62	20.46	20.82	1.78
40—44 岁	34.20	39.11	14.35	20.33	19.01	-6.47
45—49 岁	36.37	45.43	24.90	19.98	19.38	-3.03
50—59 岁	31.24	45.07	44.26	17.63	17.86	1.32

注：养老金财富为户主和配偶的养老金财富之和，以 1995 年价格计。

表7.4为户主在企业和机关事业单位工作的家庭储蓄率在两个时期的变化，为体现生命周期的影响，按照年龄组进行对照。1999年较之1995年用两种口径度量的家庭储蓄率在所有家庭均有明显上升。用SR1度量的家庭储蓄率，两类家庭平均增加了5个百分点；用SR2度量的家庭储蓄率，两类家庭平均增加了9个百分点。在两类家庭中，户主最年轻的家庭储蓄率增加得最多。可见，简单地比较两类家庭储蓄率变化，并不能看到养老金财富变化对家庭储蓄率的影响。因而，我们采用方程7.6估计这一效应。

表7.4 家庭储蓄率的变化

	SR1			SR2		
户主年龄和工作单位性质	1995年	1999年	变化（百分点）	1995年	1999年	变化（百分点）
企业	0.13	0.18	5	0.21	0.30	9
25—29岁	0.04	0.19	15	0.11	0.27	16
30—34岁	0.12	0.19	7	0.18	0.28	10
35—39岁	0.14	0.19	5	0.20	0.29	9
40—44岁	0.13	0.18	5	0.22	0.30	10
45—49岁	0.16	0.17	1	0.26	0.33	7
50—59岁	0.15	0.18	3	0.23	0.29	6
机关事业	0.14	0.19	5	0.21	0.30	9
25—29岁	0.14	0.26	12	0.19	0.34	15
30—34岁	0.11	0.18	7	0.18	0.28	10
35—39岁	0.14	0.19	5	0.21	0.30	9
40—44岁	0.16	0.18	2	0.24	0.29	5
45—49岁	0.13	0.18	5	0.23	0.33	10
50—59岁	0.15	0.22	7	0.24	0.38	14

三、回归结果

采用式7.4和7.5的调整因子得到调整后的养老金财富和未来工资收入，

作为主要需要考察的解释变量。因为在企业工作和在机关事业单位工作的个体可能具有系统性差异，所以我们将他们作为两组样本分别回归。表 7.5 报告了对户主在企业工作的样本的 OLS 估计结果，养老金财富对储蓄率的影响为负，且在 1% 水平上显著。具体大小根据不同参数方案并不一样，在方案 1 下，影响 SR1 的系数为 -0.25，影响 SR2 的系数为 -0.20，其含义是，养老金财富增加 100 元，储蓄会下降 20 元或 25 元。在方案 2 和方案 3 下，影响变小，主要原因是在这两组参数下，养老金财富的变化幅度更大。在每种方案下，年份哑变量均很显著为 0.20 左右，说明在其他控制变量取值一样的情况下，整体社会经济环境变化使得 1999 年储蓄率有所上升。

表 7.6 报告的是户主在机关事业单位工作的样本的 OLS 估计结果，与企业的结果基本一致，养老金财富对储蓄的挤出效应略小。机关事业单位养老金变化主要源于家庭或个人间的差异，具有较强的内生性，因而用 OLS 得到的估计结果有较大偏误。值得注意的是，机关事业单位样本得到的时间哑变量系数为 0.10，说明整体社会经济环境变化对户主在机关事业单位工作的家庭的储蓄率影响小于户主在企业工作的家庭。

表 7.5　户主在企业工作家庭的 OLS 回归结果

	SR1			SR2		
	方案 1	方案 2	方案 3	方案 1	方案 2	方案 3
养老金财富/家庭收入	-0.246*** (-0.033)	-0.142*** (-0.020)	-0.182*** (-0.025)	-0.199*** (-0.029)	-0.117*** (-0.018)	-0.149*** (-0.021)
未来收入/家庭收入	-0.110*** (-0.030)	-0.095*** (-0.026)	-0.111*** (-0.027)	-0.119*** (-0.027)	-0.097*** (-0.023)	-0.113*** (-0.024)
家庭资产/家庭收入	-0.047 (-0.035)	-0.052 (-0.035)	-0.051 (-0.035)	-0.047 (-0.031)	-0.05 (-0.031)	-0.049 (-0.031)
1999 年	0.207*** (0.020)	0.197*** (0.020)	0.215*** (0.020)	0.243*** (0.018)	0.232*** (0.018)	0.247*** (0.018)
30—34 岁	-0.087*** (-0.030)	-0.104*** (-0.031)	-0.098*** (-0.030)	-0.084*** (-0.028)	-0.096*** (-0.028)	-0.091*** (-0.028)

续表

	SR1			SR2		
	方案1	方案2	方案3	方案1	方案2	方案3
35—39岁	−0.151*** (−0.035)	−0.175*** (−0.037)	−0.165*** (−0.036)	−0.141*** (−0.033)	−0.159*** (−0.034)	−0.151*** (−0.033)
40—44岁	−0.207*** (−0.040)	−0.232*** (−0.042)	−0.220*** (−0.041)	−0.174*** (−0.037)	−0.192*** (−0.038)	−0.181*** (−0.038)
45—49岁	−0.227*** (−0.045)	−0.254*** (−0.047)	−0.240*** (−0.046)	−0.172*** (−0.041)	−0.190*** (−0.043)	−0.178*** (−0.042)
50—59岁	−0.255*** (−0.051)	−0.288*** (−0.053)	−0.274*** (−0.053)	−0.224*** (−0.047)	−0.247*** (−0.049)	−0.235*** (−0.048)
男性	0.036*** (0.011)	0.036*** (0.011)	0.035*** (0.011)	0.028*** (0.009)	0.028*** (0.009)	0.028*** (0.009)
受教育程度	0.003 (0.002)	0.003 (0.002)	0.003 (0.002)	0.003 (0.002)	0.003 (0.002)	0.003 (0.002)
专业人士	0.055** (0.023)	0.054** (0.023)	0.055** (0.023)	0.045** (0.020)	0.044** (0.020)	0.045** (0.020)
负责人	0.042 (0.026)	0.041 (0.026)	0.041 (0.026)	0.038* (0.023)	0.037 (0.023)	0.037 (0.023)
职员	0.008 (0.023)	0.007 (0.023)	0.008 (0.023)	0.005 (0.020)	0.004 (0.020)	0.005 (0.020)
制造业工人	0.038* (0.021)	0.037* (0.021)	0.038* (0.021)	0.030 (0.018)	0.029 (0.018)	0.029 (0.018)
家庭规模	−0.012 (−0.011)	−0.011 (−0.011)	−0.012 (−0.011)	0.002 (−0.010)	0.002 (−0.010)	0.002 (−0.010)
省份哑变量	是	是	是	是	是	是
R^2	0.096	0.094	0.097	0.133	0.131	0.134
样本量	3150	3150	3150	3150	3150	3150

注：养老金财富/家庭收入、未来收入/家庭收入、家庭资产/家庭收入这几个变量均已经采用本章第三节中介绍的调整因子加以调整。年龄组以25—29岁为参照组，职业以其他为参照组。括号内为考虑了异方差后的标准误。*、**、*** 分别表示在10%、5%和1%的显著性水平上显著。

表 7.6　户主在机关事业单位工作家庭的 OLS 回归结果

	SR1			SR2		
	方案 1	方案 2	方案 3	方案 1	方案 2	方案 3
养老金财富/家庭收入	-0.231*** (-0.046)	-0.127*** (-0.027)	-0.160*** (-0.033)	-0.183*** (-0.040)	-0.097*** (-0.024)	-0.121*** (-0.029)
未来收入/家庭收入	-0.096** (-0.040)	-0.084*** (-0.033)	-0.103*** (-0.033)	-0.098*** (-0.036)	-0.089*** (-0.029)	-0.105*** (-0.030)
家庭资产/家庭收入	-0.106** (-0.044)	-0.110** (-0.044)	-0.109** (-0.044)	-0.100** (-0.040)	-0.103** (-0.041)	-0.102** (-0.041)
1999 年	0.109*** (0.018)	0.097*** (0.018)	0.097*** (0.018)	0.159*** (0.017)	0.149*** (0.017)	0.149*** (0.017)
30—34 岁	-0.082*** (-0.029)	-0.099*** (-0.029)	-0.091*** (-0.029)	-0.063** (-0.027)	-0.078*** (-0.027)	-0.071*** (-0.027)
35—39 岁	-0.112*** (-0.036)	-0.143*** (-0.035)	-0.127*** (-0.035)	-0.093*** (-0.032)	-0.119*** (-0.032)	-0.107*** (-0.032)
40—44 岁	-0.151*** (-0.043)	-0.179*** (-0.042)	-0.156*** (-0.042)	-0.116*** (-0.038)	-0.142*** (-0.038)	-0.123*** (-0.038)
45—49 岁	-0.201*** (-0.052)	-0.234*** (-0.051)	-0.203*** (-0.052)	-0.131*** (-0.046)	-0.162*** (-0.046)	-0.139*** (-0.046)
50—59 岁	-0.215*** (-0.062)	-0.276*** (-0.060)	-0.242*** (-0.061)	-0.140** (-0.055)	-0.195*** (-0.054)	-0.169*** (-0.055)
男性	0.026 (0.016)	0.030* (0.016)	0.028* (0.016)	0.021 (0.014)	0.025* (0.014)	0.024* (0.014)
受教育程度	0.007*** (0.003)	0.007*** (0.003)	0.007*** (0.003)	0.005* (0.002)	0.005** (0.002)	0.005** (0.002)
专业人士	0.025 (0.036)	0.024 (0.036)	0.026 (0.036)	-0.013 (-0.030)	-0.014 (-0.030)	-0.013 (-0.031)
负责人	0.031 (0.037)	0.032 (0.038)	0.034 (0.038)	0.000 (0.031)	0.000 (0.032)	0.002 (0.032)

续表

	SR1			SR2		
	方案 1	方案 2	方案 3	方案 1	方案 2	方案 3
职员	0.037 (0.036)	0.036 (0.037)	0.038 (0.037)	-0.004 (-0.031)	-0.004 (-0.031)	-0.003 (-0.031)
制造业工人	0.017 (0.043)	0.017 (0.043)	0.019 (0.043)	-0.016 (-0.037)	-0.016 (-0.037)	-0.015 (-0.037)
家庭规模	-0.008 (-0.016)	-0.007 (-0.016)	-0.007 (-0.016)	0.004 (-0.013)	0.005 (-0.013)	0.005 (-0.013)
省份哑变量	是	是	是	是	是	是
R^2	0.121	0.120	0.123	0.229	0.229	0.229
样本量	1489	1489	1489	1489	1489	1489

注：养老金财富/家庭收入、未来收入/家庭收入、家庭资产/家庭收入这几个变量均已经采用本章第三节中介绍的调整因子加以调整。年龄组以 25—29 岁为参照组，职业以其他为参照组。括号内为考虑了异方差后的标准误。*、**、*** 分别表示在 10%、5% 和 1% 的显著性水平上显著。

鉴于第三节中所指出的养老金财富的内生性问题，进一步采用工具变量法进行估计，工具变量构造的思想是在企业工作的个体的养老金财富变化主要是由养老金制度改革外生带来的，且对不同年龄的人影响不同，在不同地区影响不同，因而用改革前后的时间哑变量分别和年龄组哑变量以及地区哑变量交互，总共有 36 个工具变量。此时只采用户主在企业工作的家庭样本，工具变量有效性还依赖于在企业的工人不好由于养老金改革而转换到事业单位。这一假设具有一定的可信度，在经济转型期间，从企业转到事业单位是十分困难的。为检验工具变量的质量，我们检验回归的秩条件，并且第一阶段中这些工具变量均十分显著地影响到家庭的养老金财富。

表 7.7 报告了工具变量的结果，在控制变量未包含未来收入时，我们假设未来收入的影响被年龄、受教育程度、职业和时间等变量捕捉了。事实上，是否包含这一变量，对养老金财富的系数影响并不大，但对年龄哑变量的系

数影响很大。当不包含未来收入时，年龄变量变得不显著，说明观察到的生命周期中储蓄行为的变化部分是由于不同时期未来收入相对于当前收入的不同所致。

工具变量回归得到的挤出效应要小于 OLS 回归的结果，在方案 1 下，对 SR1 为 -0.16，对 SR2 为 -0.10，对 SR1 的影响更大说明养老金财富变化对于人力资本投资的影响大于对普通消费的影响。未来收入对储蓄率的影响也为负，且十分显著，这一结果符合经济理论的预计。

表 7.7　户主在企业工作家庭的工具变量回归结果

	控制变量中不包含预期收入		控制变量中包含预期收入	
	SR1	**SR2**	**SR1**	**SR2**
养老金财富/家庭收入	-0.139***	-0.083*	-0.155***	-0.099**
未来收入/家庭收入	-	-	-0.158***	-0.172***
1999 年	0.115***	0.144***	0.212***	0.249***
工具变量数量	36	36	36	36
F-检验	F（59，3090）=79.45***		F（60，3089）=206.55***	
R^2	0.067	0.097	0.085	0.122
样本量	3150	3150	3150	3150

注：此处汇报的结果是按方案 1 计算的养老金财富。其他控制变量同表 7.5。

第五节　敏感性检验

对于不同参数设定方案，我们用工具变量回归的结果做敏感性检验。每个方案下估计出的系数列于表 7.8 中，每种情况下的挤出效应都很显著，但挤出效应的大小随参数假设而变，如方案 1 下为 -0.1—-0.16，方案 2 下为 -0.07—-0.11。为理解对家庭储蓄率的影响大小，我们对 1999 年户主在企业工作的样本，计算在改革前后的养老金财富变化与当前家庭工资收入之比，并按照第三节的方法进行调整。再根据估计出的效应算出由此带来的家庭储蓄率的变化。表7.8显示，不同方案下家庭储蓄率的变化相对稳定，这是由于每种方案估计的挤出效应和计算的养老金财富具有相同的参数假设，当计算得到的养老金财富变化较大时，估计出的挤出效应就比较小。根据计算，对于1999年户主年龄在50—59岁的家庭而言，家庭储蓄率由此上涨2—3个百分点，对于1999年户主年龄在25—29岁的家庭而言，家庭储蓄率由此上涨6—9个百分点。这表明对于年轻家庭的储蓄率影响更大。

我们将估计出的结果和文献中的结果做一比较。费尔德斯坦（Feldstein，1974）用时间序列数据证实了在美国养老金财富对家庭储蓄的挤出效应，这一效应的大小为-0.30—-0.50，即养老金财富增加100%，储蓄率下降30%—50%。之后用微观数据的研究得到的结果，在加拿大1美元的养老金财富会导致家庭储蓄率下降25美分（Dicks-Mireau，1982）；在美国这一效应大约为0.20或更小（Diamond & Hausman，1984；Hubbard，1986）。但也有研究发现并没有挤出效应（Kotlikoff，1979；Venti & Wise，1990；Aso & He，2001）。盖尔（Gale，1998）纠正了以往研究中未对养老金财富进行调整这一错误后，得到较大的挤出效应，对高受教育程度家庭的挤出效应为-0.68，对低受教育程度家庭为-0.37。阿塔那斯奥和布鲁吉瓦尼（Attanasio & Brugiavini，2003）对意大利的研究结果显示，挤出效应平均为-0.35；而博塔齐等人（Bottazzi，et al.，2006）对意大利的研究结果显示，挤出效应平均为-0.65。我们估计出的结果与之相比是比较小的。

中国的挤出效应较小，可能源于以下一些原因，如借贷约束、预防性储蓄、储蓄的遗产动机、未来养老金收入的不确定性等。由于养老金制度自1986年之后一直处于改革之中，家庭对于退休后的养老金财富很难预计，而且个人账户空账运行，降低了人们对这一制度的信任（Yuan & Feng，2005）。

表 7.8　敏感性检验

	SR1			SR2		
	方案 1	方案 2	方案 3	方案 1	方案 2	方案 3
养老金财富效应（工具变量回归结果）[a]	-0.16***	-0.10***	-0.10***	-0.07***	-0.11***	-0.08***
养老金财富/家庭收入变化（百分点）[b]						
出生组 1	-0.35		-0.88		-0.59	
出生组 2	-0.29		-0.76		-0.53	
出生组 3	-0.25		-0.56		-0.39	
出生组 4	-0.20		-0.39		-0.28	
出生组 5	-0.11		-0.32		-0.24	
出生组 6	-0.10		-0.26		-0.21	
由于养老金财富变化导致的家庭储蓄率变化（百分点）[c]						
出生组 1	5.56	3.48	8.81	6.17	6.48	4.72
出生组 2	4.68	2.92	7.59	5.31	5.81	4.22
出生组 3	4.03	2.52	5.57	3.90	4.27	3.11
出生组 4	3.28	2.05	3.91	2.74	3.03	2.21
出生组 5	1.81	1.13	3.19	2.23	2.64	1.92
出生组 6	1.59	1.00	2.61	1.83	2.31	1.68

注：a. 不同方案下养老金财富的效应按照表 7.7 中第 3 栏和第 4 栏的估计。b. 在企业工作的户主预计的养老金财富按照养老金改革前后的政策规定计算。养老金财富/家庭收入变化是已调整后的。c. 用养老金财富的效应乘以养老金财富/家庭收入变化得到这一结果。出生组 1—6 分别指户主年龄在 1999 年为 25—29 岁、30—34 岁、35—39 岁、40—44 岁、45—49 岁和 50—59 岁。

第六节　结论和讨论

利用 1995 年和 1999 年的城镇住户调查数据考察了养老保险改革对家庭储蓄率的影响，1995—1997 年间对中国城镇企业职工进行的养老保险制度改革导致企业职工养老金替代率下降，这一由政策导致的养老金财富的变化具有外生性，可以用来识别养老金对家庭储蓄的影响。我们的研究表明，在中国养老金财富对于家庭储蓄存在显著的替代效应，这一效应在 -0.10 到 -0.16之间，具体大小根据所采用的参数不同而有变化。而养老金改革带来的储蓄率上涨在不同方案下计算出的结果都具有稳健性，对于 1999 年户主年龄在 25—29 岁的家庭而言，养老金改革导致其家庭储蓄率上涨了 6—9 个百分点，对于 1999 年户主年龄在 50—59 岁的家庭而言，养老金改革导致其家庭储蓄率上涨了 2—3 个百分点。

中国的挤出效应相对发达国家而言较小，我们的结果同时表明，对于人力资本投资的挤出效应更大。相同情况下，养老金财富下降导致人力资本投资下降的幅度大于普通消费的下降。在人口老龄化过程中，养老金财富降低是大势所趋，为此，需要更多人力资本投资的公共投入，以补充家庭人力资本投资可能的不足。

鉴于样本的可得性，我们没有估计那些没有被养老保险覆盖的群体，如果有了养老保险之后，其家庭储蓄率的变化情况。我国养老保险处于扩大覆盖面的过程中，是否同样具有降低家庭储蓄率的作用，是今后值得关注的问题。

附录 1　未来收入和养老金财富的估算

在本研究的估计中，未来收入定义为职工从调查年到退休前一年工资收入的贴现值；养老金财富定义为职工退休到死亡领取的养老金的贴现值。1997 年改革后企业职工需要按本人工资收入的一定比例缴纳保险费，所以我们估算了两种养老金财富：一种是没有扣除工作期间缴纳的保险费的养老金总财富（gross pension benefit），一种是扣除工作期间个人负担的那部分养老保险费后的养老金净财富（net pension benefit）。未来收入和养老金财富的估算我们基本参照何立新（2007）的式 7.3—7.6，并根据本研究的情况做了调整和改进。具体估算过程如下：

首先，我们利用 1995 年、1999 年和 2002 年三年的数据，选取 20—59 岁有工资收入的样本，以个人工资收入的对数值为被解释变量，以个人的年龄、学历、职业等个人特征为解释变量来估计工资收入函数；之后根据收入函数的估计结果得到个人工资年收入的预测值，并在一定的工资增长率和利息率的假设条件下，估计出每个人在未来的工资收入（见式 7.7）。

$$LTW_i = \sum_{s=a_i}^{R-1} \{ [\hat{W}_{i(s)} \cdot (1+g_s)^{(s-a)}] / (1+r_s)^{(s-a)} \} \qquad (7.7)$$

式 7.7 中 LTW_i 代表个人 i 从调查时的 a 岁到退休前的 $R-1$ 岁的工资收入在调查时点的贴现值；$\hat{W}_{i(s)}$ 是个人 i 在 s 岁时的工资年收入预测值；a 是调查时的年龄；R 是退休年龄（男性 60 岁，女性 55 岁）；g_s 是个人 i 在 s 岁时的社会平均实际工资增长率；r_s 是贴现率。在具体估计时我们假设 g 与 r 相等，在各个时点均取值为 4%。

其次，我们利用上面得到的每个人未来工资收入根据养老保险制度的有关规定估计养老金财富。由于新老制度的计发办法不同，我们对不同的人群采用了不同的方法计算。对 1995 年样本，无论职工是在企业还是在机关事业单位工作，都一律按老办法计算，即每月的养老金按退休时本人工资的一定比例（养老金替代率）计发，并按社会平均实际工资增长率实行养老金调整。

$$LPold_i = \sum_{s=R}^{D} \{ \hat{W}_{(i,R-1)} \times x \times (1+g_s)^{(s-R)} / (1+r_s)^{(s-a)} \} \qquad (7.8)$$

式 7.8 中 $LPold_i$ 代表个人 i 从退休时的 R 岁到死亡时的 D 岁期间领取的养老金合计在调查时点的贴现值；x 为养老金替代率；[10] D 为死亡年龄；[11] 其他符号的含义与式 7.7 相同。

对于 1999 年样本，我们对企业职工和机关事业单位职工的养老金财富

⑩ 我们根据 1978 年国务院《关于工人退休、退职的暂行办法》和《关于安置老弱病残干部的暂行办法》的规定及已有的统计数据，将企业职工设定为 75%，机关事业单位职工设定为 90%。

⑪ 死亡年龄利用世界银行（2001）中提供的寿命变动预测结果。

采用不同的方法计算。对企业职工根据附表7.1整理的内容，对新人计算其基础养老金和个人账户养老金，中人计算其基础养老金、个人账户养老金和过渡性养老金。基础养老金月标准为各地上年度职工月平均工资的20%，个人账户养老金月标准为本人退休时个人账户储存额除以120，个人账户规模按《1997年决定》规定计入本人缴费工资的11%，本研究将各个时点的预测工资视为下一年度的缴费工资。“中人”的过渡性养老金根据劳动和社会保障部组织编写的《全国劳动和社会保障部干部培训教材·养老保险》（焦凯平等编，2001）第29页和第46页的说明计算，即过渡性养老金=指数化月平均缴费工资×系数×未建立个人账户的年限；指数化月平均缴费工资=退休上年度月社会平均工资×历年缴费平均工资指数；个人缴费工资指数为本人缴费工资与社会平均工资之比。系数取全国平均值1.3%。具体计算公式参见何立新（2007）。对机关事业单位职工则按式7.8计算。

附录2　改革对个人养老金财富的影响

我们将参保个体按照性别、收入水平和出生时代分为不同的群体。低收入群体为社会平均工资的60%，高收入群体为社会平均工资的2倍。在现行的养老金发放规则下，低收入群体养老金净财富为正，社会平均工资群体的女性养老金净财富为正，但男性为负，高收入群体养老金净财富为负。这反映出养老金设计具有不同收入间再分配的特征（附表7.1）。女性的养老金净财富在相同收入下都大于男性，这是由于女性的预期寿命较高。

将改革方案设定为：降低缴费率8个百分点，企业缴费16%，个人缴费4%，并逐步延长退休年龄5岁，同时随人口老龄化调整替代率。

此时，所有参保个体的养老金净财富都会下降，退休年龄越高，下降得越多。但养老金制度的再分配特征仍然存在。考虑到延长退休年龄带来的终身收入提高，所有收入群体总的财富水平显然是增加的。此外，养老金的替代率，男性只有微小下降，女性会上升，这表明，虽然缴费年限增加，领取养老金年限减少，由于退休年龄延长，退休时刻工资较未改革时增加，所以每个月的养老金数量会增加，女性增加更为显著（附表7.2）。

附表7.1　现行方案下不同收入的养老金财富和替代率　　单位：元

		男性	女性
低收入			
	缴费总额	214849	184157
	养老金总额	295235	372332
	终身收入	767319	657702
	养老金替代率	84.17%	67.93%
	净收益	80386	188176
	净收益占终身收入比	10.48%	28.61%
平均收入			
	缴费总额	358082	306928
	养老金总额	336159	407410
	终身收入	1278865	1096170
	养老金替代率	57.50%	44.60%
	净收益	-21923	100482
	净收益占终身收入比	-1.71%	9.17%
高收入			
	缴费总额	716164	613855
	养老金总额	438468	495103
	终身收入	2557730	2192340
	养老金替代率	37.50%	27.10%
	净收益	-277696	-118752
	净收益占终身收入比	-10.86%	-5.42%

注：养老金缴费和待遇按现行政策，企业缴费率为20%，个人缴费率为8%，男性退休年龄为60岁，女性退休年龄为55岁。假设工资增长率等于贴现率，为2012年价格。

附表 7.2　改革方案下不同收入的养老金财富和替代率　　单位：元

出生年份		退休年龄	
1960 年		62 岁	56.5 岁
		男性	女性
低收入			
	缴费总额	162233	138117
	养老金总额	226834	306690
	终身收入	811166	690587
	养老金替代率	73.90%	59.53%
	净收益	64601	168573
	净收益占终身收入比	7.96%	24.41%
平均收入			
	缴费总额	270389	230196
	养老金总额	248465	325106
	终身收入	1351943	1150979
	养老金替代率	48.57%	37.86%
	净收益	-21923	94910
	净收益占终身收入比	-1.62%	8.25%
高收入			
	缴费总额	540777	460391
	养老金总额	302543	371145
	终身收入	2703886	2301957
	养老金替代率	29.57%	21.61%
	净收益	-238234	-89247
	净收益占终身收入比	-8.81%	-3.88%

续表

出生年份		退休年龄	
1970 年		64.5 岁	61.5 岁
		男性	女性
低收入			
	缴费总额	173195	160041
	养老金总额	204819	285497
	终身收入	865974	800204
	养老金替代率	81.24%	70.39%
	净收益	31625	125457
	净收益占终身收入比	3.65%	15.68%
平均收入			
	缴费总额	288658	266735
	养老金总额	227912	306836
	终身收入	1443291	1333674
	养老金替代率	54.24%	45.39%
	净收益	-60746	40102
	净收益占终身收入比	-4.21%	3.01%
高收入			
	缴费总额	577316	533469
	养老金总额	285644	360183
	终身收入	2886581	2667347
	养老金替代率	33.99%	26.64%
	净收益	-291673	-173286
	净收益占终身收入比	-10.10%	-6.50%

续表

出生年份		退休年龄	
1980 年		65 岁	65 岁
		男性	女性
低收入			
	缴费总额	175387	175387
	养老金总额	199868	259792
	终身收入	876936	876936
	养老金替代率	82. 88%	79. 00%
	净收益	24481	84405
	净收益占终身收入比	2. 79%	9. 63%
平均收入			
	缴费总额	292312	292312
	养老金总额	223253	283177
	终身收入	1461560	1461560
	养老金替代率	55. 55%	51. 67%
	净收益	－69059	－9135
	净收益占终身收入比	－4. 73%	－0. 63%
高收入			
	缴费总额	584624	584624
	养老金总额	281716	341640
	终身收入	2923120	2923120
	养老金替代率	35. 05%	31. 17%
	净收益	－302908	－242984
	净收益占终身收入比	－10. 36%	－8. 31%

注：25 岁开始工作，假设 2015 年开始延长退休年龄到 65 岁，降低缴费率到 20%（雇主 16%，雇员 4%）。替代率随赡养率调整。

第八章

人口老龄化趋势下降低缴费率对养老基金平衡的影响

Public Pension Scheme

前面几章论证了降低养老保险缴费率的必要性，然而其可行性如何需要进一步讨论。对降低缴费率的主要质疑是，在人口老龄化程度不断加深的背景下，降低缴费率会使得养老保险基金平衡雪上加霜。对此有以下几方面的应对措施：第一，在城市化进程中，逐步扩大养老保险覆盖面，可在很长时期内改善基金平衡。第二，降低缴费率后，参与激励提高，由此会增加企业和员工的缴费。当前企业普遍存在逃费现象，降低当前政策规定的基准缴费率，可增加企业的参与激励，可能增加基金收入。第三，降低待遇水平，与较低水平的缴费率相对应，待遇的降低主要通过逐步延长退休年龄体现，随着我国人口受教育年限逐年上升，延迟退休年龄会得到越来越多的认同。第四，通过多渠道财政补贴，增加基金收入，弥补转型成本。我国当前缴费率较高的一个重要原因是其中有一部分缴费是用于弥补转型成本。可以考虑增加政府补贴为转型成本融资，从而减少参保员工的缴费压力。

本章将在对现有研究综合分析的基础上，对上述几方面措施对总体基金平衡的影响进行测算。首先，模拟城市化进程，并将基本养老保险扩面考虑在内，得到今后参保人口的年龄结构和体系的赡养系数，为基金平衡模拟提供合理的基础数据。其次，设计不同方案，对基金平衡的模拟重点考察缴费率下降的影响。

第一节　现有文献对中国养老保险改革的建议及基金平衡估计

已有大量研究对中国城镇职工养老保险制度改革提出了不同的改革方案，并对不同改革方案的基金平衡结果进行了估计。现有文献发现，中国城镇养老保险制度改革存在较大的空间，主要文献、使用方法和结果见表8.1。

表 8.1　现有文献中的方案、模拟方法和结果

文献	方案设计	模拟方法	主要结果
Heikki Oksanen，2012	基线方案模拟加 3 种改革方案： 方案 1：参数改革：延长退休年龄，2020—2060 年延长 5 年，降低缴费率到 20%，增加转移劳动力的覆盖率； 方案 2：名义账户（NDC），保留做实的个人账户； 方案 3：名义账户，无个人账户	人口模拟（城市人口、转移人口、农村人口）； 参数假设：工资增长率和劳动参与率等； 基金财务收支模拟	1. 方案 1：养老基金到 2030 年之前都可以平衡，但之后赤字会迅速增加； 2. 方案 2 和方案 3：年度收支基本可以平衡，方案 3 好于方案 2，但这两个方案的替代率小于方案 1； 3. 缴费率降低对基金平衡的影响可以由延长退休年龄和政府补贴所弥补
Sin，2005	基线方案模拟加 13 个改革方案： 方案 1—4：针对国务院 26 号文件的改革； 方案 5—9：针对国务院 42 号文件的改革； 方案 10：延长退休年龄到 65 岁； 方案 11：从 2026 年养老金指数化 100% 与价格指数挂钩，不再与工资增长挂钩； 方案 12：逐步减低缴费率； 方案 13：扩大覆盖面，到 2075 年覆盖 80% 的城镇职工	世界银行 PROST 模型	1. 国务院 26 号文件方案要能维持基金平衡，缴费率要求 37%； 2. 在国务院 42 号文件的规定下，通过方案 10 和方案 11 的改革，方案 12 表明，基金平衡所要求的缴费率可以降低到 17%； 3. 方案 13 扩大覆盖面后，养老保险体系资产会逐步积累，到 2075 年可达到 GDP 的 75%

续表

文献	方案设计	模拟方法	主要结果
Feldstein & Liebman，2008	将转型成本剥离； 降低缴费率； 改革统筹账户：延长退休年龄、降低替代率； 做实个人账户，提高投资收益率	未详细说明	8%缴费的个人账户可以产生35%的替代率；可以不需要统筹账户
Barr & Diamond，2010	名义个人账户； 不以做实个人账户为目标； 扩大覆盖面； 延长退休年龄	未做模拟	预计结果：名义个人账户可使得基金的财务状况更为可靠； 将给参保人更多信心，覆盖面和遵守率提高
王燕等，2001	基线模拟加3个改革方案： 方案1：扩大覆盖面，逐步延长退休年龄； 方案2：做实个人账户，由其他税收补充转型成本； 方案3：个人账户由商业化管理，政府只负责小规模的现收现付的计划	CGE模型	1. 基线模拟表明基金平衡要求的最高缴费率要达到37.7%； 2. 扩大覆盖面短期可改善基金平衡，但长期会带来更大缺口，同时延长退休年龄，2020年到65岁，则可使基金基本平衡； 3. 方案2的转型成本每年约为GDP的0.6%，2050年后降为GDP的0.3%； 4. 方案3结合方案1的替代率可以达到20%，缴费率为10%—12%

上述文献的结果揭示了以下几点含义：第一，覆盖面扩大短期内有助于基金平衡的改善；第二，在扩大覆盖面、延长退休年龄、财政补贴补充转型成本的情况下，所要求的缴费率可大为下降；第三，可采用其他融资渠道，如财政补贴。但上述文献有一定的局限：第一，没有很好地论证今后的城市化进程和养老保险覆盖面的扩大；第二，没有充分研究缴费率可能下降的空间，未注意到当前征缴率较低，而且征缴率与政策缴费率之间有相关性。我们将在人口模拟和养老保险制度覆盖面模拟的基础上，设计多种方案，以考察缴费率下降的可能性与合理性。

第二节　基于城市化进程的城乡人口年龄结构

一、乡—城人口迁移规模和年龄结构

为了模拟城镇养老保险覆盖面扩大后的基金平衡状况，需要模拟包含了城市化进程的城镇人口年龄结构演变，现有对中国的人口预测主要是基于全部人口和年龄结构的预测（联合国人口司，2010）或对城市化的预测，缺乏分城乡的人口年龄结构预测。我们做了专门的人口模拟，使用2000年第五次人口普查与2010年第六次人口普查数据作为基础数据。基于普查的两次人口数据公报中，城市化率分别为36%与49.7%。为此，首先需要得到每年由农村转移到城市的分年龄人口数量和总人口数。通过对比2010年度调查人口与预测人口的方法推测出城乡迁移人口的规模和年龄结构。用2010年“自然”人口的城乡分年龄、性别数据对比2010年的调查数据，其中的差异便是2000—2010年间的城乡迁移人口。采用2000年普查得出的城乡人口年龄、性别结构等数据，可算出2010年城乡的“自然”人口，即没有乡—城迁移的城乡人口，具体方法参见陈沁和宋铮（2013）。计算得到2000—2010年间的城乡迁移人口，合计为1.91亿人，分摊到每年，则每年从农村迁移到城市的人口比例约为当年农村人口2.8%（迁移率），约为总人口的1.5%。这一数据

与官方统计的约2亿劳动力转移接近。同时还得到分年龄的迁移率，以此乘以每年各年龄的农村人口，可得到今后每年迁移到城市的人口，迁移过程一直到城市化率达到80%为止。

所需参数中死亡率可以直接采用普查数据，而2000年普查与2010年调查的生育率在一定程度上被低估了（张为民、崔红艳，2003）。在第六次人口普查中，城、镇总和生育率分别为0.88与1.15，农村为1.44。由于有些9岁以下人口未被统计，这一数据存在低估，我们上调了20%。为了证明其合理性，我们用调整后的生育率，以第五次人口普查数据为基础，模拟得到2010年的人口结构和数量，发现与第六次人口普查数据可以较好拟合（陈沁、宋铮，2013）。

二、分城乡人口模拟

利用2010年调查中的人口、出生率、死亡率以及出生时的人口性别比例，以及乡—城迁移模式，预测城乡人口。此外，假设城镇总和生育率从2010年开始在30年内线性上升到1.44。这是较为保守的假设，按照联合国的生育率转变模型，低生育率国家在经历生育率低谷后将逐步回升到2左右，他们对中国人口预测所用的生育率中方案为1.64。① 在模拟中我们假设迁移到城镇的农村人口的生育率与死亡率立即变得与城镇相同。在上述迁移率设定下，城市化率将从2010年的50.3%上升至2020年的60%、2032年的70%与2049年的80%。由于更多农村的年轻人迁移到城镇，减缓了城镇的老龄化速度，城镇劳动力年龄人口数量到2035年之后才会下降（表8.2）。而与此同时农村老龄化速度加快，但农村老人的绝对数量持续下降，这将为政府补贴农村老人的养老提供条件。

① Population Division of the Department of Economic and Social Affairs of the United Nations Secretariat, World Population Prospects：The 2010 Revision，http：//esa. un. org/unpd/wpp/index. htm.

表 8.2　分城乡人口模拟结果

数量（亿）	城镇			农村			合计	
	0—14岁	15—64岁	65岁以上	0—14岁	15—64岁	65岁以上	总人口	城市化率（%）
2010	0.9	5.2	0.5	1.3	4.8	0.7	13.4	49.7
2015	1.0	5.8	0.7	1.2	4.2	0.7	13.8	55.3
2020	1.2	6.2	1.1	1.1	3.6	0.8	14.1	60.2
2025	1.3	6.5	1.4	0.9	3.2	0.8	14.2	64.8
2030	1.3	6.7	1.7	0.7	2.8	0.9	14.1	68.9
2035	1.2	6.7	2.2	0.6	2.3	0.9	14.0	72.6
2040	1.2	6.6	2.6	0.5	1.9	0.9	13.7	75.8
2045	1.3	6.4	2.8	0.5	1.6	0.8	13.4	78.6
2050	1.3	6.2	2.9	0.4	1.4	0.6	12.9	80.1
结构（%）								
2010	14	78	8	19	71	10		
2015	14	77	10	20	69	12		
2020	14	74	13	21	67	15		
2025	13	72	15	19	67	17		
2030	12	70	18	18	66	21		
2035	10	67	22	17	64	26		
2040	9	65	26	17	61	28		
2045	9	63	28	17	58	27		
2050	9	61	30	17	56	26		

资料来源：作者预测

表 8.3 为联合国预测结果，用以比较。

表 8.3 联合国人口司预测（2010 年版，中方案，亿）

年份	0—14 岁	15—65 岁	65 岁以上	总人口	0—14 岁占比%	15—65 岁占比%	65 岁以上占比%
2010	2.6	9.7	1.1	13.4	19.5	72.4	8.2
2015	2.4	10.0	1.3	13.7	17.8	72.7	9.5
2020	2.3	9.9	1.7	13.9	16.7	71.3	12
2025	2.2	9.8	2.0	14.0	15.7	70.3	14
2030	2.0	9.6	2.3	13.9	14.6	68.9	16.5
2035	1.9	9.1	2.8	13.8	13.9	65.9	20.2
2040	1.9	8.6	3.2	13.6	13.6	63.1	23.3
2045	1.8	8.3	3.2	13.3	13.5	62.2	24.3
2050	1.7	7.9	3.3	13.0	13.5	61	25.6

资料来源：Population Division of the Department of Economic and Social Affairs of the United Nations Secretariat，World Population Prospects：The 2010 Revision，http：//esa. un. org/unpd/wpp/index. htm

第三节 基本养老保险赡养系数模拟

在上述城镇人口模拟基础上，可以计算基本养老保险体系的参保职工和退休人员数量。所需要的参数包括分年龄劳动参与率、养老保险覆盖面和退休年龄。从而可得到养老保险体系的赡养系数（退休人数/职工人数）。前面已经提到，我国城镇职工基本养老保险体系仅覆盖了不到 60% 的城镇就业人口，相当多的农村转移劳动力还没有被覆盖到，超过 2.5 亿的农民工中大约只有 15% 被这一体系所覆盖，将农村转移劳动力吸收到这一体系中是可持续发展的必然要求。为此，假设到 2030 年覆盖到城镇劳动力的 80%，此后保持这一覆盖率，我们有必要模拟今后覆盖面逐步扩大的城镇养老保险覆盖人数和不同退休年龄下养老保险制度赡养率。设定以下四种情况：

案例 1：覆盖面不变，即覆盖 80% 的户籍劳动力和 20% 的转移劳动力。

案例 2：从 2014 年到 2030 年，逐步覆盖 80% 的城镇所有劳动力。

案例3：在案例2的基础上假设总和生育率从2014年开始30年内增加到1.44。

案例4：在案例3的基础上从2014年开始退休年龄在20年内逐步延长5岁。

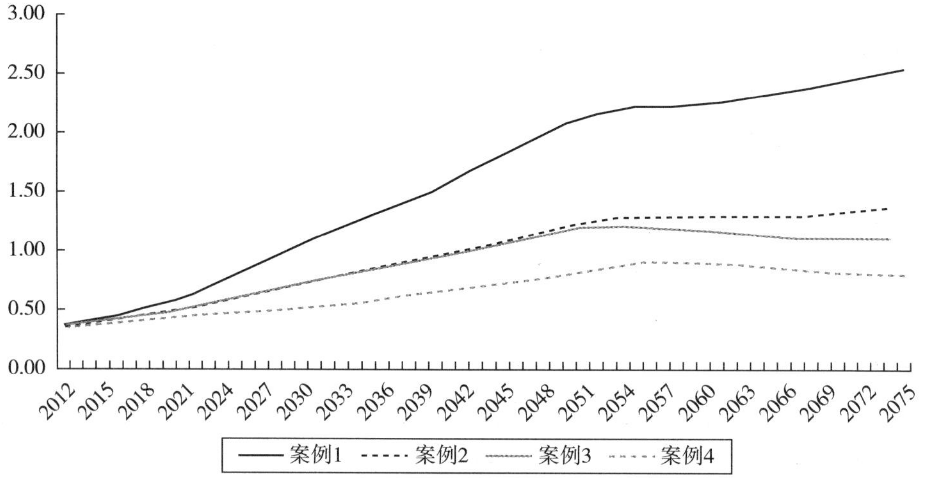

图8.1　城市化下的养老保险制度赡养系数

资料来源：作者模拟

图8.1显示，在案例1中，基本养老保险覆盖面不变，外来劳动力的覆盖面并未扩大，则老年赡养系数将迅速上升，到2050年高达2.09，即一个工作人口要养2.09个退休人员，城市化对养老保险体系的贡献有限。在案例2中，将覆盖面在转移劳动力中扩大，则赡养系数将大为下降，可见，扩面在较长一段时期内对改善基本养老保险的负担状况有很大帮助。生育率提高效应的发挥需要较长时间，在案例3中，到2040年其效果才显现，生育率会改善赡养率的长期趋势。而延长退休年龄的效果可以迅速体现，在案例4中，老年赡养系数虽仍逐步上升，但其速度较为缓慢，在2050年可降为0.81。

第四节　降低缴费率对基金平衡的影响

一、方法与假设

第一步，利用2010年基本养老保险基金收入和支出、参保人数等数据，以及养老保险待遇给付规定，校准首年替代率（退休第一年养老金/当年社会平均工资）、平均替代率（平均养老金/社会平均工资）和征缴率（实际缴费/应收保费）等参数。按照当前退休年龄和改革中的过渡方案，退休首年替代率将在30年内逐步下降到50%，若退休年龄延长5岁，则首年替代率逐步下降到62%。首年之后的养老金将按一定规则增长，例如按通货膨胀率增长，最后可得到每年所有退休人口的平均养老金对当年社会平均工资的平均替代率。

表 8.4　校准结果

	首年替代率	平均替代率	征缴率	职工覆盖面	退休人员覆盖面
2010 年	71%	45%	57.5%	80%（户籍劳动力） 20%（转移劳动力）	70%

资料来源：根据《中国统计年鉴》《中国劳动统计年鉴》数据计算

第二步，参数假设，包括工资增长率、GDP增长率、投资收益率、贴现率和通货膨胀率。

表 8.5　参数假设

	2011—2015 年	2016—2020 年	2021—2025 年	2026—2030 年
GDP 年增长率（实际,%）	8.6	7.0	5.9	5.0
工资年增长率（实际,%）	8.3	7.1	6.2	5.5
投资收益率（实际,%）	5.0	5.0	5.0	5.0
通胀率（%）	4.0	4.0	4.0	4.0

资料来源：GDP增长率和工资增长率来源于“China 2030：Building a Modern，Harmonious，and Creative High-Income Society，The World Bank，DRC，2012”

第三步，按照式8.1和8.2计算每年的基金收入和支出，其中 i 指年龄，其最大值 T 设为100。

$$\text{基金支出} = \sum_{i=\text{退休年龄}}^{T} \text{领取人数}_i \times \text{社会平均工资} \times \text{替代率}_i \tag{8.1}$$

$$\text{基金收入} = \text{参保职工} \times \text{平均工资} \times \text{缴费率} \tag{8.2}$$

二、方案和模拟结果

我们设计了四种改革方案，重点放在降低缴费率的效果上（表8.5）。尽管世界劳工组织和其他专家建议中国需要降低缴费率（Feldstein & Liebman, 2008），但降低缴费率对基金平衡的影响是最大的担心。然而应看到，当前养老保险扩面缓慢的一个重要原因是缴费负担较重，降低缴费率可提高参与激励，从而改善养老基金的现金流。此外，还可以通过延长退休年龄和增加政府补贴等冲销可能的负面影响。表8.6的方案设计分别考虑了上述可能性。

表8.6 方案设计

	缴费率	覆盖面	征缴率	退休年龄	养老金增长	财政补贴
基期方案	28%	户籍80% 外来20%	80%	男60 女55	工资增长率与通胀率各一半	0
方案1	28%	全部80%	80%	同基期方案	同基期方案	0
方案2	28%	同方案1	80%	延长5岁	同基期方案	0
方案3	20%	同方案1	100%	同基期方案	同基期方案	1% GDP
方案4	20%	同方案1	100%	同基期方案	通胀率	1% GDP

注：缴费率、退休年龄、征缴率变动的方法为，从2014年开始线性逐步在20年内变动到目标值。
资料来源：作者方案设计

模拟结果表明，按当前的制度参数和基期方案（Baseline）运行，基本养老保险基金难以持续，在2050年年度赤字为GDP的7.71%，累积赤字为GDP的160%。与之相对照，方案1扩大了覆盖面后，基金平衡状况将可以改善。方案1和方案2比较说明，延长退休年龄的效果在后期并不显著（图8.2），是因为退休后的养老待遇随之需要提高的结果，但延长退休年龄可以减少基金的累积赤字（图8.3）。方案2和方案3的结果类似，说明缴费率下降对基金收入的不利影响可以被参与率提高和政府补贴所抵消，此处1% GDP的政府补贴相对于目前每年补贴2%—3%左右的规模而言是较小的（郑秉文，2012）。方案4是较

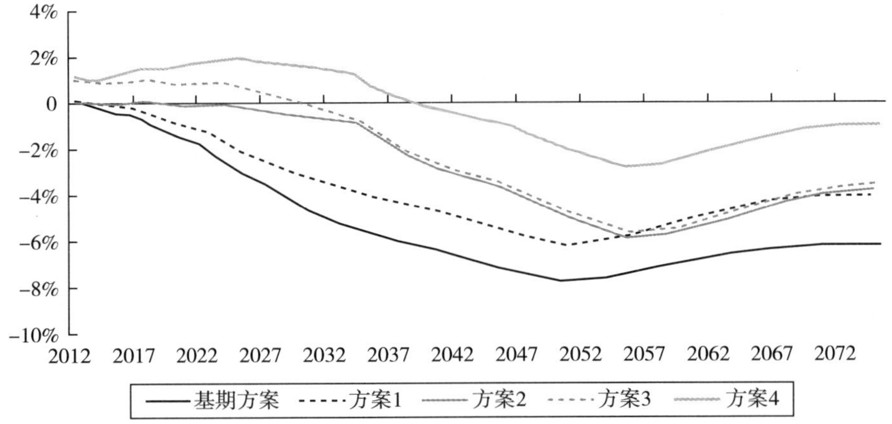

图 8.2　基金年度收入与支出的差额占 GDP 比重

资料来源：作者模拟

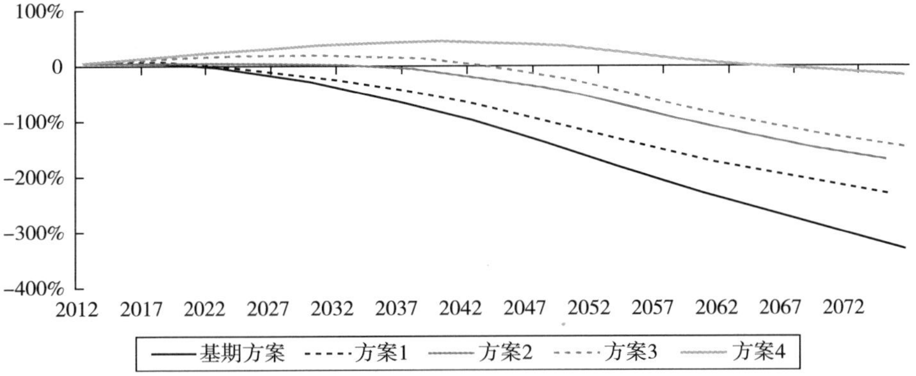

图 8.3　基金累积余额占 GDP 比重

资料来源：作者模拟

为理想的方案，即在方案 3 的基础上改变养老金的增长规则，仅随通胀率上涨而上涨，则基金累积平衡基本上可以维系。由此可见，降低缴费率是有空间的，在上述方案设计中可行的假设下，并不会影响到基金平衡。

第五节　养老保险基金缺口的含义

上述模拟的养老基金平衡或缺口未区分个人账户和统筹账户，由于我国个人账户在多数省份为空账，所以我们将个人账户视为名义账户，与统筹账户性质相同。世界银行的学者对中国养老金改革实施名义账户提出过详细的测算和建议（Dorfman, et al., 2013）。还需指出的是，上述模拟的是未来各年份当年的养老基金收入和支出之差以及当年累积余额。目前，从官方数字看当年养老基金累积余额历年都还有结存，如2013年末，基本养老保险基金当年累计结存3.1万亿元。但又有预测认为到2013年，全国养老金缺口将高达18.3万亿元。② 那么如何理解养老金缺口数字上的差异？

养老基金缺口有三个口径：第一种为当期累计的账面余额，即历年养老金收入和支出相抵之后的数额，上面的3.1万亿元就是这个概念。需要说明的是，这里的养老基金收入包括缴费收入和财政补贴，其中财政补贴大约占到15%，2010年财政补贴为1965亿元。如果扣除财政补贴，结余虽仍为正，但会大幅下降。且地区间差异较大，上海、福建、天津等已经收不抵支，而广东、江苏、山东、北京、浙江等地结余较多。

第二种口径为当期账面余额与应当累积的余额之间的差距。20世纪90年代中期个人账户开始设立，每个月缴费工资的8%进入个人账户，理论上可以得到个人账户总的规模，若当期的账面余额小于当期个人账户应当累积的数额，则养老基金就存在缺口。用这个口径度量，可以肯定缺口是存在的，有估计认为是1.76万亿元。我国实行统账结合的养老保险模式，缴费一部分进入统筹账户，用于支付当期退休人员的养老金，另一部分进入个人账户进行投资累积。但由于统筹账户部分严重收不抵支，只好挪用了个人账户的资金，使得大部分地区个人账户成为名义账户，无可投资。

第三种口径是预计的养老基金收入和养老金支出之间的差距，并将它贴现到当下，实际上是将未来的缺口也包含在内，18.3万亿元的缺口就是这个含义。未来养老金支出指，按照政策，某一时期所有参保者现在和未来需要领取的养老金总额；预计的养老基金收入是可以用于兑现上述支出

② 发布的研究报告《化解国家资产负债中长期风险》预测，到2013年，中国养老金的缺口将达到18.3万亿元。这份研究报告由中国银行首席经济学家曹远征牵头的中银研究团队和德意志银行大中华区首席经济学家马骏牵头的复旦大学为主的研究团体撰写。

承诺的养老保险缴费总额。随着人口老龄化，今后缴费的人数趋于下降，因而这个缺口逐步扩大。但这一估算隐含着诸多假设，如老龄化速度、工资增长率、贴现率等。未来的不确定性很多，因而估计结果只能是一个参考。

第六节 盘点弥补养老金缺口的资金来源

就现有的资源看，通过财政资金的安排弥补养老金缺口仍然有较大的空间。一是国企红利。我国约有国有资产33.8万亿元，国企红利每年已经超过1万亿元。2007年开始对盈利性国企规定红利上缴比例，视盈利能力定为10%、5%、无须上缴三种，之后又分别提高了5个百分点。2012年实际上缴比例约为7.4%，远低于欧美国家的20%—60%。若能将上缴比例提高到20%，则可有近2000亿元的补贴用于养老保险，与2011年财政对养老补贴总额2272亿元相差不多。因而，在一定时期内国企红利可以成为养老金的后援。

二是外汇储备的投资收益。我国有外汇储备约3.4万亿美元，约占GDP的50%，占全球外汇储备的三分之一。外汇储备形成巨额的外汇资产，当前我国已经以此为基础建立了主权财富基金，期望通过制定更为契合的资产管理战略，更多元化的投资渠道，提高储备资产的收益率。用主权财富基金的收益补充养老基金是许多国家的做法，我国也可以考虑将其投资收益的一部分划拨补充社会保障基金。

三是社会保障基金，这一基金成立于2000年，主要用于应对今后的养老保险基金危机。2012年末社会保障基金总资产为1.11万亿元，2001—2010年间平均投资收益率为9%。如果今后可以有更多的国企红利、外汇储备投资收益划拨到社保基金，国家财政通过社保基金补贴养老金缺口不失为一种办法。

四是直接增加财政预算，目前我国财政对城镇职工养老保险制度的补贴约占GDP的0.5%，加上对新农保、城居保和公务员事业单位养老金的支付，支出总额占各级财政支出的比例不超过5%，这是一个较低的水平，今后提高补贴力度仍有空间。短期内加大财政对养老金的补贴是社会公平的需求，也是政府对之前养老金改革中的隐性债务埋单。

从长期看，还有其他一些渠道缓解财政压力。第一条渠道是城市化过程中的扩面，职工养老保险仅覆盖了60%的城镇就业人口，超过2.5亿的农民工中大约只有15%被这一体系覆盖，扩大养老保险覆盖面，可在很长时期内改善基金平衡。如果将覆盖面从现在到2030年逐步扩大到全部城镇就业人口的80%，则2030年的赡养比（退休人口：工作人口）将从1∶1下降为0.7∶1，即1个工作人口赡养0.7个退休人口，相当于将缺口减少30%。

第二条渠道是提高个人账户和统筹账户的资金收益率。目前在13个省份开展了做实企业职工基本养老保险个人账户试点。截至2012年底，个人账户基金为3396亿元，加上统筹账户的余额，年末基金累计结存2.4万亿元。可是这些资金大多存于银行，收益率不抵通货膨胀率。按照政策规定的缴费和给付规则，养老保险基金投资收益率应该与社会平均工资增长率相当，才能有希望获得制度预计的替代率。因而养老金缺口有很大一部分是个人账户投资收益率过低导致的。

不可回避的一条渠道是通过延长退休年龄减轻人口老龄化对资金平衡的压力。中国的退休年龄男性比很多国家早5岁左右，女性早10—15岁，而预期寿命却差不多，过早退休导致人力资源浪费。政府现在出台这样的政策不合适，是因为很大一部分低工资、低职位的职工承受了国企改革、养老金改革的成本，延迟退休意味着他们退休金要下降，迫使他们承担更多的成本。但未来这一政策的可行性会增加，一个重要条件是劳动者受教育程度不断提高，2000—2010年10年间我国人口中大学以上人数从4600万增加到1.18亿，预测表明，从现在到2030年，大学以上劳动力会增加约1.15亿，而大学以下劳动力会下降1.1亿。通常而言，受教育程度高的劳动力更愿意延迟退休，以更好利用人力资本和收回人力资本投资。另一个是我们期待的条件，即劳动力市场将会不断完善，减少由于垄断带来的权力和工资差异，在此基础上，通过雇主和雇员的双向选择，采取灵活的退休年龄。

第七节　结论

我国养老保险缴费率很高，降低缴费率是否会影响到基金平衡？在老龄化和城市化的进程中，通过扩大覆盖面和提高征缴率有助于这一平衡。城市化进程中将基本养老保险覆盖到农村转移劳动力是公平性的要求，降低缴费率有助于这部分人的加入，也有助于企业和职工的参与积极性。本研究的模拟和计算结果表明，降低城镇职工基本养老保险的缴费率具有可行性，在覆盖面扩大、征缴率提高和退休年龄延长的长期背景下，将个人和企业缴费率合计降低 8 个百分点不会增加当前的财政负担，养老基金在未来 50 年内总体上可以保持平衡。

最后，需强调的是，养老保险制度改革依赖于经济和社会运行环境的综合改革。老龄化社会的养老能力本质上取决于劳动生产率的不断提高，因此，通过人力资本投资和经济结构调整，提高有效劳动力供给，将劳动力从劳动生产率较低的部门转移到较高的部门是解决养老问题的根本所在。

第九章

新型农村养老保险制度的财政支持能力

除了城镇职工养老保险制度外，新型农村养老保险和城镇居民养老保险是近年来发展起来的养老保险制度。2009 年 9 月 4 日，国务院办公厅发布《国务院关于开展新型农村社会养老保险试点的指导意见》（国发〔2009〕32 号），目的在于实现养老保险全覆盖。该制度面临的问题和城镇职工养老保险也不同，制度的核心内容之一是有较大力度的政府补贴，基于农业的弱质性以及城市化不断推进给农村劳动生产率带来的影响，给予农村养老一定的政府补贴是很多国家的做法。补贴如何确定直接影响到养老金水平，但补贴水平如何确定并没有清晰的规则。

试点之初，针对 60 岁以上的老人每人每月补贴养老金不低于 55 元，同时对于缴费补贴每年每人不少于 30 元。养老金水平大约只有农村人均纯收入的 10%—20%，未来需要有所提升。但由此引起的担忧是，在人口老龄化的趋势下，政府补贴是否会带来较重的财政负担，从而导致制度的可持续性受到威胁。这需要综合考察农村人口老龄化、城市化进程、财政收入增长等因素，对新型农村养老保险中的中央和地方财政支持能力进行测算，并模拟进一步提高补贴的财政负担和可行性。

第一节　制度安排及相关研究评述

一、新型农村养老保险制度及财政补贴

在城市化与工业化过程中，诸多国家对农村养老都制订了专门的计划，

通常农村养老保险制度的建立时间滞后于城镇的养老体系，建立的时机为农业在经济中的比重已经比较低，经济已经发展到一个较高的水平，例如，多数欧洲发达国家的农村养老保险在“二战”后才逐步建立（表9.1）。欧洲的农村养老制度的一个重要经验是国家需要对农村养老保险给予较多的财政补贴（袁志刚等，2005）。[①] 由于农业人口的不断减少和老龄化程度加深，以及农民相对比较贫困，农村养老保险的缴费来源较少，因而养老金如何进行融资、养老金的规模应如何确定就成为农村养老保险成败的关键，政府补贴通常是主要来源。例如德国2002年农民养老保险支付总额为15亿欧元，其中2/3来自联邦财政资金，来自农民缴费的只有5亿欧元（王增文、邓大松，2010）。事实上，在欧洲的历史上，对农村养老保险的补贴并非仅从社会公平的角度考虑，为农民建立养老保险可以促进农业的现代化程度，提高农民的劳动生产率，对经济增长也有积极的作用。

中国农村养老保险政策探索始于20世纪90年代初期。1992年的方案采用个人账户制，年满60周岁可以根据个人账户余额领取年金。在达到领取年龄之前，不允许提前领取个人账户中的资金。个人账户按照8.8%的预期收益率进行累积（1992年的通胀率为6.4%），并由地方政府保障支付。但这种尝试并没有得到广大农户的认同，参与人数最多时候也只有8300万，其中的一个重要原因就是个人账户的筹资模式是农民自己缴费而没有政府的补贴，其实质是农民的自我储蓄，且较之储蓄，个人账户缺乏流动性和安全性，难以充分调动农民的参保积极性。此外，个人账户累积的余额只能维持很低的领取水平，2006年，1947个县中，有1484个县的参保农民人均领取的养老金低于当地农村最低生活保障标准；领取农保养老金的331万农民中，领取额低于当地农村最低生活保障标准的占88%，有120万人月领取额在10元以下，占36%。

---

① 其他国家也有类似的补贴。例如日本农民养老金被认定为政策性公共年金，国库负担每年年金给付所需费用的1/3。

表 9.1　欧洲国家、美国、中国农村养老保险的建立

国家	建立时间	农业劳动力比重（%）	农业产出比重（%）	引入时人均 GDP（2005 年不变价，国际元）	养老金种类/覆盖面
丹麦	1891	44.9	37.0	2778	全国统一
瑞典	1913	46.2	23.0	4230	全国统一
英国	1946	5.1	7.0	6543	受雇佣和自我雇佣的农民
西班牙	1947	48.8	41.0	3711	对小农专门的养老金计划
	1975	21.9	9.3	9151	对自我雇佣的大农场主的计划
法国	1952	27.0	13	9450	专门的农村养老金计划
德国	1957	13.4	7.0	9523	专门的农村养老金计划
意大利	1957	29.0	17.0	7331	对小农专门的养老金计划
	1990	9.0	3.1	15951	对自我雇佣的大农场主的计划
美国	1950	12.2	6.8	16956	农村居民
中国	2009	40.8	11.3	5919	农村居民

注：农业中包含林业和渔业。由于数据搜集问题，农业劳动力比重并不都是养老保险建立时的比重，丹麦为 1890 年数据，法国为 1954 年数据，德国为 1961 年数据，意大利为 1961 年数据，瑞典为 1910 年数据，英国为 1951 年数据。GDP 已经折算成可比价。

资料来源：ADB（2002），“People's Republic of China Old-Age Pensions for the Rural Area：From Land Reform to Globalization”；Herd，et al.（2010），“Providing Greater Old-Age Social Security in China”

从 2003 年开始，各地陆续试点新的农村养老保险模式，到 2008 年底，共有 464 个县 1200 万农民参加了新的养老保险制度。在总结试点经验之后，2009 年 9 月 4 日，国务院办公厅发布《国务院关于开展新型农村社会养老保险试点的指导意见》（以下简称“新农保”）。新农保制度的核心可总结为两个维度，一是有较多的政府补贴，二是个人账户和统筹账户相结合。就政府补贴而言，新农保在待遇给付和缴费两方面实施补贴（表9.2）。中西部地区主要由中央财政补贴，东部地区主要由地方财政补贴。具体而言，首先，对60岁以上老年人发放基础养老金，目前确定的标准是每人每月不低于55元，中西部地区全部由中央财政支付，东部地区中央财政补助一半，地方可提高标准，超出部分由地方财政支出。其次，地方财政对于农民缴费给予补助，补助标准不低于每人每年30元。第三，代缴养老保险费，对重度残疾人等其他困难群体，地方政府可以代缴部分或者全部养老保险费。在缴费方面，考虑到农民的收入差异和养老需求差异，设定了不同的缴费档次。新政策规定，参加新农保的农村居民应当按规定缴纳养老保险费，缴费标准目前设为每年100元、200元、300元、400元、500元5个档次，地方可以根据实际情况增设缴费档次，一般为当年农民人均收入的4%—8%，各地区设置的缴费档次与当地的经济发展程度密切相关。

就制度运行模式看，采用个人账户与统筹账户相结合的模式，参考城镇养老保险制度，分为个人账户和统筹账户，个人缴费全部进入个人账户，此外，政府对个人缴费的补贴也进入个人账户。个人账户的养老金受人口老龄化的影响相对较小，多缴多得，少缴少得，账户透明度高，可以提高参与激励。而且个人账户养老金便于携带，可以满足劳动力转移的要求。

表9.2　新型农村社会养老保险制度的政府补贴方案

补贴	补助对象	中央财政	地方财政
缴费环节	普通缴费群体	不补	补贴≥30元/人/年
补贴个人账户	缴费困难群体	不补	补贴≥30元/人/年（代缴部分或全部养老保险费）
给付环节	中西部地区	补助100%	不补
最低标准基础养老金（55元/人/月）	东部地区	补助50%	补助50%
	提高和加发的基础养老金	不补	补助100%

资料来源：作者整理

按照当前新农保政策的规定，我们以每个省 2009 年农民人均纯收入为基础计算新农保养老待遇的替代率，假设平均收入和补贴每年按 5% 增长，每年缴费为收入的 5%，个人账户利率按现行规定的一年期存款利率 2.5% 计，则不同缴费年龄的人，在年满 60 岁后每月的养老金替代率（养老金/人均收入）见表 9.3。[②]

表 9.3　新农保政策养老金替代率　　单位:%

缴费年龄	全国	浙江	山东	陕西
20 岁	23	17	21	30
25 岁	23	16	21	29
30 岁	22	15	20	28
35 岁	21	14	19	27
40 岁	19	13	17	26
45 岁	18	12	16	24

资料来源：根据《中国统计年鉴 2009》计算

除全国平均水平外，我们选择了经济发达程度和城市化水平较高的浙江省、农业人口较多的山东省以及西部省份陕西省为样本省。可以看到，按规定的基本给付水平，第一，随着缴费年龄的下降，保障程度越高，这是由于个人账户的累积时间较长，累积额较高。需要指出的是，这一趋势并不能说明新农保制度具有缴费激励，能否鼓励农民尽早参加主要源于是否有可能获得较高的个人账户收益率。第二，经济欠发达地区新农保的相对保障程度较高，这是由于这类地区的收入水平较低，在政府补贴差异不大的情况下，该类地区养老金对收入的替代率较高。不过，在实际执行中，东部地区以及其他部分地区的政府补贴标准普遍略高于政策规定的每人每月 55 元的标准，可以达到每人每月 60 元或更高的水平。第三，新农保只能

② 计算过程：首先，计算不同年龄缴费人在 60 岁退休时个人账户余额（收入每年按 5% 增长，缴费占月收入 5%，投资收益为 2.5%）；再计算退休后每月领取养老金额（包含政府补贴 55 元/月，且与收入等速增长）。

替代平均收入的小部分，例如在45岁开始缴费时，以全国平均水平，可以替代18%，浙江替代12%，山东替代16%，陕西替代24%。即使考虑到老年人消费水平较低，将老年人的消费水平定为平均收入水平的50%，现行的新农保水平远不能满足基本的生存需求。

二、相关研究评述

新农保政策的制度设计和试点情况得到政策部门和学术研究的高度重视。国际经济组织，如亚洲开发银行（ADB）和经合组织（OECD）都对新农保制度展开了初步评价。亚洲开发银行多年来为中国农村养老保险制度设计提供咨询，他们对新农保政策的研究计划重点考察其“可持续性”，内容包括对全国层面和典型地区新农保政策的参与激励和财政可持续性的定量分析，以及建立用于对该政策进行监督管理的基础数据库（ADB，2009），该项研究计划的结果和结论尚未公布。OECD中国经济2010年综述报告之一评价了中国的养老保障制度，针对新农保制度的融资和待遇，指出三方面问题（Herd，et al.，2010）：第一，个人账户收益率低于农民收入增长率，个人账户收益按银行存款和国债计算，为2%左右，而农民家庭收入实际增长率为6%，因而未来退休后个人账户所能提供的养老金对收入的替代率将处于低水平；第二，个人账户精算不平衡可能引起过多的政府补贴，个人账户养老金的给付与预期寿命有关，当前规定的每月给付标准偏高，导致个人账户余额不足，到时政府将不得不给予补偿；第三，保障水平较低，假设按每人每月55元给予所有农村老人，也只占到2009年GDP的0.18%，当前的基础养老金相当于每月8美元，远低于南非的109美元、巴西的140美元、智利的75美元。③ 对照OECD国家推出农村养老保险时的经济水平，中国当前的人均GDP可以支持一个更高的补贴标准。但OECD的报告并未做出具体测算。

学术研究也已关注了对于新农保政策的保障水平和财政支持能力。首先，

---

③ 但在这些国家农村养老保险金给付不是普惠制，只给予低收入群体。

多数研究均认为当前保障水平偏低，存在提升空间（Shen & Williamson，2010；刘昌平等，2009；毕红霞、薛兴利，2011）。调查发现农村平均养老月支出为200元，当前的保障水平与此相差甚远。较低的保障水平对年轻人缺乏吸引力，基于目前的经济条件，与其他国家农村养老支出相较，我国的保障水平有进一步提高的可能。如2006年在江苏的试点表明，用地方财政支出的2%—3%就能建立起与当地经济发展水平相适应的农村养老保险体系。其次，现有研究对财政支持能力已经有一些测算和模拟，如邓大松等（2010）测算了2008年全国各省份新农保补贴占当地财政收入的比重，地方财政年最低补贴数额占全部地方财政收入的比重为0.86%，东部占比不超过0.9%，比重较高的西藏、贵州等西部地区达到1.5%以上，由于存在地区经济发展水平与财政能力的不平衡，贫困地区地方财政支持压力相对较大，但总体上的财政压力并不大。李先德等（2010）基于对未来财政收入的预测，估算2010—2020年农村社保三项（新农合、新农保和农村低保）支出占总财政收入的比重，认为未来农村社保支出有较大的上涨空间。再次，对于农村养老保险制度设计优化的模拟指出，分阶段逐步扩大制度覆盖面、设置弹性多样的参保缴费方式、合理确定个人账户养老金计发月数、实现符合新农保特点的投资与管理等都可以促进新农保制度的持续运行（封铁英等，2010）。细化对于缴费阶段和待遇给付阶段的补贴方式可以以较少的政府补贴获得一定的替代率（刘昌平、殷保明，2010）。

在现有研究的基础上，本研究进一步测算了未来中央和地方的财政压力，有如下一些改善：第一，从动态的角度考察财政补贴规模，以农村人口的动态演变为基础，基于对城市化率、农民收入增长率、财政收入增长率等假设，估计未来的财政负担。改善了现有研究对覆盖人口估计较为粗糙、对未来状况研究不足的缺陷。第二，模拟了不同保障水平的财政负担，考虑了老龄化、城市化和财政收入增长因素的综合影响，为进一步提高保障水平的可能性提供依据。第三，鉴于人口老龄化和经济发展水平的地区差异和补贴政策的地区差异，我们还选择了三个典型地区对新农保的县级财政负担进行模拟。

第二节 城市化进程中农村人口年龄结构的动态演变

农村人口数量和年龄结构是新农保财政支持能力模拟的重要基础数据，需要未来若干年份的信息以及变化趋势，并考虑到可能的城市化进程，因而现有的人口预测数据均不能满足要求。为此，我们按照世界银行的人口预测软件，首先对全国人口年龄结构演变做出模拟。

基于人口出生率、分年龄性别的死亡率和农村向城市的迁移（城市化进程）等参数，我们模拟2010—2050年农村人口的数量和年龄结构，以此为基础，测算新农保政策对财政补贴的需求。人口动态模拟方法见本章附录。其中有必要特别说明的是对农村人口迁移的假设。根据《中国统计年鉴》中分城镇和农村的人口数据，2000年以来农村人口平均每年减少约1.5%，近两年平均每年减少1%，2008年城市化率为46%，这一统计口径按户籍人口计算。此外，近期对中国城市化问题的研究指出，若以户籍度量城市化，中国城市化的速度偏低，而且这并不是真正意义上的城市化，应当逐步将在城镇从事非农劳动的人口纳入城镇户籍。因此，未来的城市化速度是不确定的。有鉴于此，我们假设两种城市化进程模拟农村人口的数量：

城市化进程1：从2010年到2050年，农村人口每年以1%的速度递减，到2050年城市化率约为70%。

城市化进程2：从2010年到2050年，农村人口每年减少的速度从1.5%，逐步增加到2%，到2050年，城市化率约为80%。

一、全国农村20—44岁及45—59岁人口数量

全国20—44岁及45—59岁农村人口数量随时间变化的情况如图9.1所示。2010年，两个年龄段人口分别为2.52亿和1.51亿，二者均随年份推移持续下降。按照城市化进程1，到2050年，这两部分人口数量分别为1.28亿和0.80

亿；按城市化进程2，到2050年这两部分人口数量分别为0.87亿和0.53亿。可见，随着城市化进程的推进，60岁以下农村人口出现较大幅度的下降，而这部分人口的大幅下降预示着从长远看新农保的补贴对象人数会逐步减少。

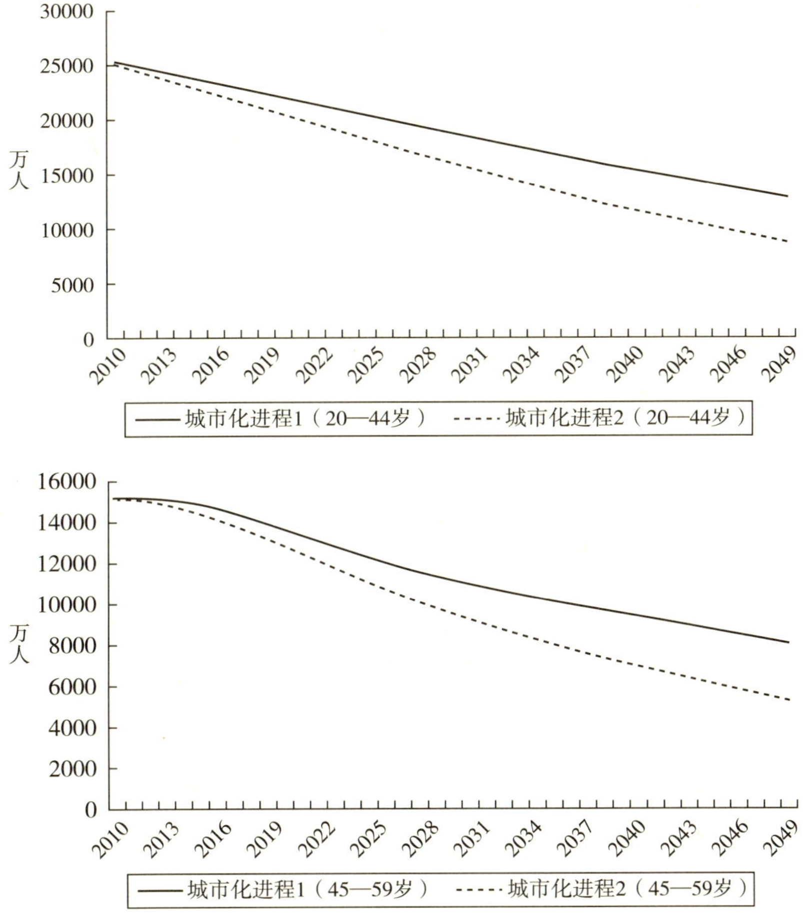

图9.1 全国20—44岁及45—59岁农村人口数量模拟结果

资料来源：根据模拟结果

二、农村60岁以上人口数量

全国60岁以上农村人口数量随时间变化的情况如图9.2所示。按照城市化进程1，到2030年，这部分人口数量为1.5亿，到2050年为1.2亿，呈现先增长后下降的趋势，峰值年份在2027年，为1.54亿。按城市化进程2，到2030年这部分人口数量为1.4亿，到2050年为9000万，峰值年份在2024年，为1.42亿。从老龄人口数量的变动看，未来补贴新农保的财政压力并不会增加。

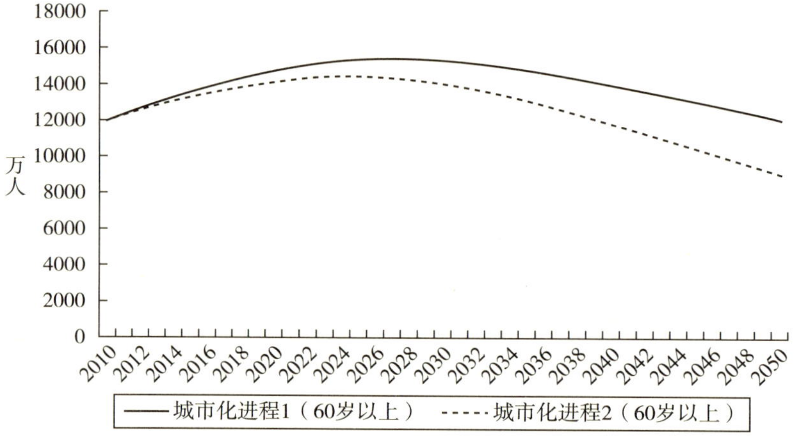

图9.2　全国60岁以上农村人口数量模拟结果

资料来源：根据模拟结果

在这样的人口规模下，新农保的补贴带来的财政负担如何？在财政能力范围内新农保的补贴力度是否可以进一步提高，这是有待考察的问题。

第三节　中央财政支持能力测算及模拟

根据表9.2中的补贴规则，按照当前补贴标准，养老金最低标准为55元/人/月，其中，中央财政将对东部农村人口补贴50%，中西部补贴100%，假设养老待遇水平与人均收入年增长幅度同步上升（即前文假设的年增长率5%）。④

④　东部包括北京、天津、河北、辽宁、上海、江苏、浙江、福建、山东、广东和海南11个省市；中部包括山西、吉林、黑龙江、安徽、江西、河南、湖北、湖南8省；西部包括重庆、四川、贵州、云南、西藏、陕西、甘肃、青海、宁夏、新疆、广西、内蒙古12个省、自治区。

为测算不同城市化方案下新农保补贴标准对中央财政带来的影响，我们做出如下假定：

首先，区分东部和中西部两大区域的农村人口，采用2005年东部和中西部农村人口分别占全国农村总人口的比重估计。根据2005年中国1%人口抽样调查数据，2005年全国农村人口为9.37亿，其中东部农村人口有3.02亿，中西部农村人口为6.35亿，分别占全国总农村人口的32%和68%。本研究中2010—2050年东部和中西部农村人口数据即以预测的全国农村人口乘以该比重计算得出。然而，与中西部相比，未来东部城市化速度相对较慢，两个区域城市化差距会缩小，中西部农村人口所占比重将下降，东部农村人口所占比重将提高，因而采用当前比重预测可能会低估东部农村人口的比重，但这也说明我们测算的补贴是一个上限。

其次，我们假设2010—2050年间，中央财政收入每年分别以10%（高收入）和5%（低收入）的速度增长。自1994年分税制改革以来，我国中央财政收入从1994年的2906.50亿元快速增长至2009年35896.14亿元，年复合增长率为18.24%。尽管未来经济增速可能放缓进而导致中央财政收入下降，但做出10%和5%两种增长率假设仍然是合理的。

一、现行政策下的中央财政负担模拟

综合以上假设，我们模拟了四种方案（城市化进程1，高收入；城市化进程1，低收入；城市化进程2，高收入；城市化进程2，低收入）下，新农保补贴占中央财政比重的变化情况。

图9.3报告了实施新农保补贴对中央财政的影响。财政收入增长速度对新农保财政负担率的影响十分明显。占比相对较高的两条“倒U”形曲线分别为“城市化进程1，低收入”和“城市化进程2，低收入”两种情形，在中央财政收入按5%速度增长的假设下，补贴给中央财政带来的负担率先升后降，最高点在2025年左右达到，该点负担率分别为2.27%和2.16%。结合人口预测的结果，形成“倒U”形曲线的主要原因是2025年左右全国60岁以

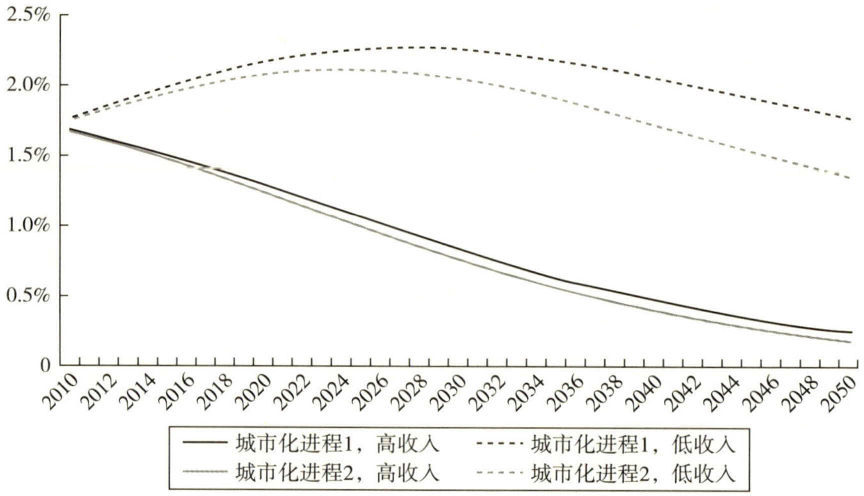

图 9.3　新农保补贴占中央财政收入的比重

资料来源：根据模拟结果

上农村人口达到峰值。在“城市化进程 1，高收入”和“城市化进程 2，高收入”情形下，在较高财政收入增长的假设下，实施新农保补贴对中央财政的影响逐年降低，到 2050 年仅占 0.3% 左右。从高收入和低收入两组线的对比可以看出，财政收入的高速增长能在一定程度上抵消人口老龄化带来的冲击。通过上述测算，可以得出以下几点结论：

首先，新农保补贴政策给中央财政带来的负担不高。按照现行的新农保补贴政策，2010 年，中央财政需补贴约 665 亿元，而同期财政收入在 3.77 万亿—3.95 万亿元之间，实施该项补贴给中央财政带来约 1.7% 的负担。⑤ 即使在较为保守的假设下，新农保补贴占中央财政的最高比重为 2.27% 。

其次，随着时间的推移，中央财政的负担率呈现“倒 U”形或逐年降低的趋势，在财政收入高速增长的情况下，中央财政负担将会持续下降，财政收入增加抵消老年人口数量增加对财政负担带来的影响。

⑤　2010 年中央财政收入实际为 4.25 万亿元，因此新农保的财政负担比我们预测的更低。

二、提高养老保险水平的财政负担模拟

综上所述，当前新农保的补贴政策给中央财政带来的负担约为2%，而且今后还将逐步下降，因此，提高对新农保的补贴是有空间的。为测算提高补贴的可行性，我们按照目前各地的收入与消费水平，缴费率设为当地人均收入的5%。以45岁开始缴费的情况计算，缴费满15年，达到60岁即开始领取养老金，养老金待遇为达到60岁时的人均收入乘以养老金的目标替代率。养老金一部分来源于个人账户余额，另一部分则来源于政府补贴。假设人均收入、财政收入均按同一增长率增长，设为5%。首先，计算个人账户的余额及每年能提供的养老金额；而后，测算目标替代率下60岁以上农民每年应领取的养老金额；最后，二者的差额为中央政府补贴，并计算这一补贴总额占中央财政的比重。

1. 计算个人账户余额

为考察制度的长期影响，我们考察缴费满15年的情况，即2010年开始缴费，到2024年达到60岁缴费结束。假设第 n 年个人账户余额为 A_n，第 n 年农民人均纯收入为 I_n，投资收益率为 r，则第 $n+1$ 年个人账户余额 A_{n+1} 的计算公式如下：

$$A_{n+1} = A_n \times (1 + r) + I_n \tag{9.1}$$

全国农民人均纯收入数据按2009年为基数，即5153.17元，其中，东部为6889.34元，中西部为4346.55元。具体数据见表9.4。

2. 计算个人账户余额可提供的养老金额

2024年个人账户余额为 A_0，2025年个人账户提供养老金额 X_0，总发放期数 n 年，期末个人账户余额 A_n，投资收益率 r，收入增长率 g，则：

$$A_n = A_0 \times (1 + r)^n - X_0 \times \sum_{k=0}^{n} [(1 + g)^{n-k} \times (1 + r)^k] \tag{9.2}$$

自2025年开始发放养老金，因而 A_0 为2024年个人账户余额，期末个人账户余额 $A_n = 0$，投资收益率 r，收入增长率 g，总发放期数 n 年。根据以上

已知条件，可求得不同投资收益率下，2025 年个人账户提供养老金额 X_0。

$$g \neq r \text{时}, X_0 = A_0 \times \frac{(g-r) \times (1+r)^n}{(1+g) \times [(1+g)^n - (1+r)^n]},$$

$$g = r \text{时}, X_0 = \frac{A_0}{n} \tag{9.3}$$

对于收入为该区域平均水平的农民而言，自 45 岁开始缴费，60 岁开始领取养老金，每年养老金增长率为 5%，据此可推算 2026—2050 年间每年个人账户能提供的养老金额，个人账户能提供的养老金额与农村居民人均纯收入按同一增长率增长，因而个人账户提供的养老金与农村居民人均纯收入的比重保持不变，即替代率保持不变。个人账户余额及可提供的养老金额见表 9.4。

表 9.4　个人账户余额及个人账户养老金

	期初个人账户余额（2024 年，元）	个人账户投资收益率	养老金年增长率	退休金发放年数（139 月/12）	2025 年发放养老金额（元）
全国	6824.46	2.50%	5%	11.58	504.65
东部	9123.71	2.50%	5%	11.58	674.67
中西部	5756.24	2.50%	5%	11.58	425.66
全国	6824.46	5.00%	5%	11.58	589.16
东部	9123.71	5.00%	5%	11.58	787.66
中西部	5756.24	5.00%	5%	11.58	496.94

注：假设的增长率均为实际增长率，测算的金额为扣除通货膨胀的实际值。

资料来源：作者计算

3. 目标替代率下中央政府补贴负担

以上述计算为基础，分别按照两种城市化进程，测算在不同投资收益率和目标替代率下中央财政补贴负担，具体可形成以下四种方案：

方案 1（低投资收益率、低替代率）：个人账户投资收益率为 2.5%，养老金目标替代率为 30%。

方案 2（低投资收益率、高替代率）：个人账户投资收益率为 2.5%，养老金目标替代率为50%。

方案3（高投资收益率、低替代率）：个人账户投资收益率为5%，养老金目标替代率为30%。

方案4（高投资收益率、高替代率）：个人账户投资收益率为5%，养老金目标替代率为50%。

表9.5　2025—2050年中央财政补贴模拟　　单位:%

	2025年	2030年	2035年	2040年	2045年	2050年
城市化进程1						
方案1	4.43	4.43	4.28	4.04	3.77	3.49
方案2	7.90	7.91	7.64	7.21	6.73	6.23
方案3	4.14	4.14	4.00	3.78	3.52	3.26
方案4	7.61	7.61	7.36	6.95	6.48	6.00
城市化进程2						
方案1	4.16	4.04	3.77	3.41	3.03	2.65
方案2	7.42	7.21	6.73	6.09	5.40	4.72
方案3	3.88	3.78	3.52	3.19	2.83	2.47
方案4	7.14	6.95	6.48	5.86	5.20	4.55

资料来源：作者计算

表9.5列示了2025—2050年间新农保补贴给中央财政带来的负担。从该表数据可以得出以下几点：

首先，从绝对水平看，在两种城市化进程下，50%替代率下，财政负担率在4.55%—7.91%之间，而30%替代率下的财政负担率为2.47%—4.43%，可见，不同替代率水平决定了中央财政的负担程度，高替代率（50%）水平下，财政负担程度将高出大约3个百分点。

其次，随着时间推移，中央财政补贴压力逐年降低。在城市化进程1下，2050年负担率比2025年下降0.88—1.67个百分点；而在城市化进程2下，下降幅度为1.41—2.70个百分点。

再次，与2.5%的年化投资收益率相比，高投资收益率（5%）能降低财政负担约0.3个百分点。在个人账户投资收益率处于较低水平，小于收入增长率时，投资收益率对减轻财政负担作用并不大。

最后，对比两种城市化进程，随着时间推移，财政负担在两种城市化进程中差距逐渐拉大。在2050年，城市化进程2的方案2中，中央财政负担为4.72%，而在城市化进程1的方案2中，中央财政负担为6.23%，在较快城市化进程中，中央财政补贴压力将得到缓解。

比较而言，新农保的养老待遇达到30%的替代率具有较强的可行性，中央财政负担率低于4.5%，若要达到50%的替代率，则中央财政负担率需近8%。同时，城市化进程的速度对于缓解中央财政压力有显著影响，个人账户投资收益率需要超过收入增长率才能对减轻财政压力有明显影响。

第四节　地方财政支持能力模拟：以三地区县级财政为例

对于地方财政负担我们重点模拟地方财政对缴费环节的补贴。根据新农保政府补贴方案（表9.2），缴费环节补贴标准为≥30元/人/年，由地方政府承担，事实上，新农保缴费补贴主要由县级财政负担。本部分测算在城市化、收入增长、财政收入增长等因素的共同作用下，未来缴费环节补贴给县级财政带来的压力。

本研究选取的样本为浙江嘉兴嘉善、山东临沂平邑和陕西咸阳泾阳。这三个县分别地处中国东、中、西部，差异十分明显。嘉善是工业化、城市化程度较高、农民收入水平较高的地区；平邑是人均收入较低的农业大县和革命老区，农民人均纯收入与嘉善相差1倍多；陕西泾阳属于西部地区，是西部大开发支持区域。这三个县具有一定的代表性。

嘉善县2010年农村人口28.56万人，占总人口的49.74%，2009年实现GDP 275.37亿元，人均GDP超过8000美元，财政总收入38亿元，其中地方财政收入 18.82 亿元，城乡居民人均收入分别为 28190 元和 14383 元。平邑县 2009 年农村人口数量约 88 万，占总人口比重约为 85%，2009 年实现 GDP 160 亿元，财政总收入 10 亿元，其中地方财政收入 3.7 亿元，农民人均纯收入 5800 元。泾阳县农业人口 44.3 万，占总人口的 89.5%，2010 年 GDP 为 87 亿元，人均 GDP 约 2700 美元，财政总收入 4.9 亿元，其中一般预算收入 1.7 亿元，城镇居民人均可支配收入 21106 元，农民人均纯收入 6224 元。

本部分人口预测与全国农村人口模拟方法一致，需要指出的是，由于县级人口生育率、死亡率、年龄结构等数据均不可得，我们采用相应的省级数据来预测各县人口数据。据估计，到 2050 年，在城市化进程 1 下，嘉善、平邑和泾阳县城市化率分别约为 67%、44% 和 40%；在城市化进程 2 下，三县城市化率分别约为 76%、59% 和 56%。我们在模拟时假设对所有农村 20—59 岁的人群都补贴的情况，这样的假设大大高估了受补贴的人数，调查表明，40 岁以下参保率实际上是比较低的。因此，综合而言，我们对缴费环节的补贴并不会低估实际情况。此外，我们假设补贴的增长幅度与收入的增长幅度一致。

县级财政压力测算结果如表 9.6 和表 9.7，前者为缴费环节补贴占当地财政总收入的比重，后者为缴费环节补贴占当地地方财政收入的比重，剔除了中央税收返还与其他转移支付。以占地方财政总收入比重看，缴费环节财政补贴负担较轻，即便是负担最重的泾阳县，2010 年其负担率也低于 2.5%；从地方财政收入的负担来看，2010 年平邑和泾阳县缴费补贴占比分别约为 4% 和 6%（见表 9.7，城市化进程 1），若不考虑转移支付，中西部两县缴费补贴负担较重。同时，由于农村 20—59 岁人口逐年下降，新农保缴费补贴给当地财政带来的负担逐年下降，负担最重的泾阳县，2050 年补贴负担也仅为 2.8%。地方政府实际可支配财政收入包括地方财政收入和中央转移支付两部分，一般而言，东部县级财政实力本身较强，因而表 9.6 和表 9.7 反映的财政负担差异较小。中西部由于中央转移支付较多，实际财政负担率较低（表 9.6）。随着时间的推移，各地区该项补贴所带来的负担趋于下降。这也说明，未来地方政府对缴费环节进行补贴仍然有很大空间。

表 9.6　按照现行规定缴费环节政府补贴占地方财政总收入的比重　　单位:%

	2010	2015	2020	2025	2030	2035	2040	2045	2050
城市化进程 1									
嘉善	0.13	0.12	0.10	0.09	0.08	0.07	0.06	0.05	0.05
平邑	1.46	1.33	1.18	1.04	0.93	0.83	0.75	0.69	0.63
泾阳	2.18	2.07	1.89	1.70	1.52	1.37	1.23	1.10	0.97
城市化进程 2									
嘉善	0.13	0.11	0.10	0.08	0.07	0.06	0.05	0.04	0.03
平邑	1.45	1.28	1.09	0.92	0.78	0.66	0.56	0.48	0.41
泾阳	2.16	2.00	1.77	1.52	1.30	1.11	0.94	0.79	0.65

资料来源：作者计算

表 9.7　按照现行规定缴费环节政府补贴占地方财政收入的比重　　单位:%

	2010	2015	2020	2025	2030	2035	2040	2045	2050
城市化进程 1									
嘉善	0.26	0.24	0.21	0.18	0.16	0.14	0.12	0.11	0.10
平邑	3.94	3.57	3.18	2.81	2.49	2.24	2.03	1.86	1.71
泾阳	6.27	5.96	5.45	4.90	4.39	3.95	3.54	3.16	2.80
城市化进程 2									
嘉善	0.26	0.23	0.20	0.16	0.14	0.11	0.09	0.08	0.07
平邑	3.92	3.44	2.95	2.49	2.09	1.77	1.50	1.29	1.11
泾阳	6.24	5.76	5.09	4.39	3.75	3.20	2.71	2.27	1.87

资料来源：作者计算

第五节　结论与政策建议

当前新农保的保障程度较低，全国平均看只能替代平均收入的 20% 左右，我们基于农村人口的动态变化，考察了人口老龄化、城市化和收入增长对新农保政策财政负担的综合影响和提高保障程度的可能性。结果表明，按现行补贴规则，即使在较为保守的假设下，新农保补贴占中央财政比重在最高的年份也只有2.27%。人口老龄化对财政负担的影响将被城市化和财政收入增长所冲销，中央财政的负担率呈现“倒U”形或逐年降低的趋势。将养老待遇提高到30%的替代率具有较强的可行性，中央财政负担率低于4.5%，若要达到50%的替代率，则中央财政负担率需近8%。从地方财政收入的负担来看，若不考虑转移支付，经济发展程度较低的县缴费补贴负担较重，2010年平邑和泾阳县缴费补贴占比分别约为4%和6%，而东部的嘉善县补贴占地方财政收入不足0.3%，但未来看，各地区该项补贴所带来的负担趋于下降。

给予农村养老保险政府补贴也是世界各国的普遍做法。新农保的参与激励主要来源于政府补贴，当前新农保的保障程度较低，补贴力度较小，年轻一代的参与积极性不高。事实上，综合考察老龄化、城市化和经济增长等因素后，未来农村社会养老保险的发展具有较大的空间，农村老年人福利可以进一步提高。由此，可从以下方面完善新农保政策：

第一，制定政府补贴的增长机制。对于新农保中的政府补贴目前缺乏调整机制，可行的办法是确定一个合适的替代率，如30%，再根据农村人口数量变化和财政收入增长，推算财政补贴的增长幅度，并规定相应的调整期。这一做法有助于增强新农保的政策效果，更好满足农村老人的基本生活需求。同时可以增加年轻人对该制度的信任，鼓励更多的年轻人参与。

第二，实施全国统一的农村基础养老保险水平，地区间的差异通过个人账户养老金体现。有不少文献指出，对于经济发展程度不同的地区可实施待遇不同的农村养老保险政策。此种政策将不利于劳动力流动，造成农村劳动力市场的分割。因此，建立起全国统筹的农村养老保险制度是实现地区间公共服务均等化的一项重要内容。同时个人账户可随劳动力转移而转移，体现出人力资本的作用。事实上，由中央财政负担基础养老金对于中央财政的负担率将随着城市化和财政收入的增长而下降，未来具有较强的可行性。

第三，给予地方管理个人账户的自主权。当前对个人账户补贴力度较小，尤其是东部地区，财政压力非常小，但各地区未来的补贴力度将有较大差异，保持个人账户的差异有利于地区间竞争，体现效率。此外，对于个人账户资金的管理和运用，当前尚没有明确的规定，随着个人账户的积累额日益增加，需要尽快出台明确的监管方案，同时给予地方政府充分的自主权，提高个人账户的收益率，提高新农保的参与激励。

第四，促进城市化和非农就业。应该看到，农村养老保险的建立可能会引起农村转移劳动力回流，以获得较高的养老待遇，农村养老保险水平将影响到城市化进程。农村养老保险待遇低于城市是其他许多国家的共同特征，模拟表明，就全国而言，新农保所能提供的保障水平较之于城镇养老保险的替代率仍然有不小的差距，因而理论上财政补贴并不会阻碍城市化。但由于存在地区差异，在经济较发达地区，即使财政支持能力较强，也需要考虑到补贴农村养老保险所产生的综合影响，以促进城市化和非农就业。

附录　人口模拟方法

在人口动态模拟中，我们选取可获取的最新数据 2005 年为初始年份，以 2005 年 1% 人口抽样调查所获得的农村人口分年龄、性别结构，城镇人口分年龄、性别结构，农村人口分年龄、性别、死亡率，农村人口分年龄、育龄妇女生育率为初始参数。对未来人口的动态模拟反映了死亡率、生育率和迁移率三个参数导致的人口数量和结构的变化。

我们首先做出以下三个关键假设：

第一，2005—2050 年，各年龄及性别人口死亡率保持不变。

对未来死亡率的估计可以通过模型生命表获得，通过比较发现，中国的婴儿死亡率（即 0 到 1 岁间的死亡率）与中高收入国家还有较大差距，因此未来死亡率的下降主要体现为婴儿死亡率的下降。但这并不影响我们做出人口死亡率保持不变的假设，因为我们的最终目的是模拟 2010—2050 年 60 岁以上人口数，故做出这一假定并不影响分析结果。

第二，2010—2050 年，不同年龄段妇女生育率保持不变。

生育率可以是一个可控制的政策变量，中国由于实行计划生育政策，总和生育率已经非常低，2005 年全国、浙江、山东和陕西的农村妇女总和生育率分别约为 1.64、1.52、1.75、1.37，由于县级数据不可得，我们均沿用全省总和生育率来预测人口。在模拟中我们假设在未来 50 年间农村妇女生育率将保持稳定。首先，生育率的改变不可能是一个可以迅速达到的过程，社会长期形成的生育习惯和养育后代的边际成本不会立刻改变，人们的生育意愿也不会迅速提高；其次，我们做人口模拟的最终目的是模拟 2010—2050 年间，各年份我国领取养老金的退休人口数，即 60 岁以上人口数，因而假定生育率为一个恒定值并不影响最终分析结果的准确性。

第三，将农村向城镇的迁移速度假设为可控制的政策变量，见本章第三部分。迁移人口的年龄结构，则沿用全国及当地城镇人口的年龄分布。

具体指标的计算方法见附表 9.1。

附表 9.1　2005—2050 年农村人口模拟的计算方法

模拟数值	计算方法	参数说明
各年龄段人口迁移数（以 5 岁间隔设年龄段）	第 $t-1$ 年总人口 × 第 $t-1$ 年迁移率 × 相应性别人口占比 × 迁移人口中该性别及年龄段人口占比	相应性别人口占比和迁移人口性别年龄分布以城镇人口年龄性别构成为基础计算得出
0—4 岁年龄段人口数	第 $t-1$ 年各年龄段女性人口数 × 相应年龄生育率/1000 × 0 岁相应性别人口占比 + 4/5 × 第 $t-1$ 年 0—4 岁该性别人口数 ×（1 − 第 $t-1$ 年 0—4岁该性别死亡率）− 第 $t-1$ 年 0—4 岁人口迁移数	0—4 岁人口数需同时考虑生育率和死亡率；第 $t-1$ 年各年龄段女性人口数为 19—49 岁的育龄妇女
4 岁以上年龄段人口数	第 $t-1$ 年某性别该年龄段人口数 × 4/5 ×（1 − 相应死亡率）+ 第 $t-1$ 年该性别上一年龄段人口数 × 1/5 ×（1 − 相应死亡率）+ 第 $t-1$ 年该年龄段人口迁移数	各年龄段间距为 5 岁，故每年该年龄段人口近似为 4/5 来自该年龄段，另 1/5 来自上一年龄段的成长人口

资料来源：作者计算

参考文献

白重恩，吴斌珍，金烨．中国养老保险缴费对消费和储蓄的影响［J］．中国社会科学，2012（8）．

白南生，何宇鹏．回乡还是外出？［J］．社会学研究，2002（3）．

白南生，李靖．城市化与中国农村劳动力流动问题研究［J］．中国人口科学，2008（4）．

白南生，李靖．农民工就业流动性研究［J］．管理世界，2008（7）．

毕红霞，薛兴利．财政支持农村社保的差异性及其有限责任［J］．改革，2011（2）．

蔡昉．劳动力流动的政治经济学［M］．上海：上海人民出版社，2003.

蔡昉．城市化与农民工的贡献：后危机时期中国经济增长潜力的思考［J］．中国人口科学，2010（1）．

蔡昉．如何认识我国劳动力供求形势［J］．今日中国论坛，2011（7）．

陈沁，宋铮．城市化能应对老龄化吗——对城乡人口流动和养老积极平衡的再分析［J］．金融研究，2013（6）．

邓大松，薛惠元．新型农村社会养老保险制度推行中的难点分析［J］．经济体制改革，2010（1）．

封进．农村养老资源调查与新型农村养老保险制度的建立［J］．上海老龄科学，2011（1）．

封进．社会保险对工资的影响——基于人力资本差异的视角［J］．金融研究，2014（7）．

封进．中国城镇职工社会保险制度参与激励［J］．经济研究，2014（7）．

封进，张涛．农村转移劳动力的供给弹性——基于微观数据的估计［J］．数量经济技术经济研究，2012（10）．

封进，张馨月，张涛．经济全球化是否会导致社会保险水平的下降：基于中国省际差异的分析［J］．世界经济，2010（11）．

封铁英，李梦伊．新型农村社会养老保险基金收支平衡模拟与预测——基于制度风险参数优化的视角［J］．公共管理学报，2010（4）．

国家统计局课题组．中国农村转移劳动力生活质量指数评价研究［J］．统计研究，2007（2）．

国家统计局农村司．2014 年全国农民工监测调查报告［R/OL］．［2015－04－29］．http：//www.stats.gov.cn/tjsj/zxfb/201504/t20150429_ 797821.html.

国务院研究室课题组．中国农村转移劳动力调研报告［M］．北京：中国言实出版社，2006.

国务院政策研究室．中国农民工调研报告［M］．北京：中国言实出版社，2006.

何立新．中国城镇养老保险制度改革的收入分配效应［J］．经济研究，2007（3）．

何新华，曹永福．解析中国高储蓄［J］．世界经济统计研究，2005（2）．

黄枫，甘犁．医疗保险中的道德风险研究——基于微观数据的分析［J］．金融研究，2012（5）．

柯卉兵．中国社会保障财政支出的地区差异问题分析［J］．公共管理学报，2009（1）．

李琴，朱农．时空交融下的中国农民工流动行为：以广东珠江三角洲为个案［J］．世界经济文汇，2011（2）．

李实，魏众，丁赛．中国居民财产分布不均等及其原因的经验分析［J］．经济研究，2005（6）．

李先德，王士海．城乡统筹下农村社会保障的资金需求分析［J］．农业经济问题，2010（10）．

林治芬．中国社会保障的地区差异及其转移支付［J］．财经研究，2002（5）．

刘昌平，谢婷．财政补贴型新型农村社会养老保险制度研究［J］．东北大学学报：社会科学版，2009（9）．

刘昌平，殷宝明．新型农村社会养老保险财政补贴机制的可行性研究［J］．江西财经大学学报，2010（3）.

刘军强．资源、激励与部门利益：中国社会保险征缴体制的纵贯研究（1999—2008）[J]．中国社会科学，2011（3）.

刘修岩，张学良．集聚经济与企业区位选择：基于中国地级区域企业数据的实证研究[J]．财经研究，2010（11）.

罗楚亮．经济转轨、不确定性与城镇居民消费行为[J]．经济研究，2004（4）.

马瑞，徐志刚，叶春辉．农村进城就业人员城市就业及生活境况分析[J]．中国人口·资源与环境，2010（1）.

聂辉华，江艇，杨汝岱．中国工业企业数据库的使用现状和潜在问题[J]．世界经济，2011（5）.

彭宅文．财政分权、转移支付与地方政府养老保险逃费治理的激励[J]．社会保障研究，2010（1）.

任若恩，覃筱．中美两国可比居民储蓄率的计量[J]．经济研究，2006（3）.

盛来运．流动还是迁移——中国农村劳动力流动过程的经济学分析[M]．上海：上海远东出版社，2008.

孙祈祥．"空账"与转轨成本——中国养老保险体制改革的效应分析[J]．经济研究，2011（5）.

万广华，史清华，汤树梅．流动性约束、不确定性与中居民消费[J]．经济研究，2003（5）.

王桂新，刘建波．长三角与珠三角地区省际人口迁移比较研究[J]．中国人口科学，2007（2）.

王建．城市化：中国经济增长的新动力[J]．中国经济报告，2010年（1）.

王燕，徐滇庆，王直，翟凡．中国养老金隐性债务、转轨成本[J]．经济研究，2001（5）.

肖群鹰，刘慧君．基于QAP算法的省际劳动力迁移动因理论再检验[J]．中国人口科学，2007（4）.

徐康宁，陈健．跨国公司价值链的区位选择及其决定因素[J]．经济研究，2008（3）.

袁志刚，葛劲峰，封进．养老保险经济学[M]．上海：上海人民出版社，2005.

袁志刚，李珍珍，封进．城市化进程中的养老保险水平研究[J]．南开经济研究，2009（4）.

曾毅．中国人口老化、退休金缺口与农村养老保障[J]．经济学（季刊），200（4）.

张军．对1978年以来中国的经济转型和经济增长的评价［M］//张军．当代中国经济研究10篇．北京：北京大学出版社，2009.

张平，刘霞辉．中国经济增长报告（2009—2010）：城市化与经济增长［M］．北京：社会科学文献出版社，2010.

张世伟，周闯．中国城镇劳动力市场中劳动参与弹性研究［J］．世界经济文汇，2009（5）．

张涛，张若雪．人力资本与技术采用：对珠三角技术进步缓慢的一个解释［J］．管理世界，2009（2）．

张为民，崔红艳．对中国2000年人口普查准确性的估计［J］．人口研究，2003（4）．

张永丽，黄祖辉．新一代流动劳动力的特征及流动趋势［J］．中国人口科学，2008（2）．

赵耀辉，徐建国．我国城镇养老保险体制改革中的激励机制问题［J］．经济学季刊，2001（1）．

郑秉文．中国养老金发展报告2011［M］．北京：经济管理出版社，2011.

郑秉文．中国养老金发展报告2012［M］．北京：经济管理出版社，2012.

郑秉文．中国养老金发展报告2013［M］．北京：经济管理出版社，2013.

ADB，2002，*Old-Age Pensions for the Rural Areas：From Land Reform to Globalization*. Asia Development Bank，Manila.

ADB，2009，*Technical Assistance to the People's Republic of China：Rural Pension Reform and Development*（TA 7317）. Manila.

Arellano，Manual and Stephen Bond，1991，"Some tests of specification for panel data：Monte Carlo evidence and an application to employment equations，" *Review of Economic Studies*，58（2），pp. 277-297.

Aso，Yoshibumi and He，Lixin，2001，"Public pensions and household wealth，" *The Economic Review*，pp. 348-358.

Attanasio，Orazio P. and Agar Brugiavini，2003，"Social security and households' saving，" *Quarterly Journal of Economics*，118，pp. 1089-1119.

Attanasio，Orazio P. and Susann Rohwedder，2003，"Pension wealth and household saving：Evidence from pension reforms in the United Kingdom，" *The American Economic Review*，93（5），pp. 1499-1521.

Bailey，C. and J. Turner，2001，"Strategies to reduce contribution evasion in social security fnancing，" *World Development*，pp. 385-393.

Barr, N. , 2011, *The Economics of the Welfare State*, Oxford University Press, Oxford.

Barr, N. and P. Diamond, 2010, "Pension reform in China: Issues, options and recommendations," Working Paper.

Bernheim, B. Douglas, 1994, Personal Saving, Information, and Economic Literacy: New Directions for Public Policy. In *Tax Policy and Economic Growth in the 1990s*, Washington: American Council for Capital Formation.

Blinder, Alan S. , Roger H. Gordon, and Donald E. Wise, 1980, "Reconsidering the work disincentive effects of social security," *National Tax Journal*, 33, pp. 431-442.

Blundell, R. and S. Bond, 1998, "Initial conditions and moments restrictions in dynamic panel data models." *Journal of Econometrics*, 87, pp. 115-143.

Blundell, R. and T. Macurdy, 1999, "Labor supply: A review of alternative approaches," *Handbook of Labor Economics*, Volume 3, Edited by O. Ashenfelter and D. Card. Elsevier Science B. V.

Blundell, R. and J. Smith, 1994, "Coherency and estimation in simultaneous models with censored or qualitative dependent variables," *Journal of Econometrics*, Vol. 64 (2), pp. 355-373.

Bottazzi, R. , T. Jappelli, and M. Padula, 2006, "Retirement expectations, pension reforms, and their impact on private wealth accumulation," *Journal of Public Economics*, 90, pp. 2187-2212.

Breyer, Friedrich and Ben Craig, 1997, "Voting on social security: Evidence from OECD countries," *European Journal of Political Economy*, 13, pp. 705-724.

Browning, Edgar, 1975, "Why the social insurance budget is too large in a democracy," *Economic Inquiry*, 13: 3, pp. 373-388.

Casamatta, Georges, Helmuth Cremer, and Pierre Pestieau, 2000, "Political sustainability and the design of social insurance," *Journal of Public Economics*, 75, pp. 341-364.

Chamon, Macro, Kai Liu, and Eswar Prasad, 2010, "Income uncertainty and household saving in China," *NBER Working Paper*, No. w16565.

Cheng, K. and Y. Kwan, 2000, "What are the determinants of the location of foreign direct investment? The Chinese experience," *Journal of International Economics*, 51, pp. 379-400.

Culter, D. M. and R. Johnson, 2004, "The birth and growth of the social insurance state: explaining old age and medical insurance across countries," *Public Choice*, Vol. 120, Issue 1_ 2, pp. 87-121.

Devereux, M. , R. Griffith, and A. Klemm, 2002, "Corporate income tax reforms and international tax competition," *Economic Policy*, 17, pp. 450-495.

Diamond, Peter A. and Jerry A. Hausman, 1984, "Individual retirement and savings behavior," *Journal of Public Economics*, 23, pp. 81-114.

Dicks-Mireaux, Louis and Mervyn A. King, 1984, "Pension wealth and household saving: Tests of robustness," *Journal of Public Economics*, 23, pp. 115-139.

Dorfman, M. C., R. Holzmann, P. O'keefe, D. Wang, Y. Sin, and R. Hinz, 2013, *China's Pension System: A Vision*, World Bank.

Dreher, Axel, 2008, "The impact of globalization on the composition of government expenditures: Evidence from panel data," *Public Choice*, 134 (3/4), pp. 263-292.

Enoff, L. D. and R. Mckinnon, 2011, "Social security contribution collection and compliance: Improving governance to extend social protection," *International Social Security Review*, 64 (4), pp. 99-119.

Feldstein, Martin, 1974, "Social security, induced retirement and aggregate capital formation," *Journal of Political Economy*, 82 (5), pp. 905-926.

Feldstein, Martin, 1985, "The optimal level of social security benefits," *Quarterly Journal of Economics*, Issue 2, May, pp. 303-319.

Feldstein, M. and J. Liberman, 2002, "Social Security," *Handbook of Public Economics*, Volume 4, pp. 2245-2324.

Feldstein, M., 1996, "Social security and saving: new time series evidence," *National Tax Journal*, 49 (2), pp. 151-164.

Feldstein, M. and Liebman, 2008, "Realizing the potential of China's social security pension system," In Lou, jiwei and Shuilin Wang, eds, *Public Finance in China, Reform and Growth for a Harmonious Society*. The World Bank.

Gale, William G., 1998, "The effect of pension on household wealth: A reevaluation of theory and evidence," *Journal of Political Economy*, 106, pp. 706-723.

Garrett, Geoffrey, 1998, "Global markets and national politics: Collision course or virtuous circle," *International Organization*, Autumn, 52 (4), pp. 787-824.

Garrett, Geoffrey, 2001, "Globalization and government spending around the world," *Studies in Comparative International Development*, Winter, 35 (4), pp. 3-29.

Garrett, Geoffrey and Mitchell Deborah, 2001, "Globalization, government spending and taxation in OECD," *European Journal of Political Research*, 39, pp. 145-177.

Gillion, C., J. Turner, C. Bailey, and D. Latulippe, 2000, "Social security pensions: Development and reform," Geneva, International Labor Office.

Gruber, J. and R. McKnight, 2003, "Why did employee health insurance contribution rise?" *Journal of Health Economics*, 22, pp. 1085-1104.

Gruber, Jonathan, 1994, "The incidence of mandated maternity benefits," *The American Economic Review*, 84, pp. 622-641.

Gruber, Jonathan, 1997, "The incidence of payroll taxation: Evidence from Chile," *Journal of Labor Economics*, 15, pp. S72-S101.

Gruber, Jonathan and Alan B. Krueger, 1991, "The incidence of mandated employer-funded insurance: Lessons from workers compensation insurance," In D. Bradford (Ed.), *Tax Policy and the Economy*. Cambridge MA: MIT press.

Gruber, J., K. Milligan, and D. Wise, 2009, "Social security programs and retirement around the world: The relationship to youth employment introduction and summary," NBER working paper, No. 14647.

He, G., 2006, "The shortage of peasant workers in the Pearl River Delta Region: An explanation based on Todaro Migration Model," *Asia Social Science*, Vol. 2 (12), pp. 41-52.

Heckman, J., 1993, "What has been learnt about labor supply in the past twenty years," *American Economic Review*, Vol. 83 (2), pp. 116-121.

Heckman, J., 1979, "Sample selection bias as specific error," *Econometrica*, Vol. 47 (1), pp. 152-161.

Herd, Richard, Yu-Wei Hu, and Vincent Koen, 2010, "Providing greater old-age security in China," ECO/WKP 6. (www. oecd. org/eco/surveys/china).

Holzmann, Robert and Steen Jorgensen, 2000, *Social Protection Sector Strategy: From Safety Net to Spring Board*, The World Bank.

Horioka, C. Yuji and Junmin Wan, 2007, "The determinants of household saving in China: A dynamic panel analysis of provincial data," *Journal of Money, Credit and Banking*, 39 (8), pp. 2077-2096.

Hubbard, R. Glenn., 1986, "Pension wealth and individual saving," *Journal of Money, Credit and Banking*, 18 (2), pp. 167-178.

Huber, Evelyne, 2001, *Development and Crisis of the Welfare State*, Chicago, IL: University of Chicago press, pp. 202-219.

International Monetary Fund, 2011, "The challenge of public pension reform in advanced and emerging economies," Prepared by the Fiscal Affairs Department.

Karry, Aart, 2000, "Household saving in China," *World Bank Economic Reviews*, 14 (3), pp. 545-570.

King, Mervyn A. and Louis Dicks-Mireaux, 1982, "Asset holdings and the life cycle," *Economic Journal*, 92, pp. 247-267.

Knight, J., Q. Deng, and S. Li, 2011, "The puzzle of migrant labor shortage and rural labor surplus in China," *China Economic Review*, in press.

Komamura, Kohei and Atsuhiro Yamada, 2004, "Who bears the burden of social insurance? Evidence from Japanese health and long-term care insurance data," *Journal of the Japanese and International Economies*, 18, pp. 565-581.

Kotlikoff, Laurence J., 1979, "Testing the theory of social security and life cycle accumulation," *American Economic Review*, 69, pp. 396-410.

Lai, Y. and S. Master, 2005, "The effects of mandatory maternity and pregnancy benefits on women's wages and employment in Taiwan, 1984-1996," *Industrial and Labor Relations Review*, 58, pp. 274-281.

Lei, X. and S. Lin, 2009, "The new cooperative medical scheme in rural China: Does more coverage mean more service and better health?" *Health Economics*, 18, pp. s25-s46.

Leibrecht, Markus, Michael Klien, and Oezlem Onaran, 2011, "Globalization, welfare regimes and social protection expenditures in Western and Eastern European countries," *Public Choice*, 148 (3-4), pp. 569-594.

Li, H. X. and M. Merette, 2005, "Population aging and pension system reform in China: A computable overlapping-generations general equilibrium model analysis," *Journal of Chinese Economic and Business Studies*, 3 (3): pp. 263-277.

Li, Zhigang and Mingqin Wu, 2013, "Estimating the incidences of the recent pension reform in China: evidence from 100, 000 manufactures," *Contemporary Economic Policy*, 31 (2): pp. 332-344.

Li, H. and J. S. Zax, 2003, "Labor supply in urban China," *Journal of Comparative Eco-

nomics, Vol. 31, pp. 795-817.

Liang, Z. and Y. Wu, 2003, "Return migration in China: New methods and findings," paper presented at the Population Association of America, Minneapolis.

Lindert, Peter H., 2004, *Growing Public: Social Spending and Economic Growth since the Eighteenth Century*, Cambridge: Cambridge University Press, pp. 390-404.

Lindert, Peter H., 1996, "What limits social spending?" *Explorations in Economic History*, 33, pp. 1-34.

Mares, I., 2003, "The sources of business interests in social insurance: Sectoral versus national differences," *World Politics*, 55, pp. 229-258.

Meinhard, Stephanie and Niklas Potrafke, 2012, "The globalization-welfare state nexus reconsidered," *Review of International Economics*, 20 (2), pp. 271-287.

Meng, Xin, 2002, "Unemployment, consumption smoothing, and precautionary saving inurban China," *Journal of Comparative Economics*, 31, pp. 465-485.

Mishra, Ramesh, 1999, *Globalization and the Welfare State*, Northampton, MA: Edward Elger, pp. 55-65.

Modigliani, Franco and Cao, Shi Larry, 2004, "The Chinese saving puzzle and the life-cycle hypothesis," *Journal of Economic Literature*, 42 (1), pp. 145-170.

Mulligan, C. B. and X. Sala-i-Marin, 1999, "Geronotocracy, retirement and social security," NBER working paper, No. 7117, Cambridge, Mass.

Nielsen, Ingrid and Russell Smyth, 2008, "Who bears the burden of employer compliance with social security contribution? Evidence from Chinese firm level data," *China Economic Review*, 19, pp. 230-244.

Nyland, C., S. B. Thomoson, and C. J. Zhu, 2011, "Employer attitudes towards social insurance compliance in Shanghai, China," *International Social Security Review*, 64 (4), pp. 73-98.

Nyland, C., R. Smyth, and C. J. Zhu, 2006, "What determines the extent to which employer will comply with their social security obligations? Evidence from Chinese firm-level data," *Social Policy & Administration*, 40 (2), pp. 196-214.

Oksanen, Heikki, 2012, "China: Pension reform for an aging economy," Chapter 7 in Robert Holzmann, Edward Palmer, and David Robalino (eds), *Nonfinancial Defined Contribu-*

tion Pension Schemes in a Changing Pension World: *Volume I—Progress*, *Lessons*, *and Implementation*, Washington, DC: World Bank.

Olson, Craig A., 2002, "Do workers accept lower wage in exchange for health benefits?" *Journal of Labor Economics*, 20, pp. S91-S114.

Ooghe, E., E. Schokkaert, and J. Flechet, 2003, "The incidence of social security contributions: An empirical analysis," *Empirica*, 30, pp. 81-106.

Pallares-Miralles, Monserrat, Carolina Romero, and Edward Whitehouse, 2012, "International patterns of pension provision: A worldwide overview of facts and figures," World Bank, Social Protection & Labor discussion paper, No. 1211.

Population Division of the Department of Economic and Social Affairs of the United Nations Secretariat, *World Population Prospects*: *The* 2010 *Revision*, http://esa.un.org/unpd/wpp/index.htm.

Rickard, J. Stephanie, 2006, "The costs of risk: Examining the missing link between globalization and social spending," Penn State University, Institute for International Integration Studies IIIS Discussion Paper, No. 185.

Rickard, J. Stephanie, 2012, "Welfare versus subsidies: Governmental spending decisions in an era of globalization," *The Journal of Politics*, 74 (4), pp. 1171-1183.

Rodrik, Dani, 1998, "Why do more open economies have bigger governments?" *The Journal of Political Economy* 106 (5), pp. 997-1032.

Roodman, D., 2006, "How to do xtabond2: An introduction to 'Difference' and 'System' GMM in Stata," Center for Global Development Working Paper, No. 103.

Rudra, Nita, 2002, "Globalization and the decline of the welfare state in less-developed countries," *International Organization*, Spring, 56 (2), pp. 411-445.

Sahn, D. E. and A. Harold, 1996, "The effect of food subsidies on labor supply in Sri Lanka," *Economic Development and Cultural Change*, Vol. 45 (1), pp. 125-145.

Samuelson, Paul A., 1975, "Optimum social security in a life-cycle growth model," *International Economic Review*, Vol. 16, No. 3 (Oct.), pp. 539-544.

Shen, Ce and John Williamson, 2010, "China's new rural pension scheme: Can it be improved?" *International Journal of Sociology and Social Policy*, Vol. 30, Nos. 5/6, pp. 239-250.

Sinn, Yvonne, 2005, "China pension liabilities and reform options for old age insurance,"

Paper 2005-1, The World Bank.

Steuerle, C. Eugene and Jon M. Bakija, 1994, *Retooling Social Security for the 21st Century: Right and Wrong Approaches to Reform*, Washington, DC: The Urban Institute Press.

Summers, L. H., 1989, "Some simple economics of mandated benefits," *The American Economic Review*, 79, pp. 177-183.

Tabellini, Guido, 2000, "A positive theory of social security," *Scandinavian Journal of Economics*, 102 (3), pp. 523-545.

Venti, Steven F. and David A. Wise, 1990, "Have IRAs increased U. S. saving? Evidence from consumer expenditure surveys," *Quarterly Journal of Economics*, 105, pp. 661-698.

Wang, W. W. and C. C. Fan, 2006, "Success or failure: Selectivity and reasons of return migration in Sichuan and Anhui, China," *Environment and Planning*, Vol. 38, pp. 939-958.

Wang, Zhi and Shang-jin, Wei, 2008, "What accounts for the rising sophistication of China's exports?" NBER working paper, No. 13771.

Wildasin, D. E., 1989, "Inter-jurisdictional capital mobility: Fiscal externality and a corrective subsidy," *Journal of Urban Economics*, 25, pp. 193-212.

Wooldridge, J. M., 2002, *Econometric Analysis of Cross Section and Panel Data*, the MIT Press. Cambridge, Massachusetts, London, England.

World Bank & DRC of China, 2012, *China 2030: Building a Modern, Harmonious, and Creative High-Income Society*. The World Bank.

Yoon, Jungkeun, 2009, "Globalization and the welfare state in developing countries," *Business and Politics*, 11 (2), pp. 1705-1771.

Zhao, Y., 1999, "Leaving the countryside: Rural-to-urban migration decisions in China," *The American Economic Review*, Vol. 89 (2), pp. 281-286.

Zhu, N., 2002, "Impacts of income gap on migration decision in China," *China Economic Review*, Vol. 13 (2/3), pp. 213-230.

致谢

本书汇总了2009—2015年间我对中国养老保险制度的思考和分析。我国社会养老保险制度改革自20世纪80年代中期以来一直没有停止过，这段时期更是有了突破性进展，如破除了养老金双轨制，推出了新型农村养老保险制度和城镇居民养老保险制度，颁布和实施了《社会保险法》等。然而，社会公众对养老保险制度的疑虑却有增无减。养老保险关系到千家万户的切身利益，但其制度设计和运行机理有很强的专业性。作为一名学者，我希望自己的分析和解读能够帮助公众理解政策内容和效果，也希望能为政策制定者提供更多视角。

在我思考和写作过程中，有幸得到很多同事、同行和学生的帮助和合作。复旦大学经济学院的袁志刚教授在将养老保险制度引入宏观经济分析方面造诣高深，常年有相关的讨论班，对养老保险的经济学分析有助于揭示可能被忽略的规律，我从中受益良多。在注重理论的同时，袁老师还对我们的调研活动给予了资金和精神等多方面的支持，本书第五章是在浙江和江苏两省对农民工参与养老保险意愿调研基础上的结果。炎炎夏日，李珍珍博士带领复旦大学就业与社会保障研究中心的同学们分头造访农民工宿舍，调查问卷上沾着汗渍和油渍，结束后一起吃西瓜、打扑克，一天的疲劳消散在笑声中。

同事和朋友何立新博士对养老金财富的计算很有经验，她根据中国的情况重新写了程序，本已调好的程序不知什么原因常常又会运行不通，为此她花了很多精力，为此我们在校园旁的小餐馆吃了很多次晚饭。本书的第七章是在和她合作的文章基础上改写的，在这方面她是我的老师，她坚韧而宽容的品格也一直是我学习的榜样。

复旦经院精英云集，倍感压力的同时，更多的是得到很多帮助。同事张涛博士是我经常随时打扰的人，他对文献非常熟悉，我碰到问题经常先找他讨论。我们说着说着就跑题了，但从他发散跳跃的思维中，我可以捕捉到启发我的信息。陆铭教授、陈钊教授、章元教授、罗长远教授都对书中的一些内容有过评论和建议，学术新秀陈硕博士不仅提供最新文献，还帮我找头疼的工具变量。

感谢几位得力的助研，如今他们已经工作而且发展得很好。余央央博士帮我处理过很多微观数据，她现在是上海财经大学的助理教授；陈沁博士帮我做了人口预测和养老金赡养负担预测等，他就是知乎网上那位著名的数据帝；郭瑜硕士毕业前协助我搜集了不同地区的人口数据和模拟了新农保的财政负担。

感谢前辈和同行给予的指导和学习机会。中国社会科学院的郑秉文教授一直关心我的研究，多次邀请我参加《中国养老金发展报告》的发布会，提供了很多和政策层直接交流的机会。和北京大学赵耀辉教授讨论，总让我重新审视研究方法的严谨性，她的治学态度是我努力的方向。复旦大学的彭希哲教授、王丰教授、丁纯教授，武汉大学的邓大松教授，中山大学的申曙光教授，浙江大学的何文炯教授，上海社科院的左学金教授，多年来给了我诸多指导。

本书用到诸多微观数据，感谢李实教授带领的“中国家庭收入调查（CHIP）”提供的数据、南京农业大学徐志刚教授提供的农户调查数据、美国北卡罗来纳大学人口研究中心和中国疾病预防控制中心联合调查的“中国健康与营养调查数据”、国家统计局的“规模以上工业企业调查数据”，没有这些数据，无异于无米之炊。

感谢国家自然科学基金的资助，其中有两个面上项目都与养老保险制度有关，感谢教育部新世纪优秀人才支持计划的资助。这些资助是肯定，更是鞭策，鼓励我不断前行。

特别致谢中信出版社的支持，帮助普通学者获得更广阔的交流平台。感谢吴素萍、包敏丹两位老师认真而专业的编辑工作，她们的工作无疑提升了本书的质量。